中国房地产估价师与房地产经纪人学会

地址：北京市海淀区首体南路 9 号主语国际 7 号楼 11 层

邮编：100048

电话：（010）88083151

传真：（010）88083156

网址：http://www.cirea.org.cn

http://www.agents.org.cn

全国房地产估价师职业资格考试辅导教材

房地产估价基础与实务
下编：房地产估价操作实务

（2025）

中国房地产估价师与房地产经纪人学会　编写

廖俊平　唐晓莲　主编

中国建筑工业出版社
中国城市出版社

图书在版编目（CIP）数据

房地产估价基础与实务. 下编, 房地产估价操作实务

. 2025 / 中国房地产估价师与房地产经纪人学会编写 ；

廖俊平, 唐晓莲主编.-- 北京 ：中国城市出版社,

2025. 5. -- (全国房地产估价师职业资格考试辅导教材

). -- ISBN 978-7-5074-3822-2

Ⅰ. F299.233.5

中国国家版本馆 CIP 数据核字第 2025FT2111 号

责任编辑：李闻智　毕凤鸣　刘婷婷

责任校对：赵　菲

全国房地产估价师职业资格考试辅导教材

房地产估价基础与实务

下编：房地产估价操作实务（2025）

中国房地产估价师与房地产经纪人学会　编写

廖俊平　唐晓莲　主编

*

中国建筑工业出版社、中国城市出版社出版、发行（北京海淀三里河路 9 号）

各地新华书店、建筑书店经销

国排高科（北京）人工智能科技有限公司制版

北京中科印刷有限公司印刷

*

开本：787 毫米×960 毫米　1/16　印张：21¾　字数：409 千字

2025 年 6 月第一版　　2025 年 6 月第一次印刷

定价：**55.00** 元

ISBN 978-7-5074-3822-2

（904844）

目　录

第六章　不同类型房地产估价

在房地产估价时,按照估价对象的实际用途,一般将房地产分为下列11种类型:

（1）居住房地产：包括普通住宅、高档公寓和别墅等。

（2）商业房地产：包括商业店铺、百货商场、购物中心、超级市场、批发市场等。

（3）办公房地产：包括商务办公楼（俗称写字楼）、行政办公楼等。

（4）旅馆房地产：包括宾馆、饭店、酒店、度假村、旅店、招待所等。

（5）餐饮房地产：包括酒楼、美食城、餐馆、快餐店等。

（6）娱乐房地产：包括游乐场、娱乐城、康乐中心、俱乐部、夜总会、影剧院等。

（7）工业及仓储房地产：包括工业厂房、仓库、专用库房、仓储物流等。

（8）农业房地产：包括农地、农场、林场、牧场、果园、种子库、饲养牲畜用房等。

（9）体育教科文卫房地产：包括体育运动场馆、医院、学校、博物馆等。

（10）特殊用途房地产：包括车站、机场、码头、加油站、停车库、寺庙、墓地等。

（11）综合房地产：是指具有上述两种以上（含两种）用途的房地产。

本章主要对居住、商业、办公、旅馆、餐饮、工业、特殊用途七种用途房地产的估价案例进行分析。

第一节　居住房地产估价

一、居住房地产及其特点

（一）居住房地产及其种类

居住房地产指供家庭或个人居住使用的房地产。按照档次划分,包括普通住宅、高档公寓和别墅等。按照权属性质划分,包括商品房、房改房、经济适用房、公共租赁住房、共有产权住房和集资房等。居住房地产是房地产商品中所占比重最大的一类，也是社会存量资产的重要组成部分。

（二）居住房地产特点

与其他类型房地产相比，居住房地产主要有以下特点：

1. 单宗交易规模较小，但市场交易量巨大

居住房地产主要以满足自用为目的，也有部分作为投资，出租给租客使用。由于居住房地产交易往往以居民个人的购买行为为主，因此其单宗交易规模较小，但市场交易频繁，交易量巨大。

2. 具有较强的相似性、可比性

居住房地产之间的相似性、可比性比其他房地产强。例如，在一个十分钟生活圈的居住区中，往往有很多幢相似的居住房地产，即这些居住房地产处于同一区位，具有相似的建筑设计、相似的户型及功能等；在同一幢居住房地产楼内，楼层接近且方位相同的各套住宅也基本上没有什么区别。由于居住房地产市场交易量巨大，可比性强，所以比较容易获取足够数量的可比实例。

3. 不同类型住房价格内涵差异明显

由于住房政策的阶段性、导向性差异，在我国城市中存在着商品房、房改房、经济适用住房、公共租赁住房、共有产权住房和集资房等，这些住房的权属性质存在差异。商品房具有完全产权，即拥有一定期限的国有土地使用权和地上建筑物的所有权；房改房、经济适用住房拥有地上建筑物的所有权，部分拥有土地使用权，其土地使用权既有划拨的，又有出让的；公共租赁住房只拥有建筑物的使用权。由于现阶段住房权属性质的不同，必然导致其价格构成内涵上存在差异，因此，其估价也具有各自的特殊性。商品房价格既包含建筑物价格，又包含土地使用权价格，房改房、经济适用住房在考虑包含建筑物价格的同时，还应分析其所包含的土地使用权价格内涵，如果是划拨性质的，考虑是否应扣除土地出让金。

二、影响居住房地产价格的因素

众所周知，不同城市、城市中不同位置、不同类型、不同使用年限和不同权属性质的居住房地产在价格上存在较大差异。因此，要准确、客观评估估价对象的价格水平，估价人员必须熟悉对居住房地产价格产生影响的各种因素，在实地查勘时必须把握好这些因素。影响居住房地产价格的因素很多，既包括城市经济发展水平、城市规划、产业政策与导向、居住房地产市场供求状况等宏观因素，也包括居住房地产的区位状况、实物状况等微观因素。但就同一城市而言，影响居住房地产价格的宏观因素基本一致，因此估价主要应关注居住房地产的区位状

况和实物状况对居住房地产价格的影响。

（一）区位状况因素

1. 位置

位置主要体现为方位、与相关场所的距离、朝向和楼层等。位置对不同类型房地产影响程度不同，对居住房地产而言，第一，位置体现在某宗居住房地产在城市较大区域中的位置以及在较小区域中的具体位置。第二，位置表现为某宗居住房地产距离市中心、交通干线、购物中心、学校、医疗等重要场所的距离，距离越近位置越好。第三，位置体现在某宗居住房地产的朝向，朝向除了考虑日照、采光、通风等因素外，还有一个重要因素是景观。当住宅四周景观基本一致时，通常朝南的住宅会优于其他朝向，价格最高，而朝北最差，价格最低。但当住宅四周景观差异非常大时，景观对住宅的影响就非常大，如当住宅北向面对的是美丽的海景、江景、湖景、山景、公园等，北向的住宅价格往往比同楼层其他朝向高。第四，位置体现在楼层，不同楼层住宅之间的价格差异取决于总楼层数、有无电梯。一般而言，没有电梯的传统多层住宅的中间楼层最优，顶层较差。有电梯的中高层住宅，楼层越高，景观及空气质量越好，价格越高。

2. 交通条件

交通条件对于不同类型的房地产含义不同，对于居住房地产而言，交通条件主要指城市公共交通的通达程度，如估价对象附近是否有通行的公共汽车、电车、地铁、轻轨站点。特别是随着城市规模的不断扩大、人口的不断增多，交通堵塞越来越严重的大城市，住宅附近是否拥有地铁站，对其价格的影响很大。

3. 生活服务设施

生活是否方便取决于居住周边是否具有比较完善的生活服务设施，因而对住宅的价格产生较大影响。住宅周边的生活服务设施主要包括商店、超市、菜市场、银行、邮局等。

4. 教育配套设施

教育配套设施是影响居住房地产价格的主要因素之一。教育配套设施对住宅价格的影响一方面体现在住宅周边是否有中、小学和幼儿园、托儿所，而另一方面体现在住宅附近是否有名校，住宅周边有名校的，其价格会因名校效应而明显高于其他区域住宅。因此在考察估价对象教育配套设施时，是否有名校、是否属于名校学区应该是实地查勘的重要内容之一。

5. 环境质量

环境质量的好坏越来越成为影响居住房地产价格的重要因素，特别是高档住宅。环境质量主要包括绿化环境、自然景观、空气质量、噪声程度、卫生条件等。

（二）实物状况因素

1. 建筑结构、类型和等级

建筑结构因耗用建筑材料数量和施工方式不同等直接影响建筑的工程造价，即建筑成本，从而影响居住房地产的价格。住宅建筑结构主要分为砖混结构、砖木结构、钢筋混凝土结构、钢结构等。建筑的高度、每一层的层高不同，耗用建筑材料、人工等数量不同也会影响建筑工程造价，高层住宅的建造成本高于多层住宅。

2. 设施与设备

住宅的供水、排水、供电、供气等设施的完善程度，小区智能化程度，通信、网络等线路的完备程度，公用电梯的设置及质量等都会对住宅价格产生影响。

3. 建筑质量

建筑质量、保温或隔热设施、防水防渗漏措施等是否符合标准及质量等级都会对住宅价格产生影响。

4. 装饰装修

对于新建住宅而言，住宅是否有装饰装修、装饰装修档次和质量如何，对其价格会产生较大的影响。一般情况下，可根据住宅的装修状况将住宅分为毛坯房、普通装修房、精装修房、豪华装修房，它们之间的价格差异很大。然而对二手住宅而言，住宅是否有装修以及装修程度如何，对其价格的影响程度远没有一手房大，因为存在装饰装修的折旧问题。

三、居住房地产估价的常用方法

居住房地产的估价可以选择比较法、成本法、收益法等。

（一）比较法

由于居住房地产交易较频繁、交易量大，容易获取可比实例，因此，比较法是居住房地产估价最常用的方法，主要用于各种类型的商品房、房改房、经济适用住房转让价格、抵押价格、征收补偿价格等的估价，也可用于为预售商品房价格定位而进行的估价。

（二）成本法

成本法也常用于居住房地产的估价，在居住房地产抵押价值估价时，出于安全、保守的考虑常会用到成本法，此外居住房地产的征收估价往往也会采用成本法。

（三）收益法

收益法主要用于出租型住宅或公寓等居住房地产。

四、居住房地产估价的技术路线及难点处理

由于居住房地产的自用性、社会保障性、交易规模小但市场交易量大等特征，对居住房地产进行估价非常普遍。估价委托人一般主要基于了解住宅的转让价值、抵押价值、租赁价值、征收补偿价值等目的而委托估价机构进行估价。居住房地产估价既有单套或几套的零散估价，也有批量估价。由于居住房地产具有产权多样性、产品多样性的特点，因此对居住房地产进行估价时，应充分了解和分析估价对象的基本事项，遵循选用的估价技术路线，选择适用的估价方法进行估价。

（一）商品住房估价的技术路线及难点处理

商品住房由于市场交易实例比较容易获取，因此常采用比较法进行估价。在实际估价业务中，商品住房个体即零散的单套住房的估价情况比较多，如住房的抵押、转让估价，因为单套商品住房的交易实例很多，可通过对选取的可比实例成交价格进行修正调整测算出估价对象的估值价格。在涉及商品住房征收、销售定价业务时，常常会遇到商品住房的批量估价，即整幢或数幢商品住房估价。由于整幢商品住房的成交个案很少，交易实例的选择范围很小，甚至可能找不到合适的可比实例，通常采用从个体到整体的估价思路来解决，即将某一基准层的某套住房作为标准房屋，选取与标准房屋类似的可比实例，利用比较法修正调整测算出该套住房的价格，然后经过楼层、朝向、景观、建筑面积、户型等价格影响因素的差异调整，得出各层、各幢商品住房的价格。该技术路线实质为标准价调整法。

（二）房改房、经济适用住房估价的技术路线及难点处理

房改房、经济适用住房估价的技术路线与商品住房相类似，不同点是要考虑土地出让金或土地收益的扣除问题。利用比较法估价时，先估算估价对象在土地出让状况下的市场价值，再扣除应向政府缴纳的土地使用权出让金或土地收益；也可以选取同类型房地产交易实例直接进行比较测算。利用成本法估价时，应评估估价对象不含土地出让金下的房屋重新购建价格。

五、居住房地产估价案例分析

【案例 6-1】

××区×××街 20 号 201 房市场价值评估技术报告

一、估价对象描述与分析

（一）估价对象区位状况描述与分析

1. 位置状况描述

（1）坐落：估价对象位于××区××路××街 20 号。

（2）方位：估价对象所在居住区位于××市城区中心位置，东、南面临××路，西面临××路，北面临××路。

（3）距离：距离××公园约 1.3km，距离地铁五号线××站约 2km，与所在地市一级的医院、中学、电影院、行政服务中心等重要设施距离多数在 5km 以上，服务半径较长。

（4）临街（路）状况：临××路。

（5）朝向：北向，望内街。

（6）楼层：位于第 2 层。

2. 交通状况描述

（1）道路状况：估价对象所在居住区（十分钟生活圈）东、南面临××路，西面临××路，北面临××路。主要由××路及××大道构成其对外交通路网。

（2）出入可利用的交通工具：附近设有××客运站、××公交车站，有 B3 路、B6 路、B5 路等多路公交车，交通比较便捷。

（3）交通管制情况：无交通管制。

（4）停车方便程度：周边物业以商业、住宅居住区为主，该小区设有地下车库及临路停车位，停车方便。

3. 环境状况描述

（1）自然环境：周边主要为商业街和住宅居住区，靠近××公园及××江，自然环境较好。

（2）人文环境：周边主要为商业街和住宅居住区，人文环境一般。

（3）景观：周边有××公园等，估价对象望居住区内街，景观一般。

4. 外部配套设施状况描述

（1）基础设施：估价对象共用地块开发红线内外"五通"（通供水、通排水、通电、通路、通信），宗地红线内土地平整，基础设施完善。

（2）公共服务设施：估价对象附近有××中英文学校、××幼儿园、中国工商银行、超市等，生活配套设施和公共配套设施比较齐全。

（二）估价对象实物状况描述与分析

1. 土地实物状况描述

（1）名称：××区××路××街 20 号 201 房。

（2）四至：估价对象所在居住区东、南面临××路，西面临××路，北面临××路。

（3）面积：估价对象所在居住区宗地面积为 4 250.583 1m²。

（4）用途：住宅用地。

（5）形状：整宗土地形状为较规则长方形。

（6）地势：估价对象所在地块地势较平坦，与周边地块基本持相同高度。

（7）开发程度：至价值时点，土地开发程度达到宗地红线内外"五通"（通路、通电、通信、通供水、通排水）及场地平整，已建有多幢住宅楼。

2. 建筑物实物状况描述

（1）名称及坐落：××区××路××街20号201房。

（2）规模：建筑面积为96.28m²。

（3）房屋用途：居住用房。

（4）建筑结构及层数：钢筋混凝土结构，总层数12层。

（5）设备设施：楼宇配备1台客梯、自动喷淋消防系统、可视电子系统、24小时保安、电子防盗门，设施设备完善。

（6）装饰装修：估价对象外墙贴条形瓷砖；内部装饰装修情况，客厅地面铺地砖，内墙贴墙纸，天花为铝扣板吊顶；房间地面铺实木地板，内墙贴墙纸，天花为木板装饰；卫生间、厨房地面铺防滑地砖，内墙贴瓷片到顶，天花为铝扣板；室内安装有防盗门、实心木门、落地玻璃窗、铝合金窗。

（7）层高：约3m。

（8）空间布局：共三房二厅一厨一卫双阳台，布局规则。

（9）建成时间：2005年。

（10）使用及维护状况：目前自住，维护状况较好。

（11）完损状态：无明显的损毁状况，现状良好，使用正常，属完好房，经分析确定为八五成新。

（三）估价对象权益状况描述与分析

1. 土地权益状况描述

根据估价委托人提供的《房地产权证》（×房地证字第×××××××号）等资料记载显示：

（1）土地所有权状况：国家所有。

（2）土地使用权状况：国有土地使用权，使用权人为××。

（3）他项权利设立情况：根据估价委托人提供的相关资料，至价值时点估价对象未设定有抵押权。

（4）土地使用用途：住宅用地。

（5）其他特殊情况：无。

2. 建筑物权益状况描述

根据估价委托人提供的《房地产权证》（×房地证字第×××××××号）

等资料记载显示：

（1）房屋所有权状况：房屋所有权人为××。

（2）他项权利设立状况：根据房产证记载及估价委托人提供的相关资料，至价值时点估价对象未设定有抵押权。

（3）出租或占有情况：自用，无出租或占用情况。

（4）其他特殊情况：无记载。

二、市场背景状况描述与分析（略）

三、估价对象最高最佳利用分析（略）

四、估价方法适用性分析

估价师认真分析所掌握的资料，根据《房地产估价规范》GB/T 50291—2015及周边同类房地产市场状况，结合估价对象的具体特点及估价目的，选取适当的估价方法对估价对象进行评估。

（一）适用的估价方法

本报告估价目的是为确定房地产市场价值提供参考，估价对象的实际及评估设定用途均为居住用房，鉴于估价对象所在地区房地产市场发育充分，区域内类似物业的交易实例及市场租赁案例较多，宜采用比较法与收益法进行估价。估价人员对两种方法测算的结果综合分析后，确定估价对象的评估价格。

（二）不适用的估价方法

考虑成熟居住区土地分摊的成本、开发利润难以准确测算，故不适宜采用成本法作为估价方法。另外，估价对象属于建成并已投入使用的物业，非待开发建设物业，无开发潜力，故不适宜采用假设开发法作为估价方法。

（三）估价技术路线

1．比较法

运用比较法进行测算的基本公式为：

比较价值＝可比实例价格×交易情况修正×市场状况调整×

区位状况调整×实物状况调整×权益状况调整

2．收益法

运用收益法进行测算的基本公式为：

收益法计算公式：
$$V = \sum_{i=1}^{n} \frac{A_i}{(1+Y_i)^i}$$

式中　V——收益价值（元或元/m²）；

　　　A_i——未来第i年的净收益（元或元/m²）；

Y_i——未来第i年的报酬率（%）；

n——收益期（年）。

3. 综合分析确定市场价值最终估价结果

通过两种不同的技术路径，分别得到估价对象测算结果的评估单价，经分析两种方法结果之间的差异程度及导致差异的原因后，根据两种估价方法的适用程度、数据可靠程度，结合当前同类市场实际和估价师经验，分别确定两种方法结果的影响权重，最后确定估价对象的市场价值单价和总价。

$$估价对象评估单价＝比较法评估单价×影响权重1＋$$
$$收益法评估单价×影响权重2$$

五、估价测算过程

（一）比较法

1. 选取可比实例

根据估价师对××区××路××街及其周边区域的房地产市场调查，我们从收集的交易实例中选择了近期发生交易的与估价对象属同一供需圈的3个可比实例：

可比实例A：位于××区××街××号，南向、望园景，层高约3m，居住氛围浓厚，建筑面积为69m²，成交单价17 800元/m²，交易日期为2015年10月9日。（交易实例来源及其他基本状况信息略）

可比实例B：位于××区××大道××号，北向、望花园、楼房，层高约3m，居住氛围浓厚，建筑面积为72m²，成交单价16 900元/m²，交易日期为2015年10月15日。（交易实例来源及其他基本状况信息略）

可比实例C：位于××区××路××街××号，南向、望楼房，层高约3m，居住氛围浓厚，建筑面积为79m²，成交单价17 400元/m²，交易日期为2015年9月26日。（交易实例来源及其他基本状况信息略）

2. 建立比较基础（略）

3. 比较因素条件说明

估价对象和可比实例的比较因素条件详述见表6-1。

比较因素条件说明表　　　　　　　　　　　　表6-1

	估价对象	可比实例A	可比实例B	可比实例C
位置	××区×××街20号201房	××区××街××号	××区×××大道××号	××区××路××街××号
用途	住宅	住宅	住宅	住宅
成交价格（元/m²）	待估	17 800	16 900	17 400

续表

		估价对象	可比实例 A	可比实例 B	可比实例 C
建筑面积（m²）		96.28	69	72	79
交易情况		正常二手房交易	成交价	成交价	成交价
市场状况		2015 年 11 月 5 日	2015 年 10 月 9 日	2015 年 10 月 15 日	2015 年 9 月 26 日
区位状况	交通状况	交通比较便捷	交通比较便捷	交通便捷	交通比较便捷
	公共配套设施状况	周边公共配套设施较齐全	周边公共配套设施较齐全	周边公共配套设施较齐全	周边公共配套设施较齐全
	环境质量	自然及人文环境较好	自然及人文环境较好	自然及人文环境一般	自然及人文环境较好
	噪声	无噪声影响	无噪声影响	受一定噪声影响	无噪声影响
	环境	良好	良好	良好	良好
	规划	较好	较好	较好	较好
	所在楼层	第 2 层	第 8 层	第 7 层	第 5 层
	朝向	北向	南向	北向	南向
	采光	二面采光	二面采光	二面采光	二面采光
	景观	望内街	望花园、楼房	望花园、楼房	望楼房
实物状况	建筑结构	钢筋混凝土	钢筋混凝土	钢筋混凝土	钢筋混凝土
	面积大小	适中	适中	适中	适中
	平面布置	三房二厅	二房一厅	二房一厅	三房一厅
	装饰装修情况	精装修	精装修	精装修	精装修
	物业管理	居住区管理完善	居住区管理完善	居住区管理完善	居住区管理完善
	层高	标准层高	标准层高	标准层高	标准层高
	实用率	约 80%	约 77%	约 82%	约 80%
	新旧程度	建于 2005 年，八五成新	建于 2007 年，八八成新	建于 2004 年，八成新	建于 2005 年，八五成新
权益状况	土地使用年限	2072 年 9 月	2073 年 12 月	2069 年 1 月	2072 年 9 月
	容积率	2.88	2.3	2.4	2.88
	租约限制	无	无	无	无
	其他因素	无特别限制	无特别限制	无特别限制	无特别限制

表格左侧竖排标注：房地产状况

4. 交易情况修正

可比实例均为正常交易，因此无需进行交易情况修正。

5. 市场状况调整

通过估价人员对当地市场的调查、了解，参考××市存量住宅类房地产价格指数进行调整。

6. 房地产状况因素调整

将各项调整因素分为优、较优、稍优、相同或相似、稍小、稍差、较差、差8 个等级，以估价对象为基准，每相差一个等级对房地产价格影响幅度并结合具体情况向上或向下调整1%～3%（见表6-2、表6-3，具体过程略）。

可比实例比较分析表　　　　　　　　　表6-2

		估价对象	可比实例 A	可比实例 B	可比实例 C
成交价格（元/m²）		待估	17 800	16 900	17 400
交易情况		设定为正常交易	正常交易	正常交易	正常交易
市场状况		11 月价格指数 1 547	10 月价格指数 1 536	8 月价格指数 1 536	9 月价格指数 1 524
房地产状况	区位状况				
	交通状况	基准	相似	较优	相同
	公共配套设施状况	基准	相似	相似	相同
	环境质量	基准	相似	稍差	相同
	噪声影响	基准	相似	较差	相同
	居住区氛围	基准	相似	相似	相同
	规划前景	基准	相似	相似	相同
	所在楼层	基准	优	较优	稍优
	朝向	基准	优	相同	优
	采光	基准	相似	相似	相似
	景观	基准	稍优	稍优	相似
	实物状况				
	建筑结构	基准	相同	相同	相同
	面积大小	基准	稍小	稍小	稍小
	平面布置	基准	稍差	稍差	相似
	装饰装修情况	基准	相似	较差	相同
	物业管理	基准	相似	相似	相同
	层高	基准	相同	相同	相同

续表

			估价对象	可比实例 A	可比实例 B	可比实例 C
房地产状况	实物状况	实用率	基准	稍差	稍优	相同
		新旧程度	基准	稍优	稍差	相同
	权益状况	土地使用年限	基准	稍优	较差	相同
		容积率	基准	稍优	稍优	相同
		租约限制	基准	相同	相同	相同
		其他因素	基准	相同	相同	相同

比较因素条件指数表   表 6-3

			估价对象	可比实例 A	可比实例 B	可比实例 C
成交价格（元/m²）			待估	17 800	16 900	17 400
交易情况修正			100	100	100	100
市场状况调整			1 547	1 536	1 536	1 524
房地产状况调整	区位状况	交通	100	100	103	100
		配套设施	100	100	100	100
		环境质量	100	100	99	100
		噪声影响	100	100	97	100
		居住氛围	100	100	100	100
		规划前景	100	100	100	100
		所在楼层	100	105	103	101
		朝向	100	104	100	104
		采光	100	100	100	100
		景观	100	101	101	100
		小计	100	110	103	105
	实物状况	建筑结构	100	100	100	100
		面积大小	100	99	99	99
		平面布置	100	98	98	100
		装饰装修情况	100	100	100	100
		物业管理	100	100	100	100

续表

		估价对象	可比实例 A	可比实例 B	可比实例 C
房地产状况调整	实物状况 层高	100	100	100	100
	实用率	100	99	101	100
	新旧程度	100	101	99	100
	小计	100	97	97	99
	权益状况 土地使用年限	100	101	100	100
	容积率	100	101	98	100
	租约限制	100	100	100	100
	其他因素	100	100	100	100
	小计	100	102	98	100

比较法测算过程表 表 6-4

项目	可比实例 A	可比实例 B	可比实例 C
成交价格（元/m²）	17 800	16 900	17 400
交易情况修正系数	100/100	100/100	100/100
市场状况调整系数	1 547/1 536	1 547/1 536	1 547/1 524
区位状况调整系数	100/110	100/103	100/105
实物状况调整系数	100/97	100/97	100/99
权益状况调整系数	100/102	100/98	100/100
比较价值（元/m²）	16 472	17 383	16 911

7. 计算比较单价

经过比较分析，认为三个可比实例修正调整后的比较价值结果较接近且符合客观情况（表 6-4），故以三者的算术平均数确定最终比较价值。即：

最终比较价值 = (16 472 + 17 383 + 16 911) ÷ 3 = 16 922（元/m²）

（二）收益法

收益法测算具体过程略，测算结果为：

收益价值：14 668（元/m²）

六、估价对象结果的确定

综合考虑当前××市房地产市场状况及估价方法的适用性、数据可靠程度及运用难度等因素，结合本次估价目的，确定比较法权重为 0.7，收益法赋以权重为 0.3（具体分析过程略）（表 6-5），则：

估价对象评估单价 $= 16\,922 \times 0.7 + 14\,668 \times 0.3 = 16\,246$（元/m²）（取整）

估价对象评估总价 $=$ 评估单价 $\times$ 建筑面积 $= 16\,246 \times 96.28 = 1\,564\,165$（元）

估价结果汇总表   表 6-5

币种：人民币

相关结果		估价方法	
		比较法	收益法
测算结果	总价（元）	1 629 250	1 412 235
	单价（元/m²）	16 922	14 668
评估价值	总价（元）	1 564 165	
	单价（元/m²）	16 246	

第二节   商业房地产估价

一、商业房地产及其特点

（一）商业房地产及其种类

商业房地产是指用于各种零售、批发、餐饮、娱乐、健身服务、休闲等经营用途的房地产。狭义的商业房地产主要指用于零售业、批发业的房地产，主要包括百货店、商场、购物中心、商业店铺、超级市场、批发市场、便利店、专卖店、仓储商店等。广义的商业房地产既包括零售业、批发业的房地产，还包括酒店、餐饮、娱乐休闲、商务办公等房地产。本节主要针对狭义商业房地产，即零售业、批发业房地产。估价师在进行商业房地产估价时，应了解商业房地产的种类及其零售业态的结构特点，下面简单介绍各种零售业态的结构特点。

1. 百货店业态结构特点

采取柜台销售与自选（开架）销售相结合方式；商品结构为种类齐全、少批量、高毛利，以经营男、女、儿童的服装、服饰、衣料、家庭用品为主；采取定价销售，有导购、餐饮、娱乐场所等服务项目和设施，服务功能齐全；选址在城市繁华区、交通要道；商圈范围大，一般以流动人口为主要销售对象；商店规模大；商店设施豪华，店堂典雅、明快；目标顾客为中高档消费者和追求时尚的年轻人。

2. 超级市场业态结构特点

采取自选销售方式,出入口分设,结算在出口处的收银机处统一进行;商品构成以购买频率高的商品为主,经营的商品主要以肉类、禽蛋、水果、水产品、冷冻食品、副食调料、粮油及其制品、奶及奶制品、熟食品以及日用必需品为主;营业时间每天在 11 小时左右,往往采取连锁经营方式,有一定的停车场地;选址在居民区、交通要道、商业区;商圈范围较窄,以居民为主要销售对象。

3. 大型综合商场业态结构特点

采取自选销售方式和连锁经营方式;商品构成为衣、食、用品等,设有与商店营业面积相适应的停车场;选址在城乡接合部、住宅区、交通要道;商圈范围较大;目标顾客为购物频率高的居民。

4. 便利店业态结构特点

以开架自选为主,结算在进口(或出口)处的收银机处统一进行,往往采取连锁经营方式;商品结构特点明显,有即时消费性、小容量、应急性等;营业时间长,一般在 16 小时以上,甚至 24 小时,终年无休日;选址在居民住宅区,主干线公路边以及车站、医院、娱乐场所、机关、团体、企事业所在地;商圈范围窄小,一般设定在居民徒步购物 5～7 分钟到达的范围内;目标顾客主要为居民、单身者、年轻人,80%的顾客为有目的的购买,便利店的商品价格略高于一般零售业态的商品价格。

5. 专业店业态结构特点

采取定价销售和开架面售,也开展连锁经营;商品结构体现专业性、深度性,品种丰富,可供选择余地大,以某类商品为主,经营的商品具有自己的特色,一般为高利润;选址多样化,多数店设在繁华商业区、商业街或百货店、购物中心内;商圈范围不定,营业面积根据主营商品特点而定;目标市场多为流动顾客,主要满足消费者对某类商品的选择性需求。

6. 专卖店业态结构特点

采取定价销售和开架面售,也开展连锁经营;商品结构以企业品牌为主,销售体现量少、质优、高毛利;注重品牌声誉、从业人员往往具备丰富的专业知识,并提供专业性知识服务;选址在繁华商业区、商店街或百货店、购物中心内;商圈范围不定,营业面积根据经营商品的特点而定;目标顾客以中青年为主;商店的陈列、照明、包装、广告讲究。

7. 购物中心业态结构特点

内部结构由百货店或超级市场作为核心店,以及各类专业店、专卖店等零售业态和餐饮、娱乐设施构成，服务功能齐全，集零售、餐饮、娱乐于一体，设有相应规模的停车场；选址为中心商业区或城乡接合部的交通要道；商圈根据不同经营规模、经营商品而定；设施豪华、店堂典雅、宽敞明亮，实行卖场租赁制；目标顾客以流动客群为主。

根据选址和商圈不同，购物中心可分为近邻型、社区型、区域型、超区域型四种。

8. 家居中心业态结构特点

发挥廉价商店的低价格销售和超级市场的开架自选销售等优势，提供一站式购物和一条龙服务；商品构成主要以房屋修缮和室内装修、装饰品、园艺品、宠物食品、室内外用品、洗涤剂及杂品等，有一定车位数量的停车场；选址在城乡接合部、公路边、交通要道或消费者自有房产比率较高的地区。

9. 仓储商店业态结构特点

商品构成以新开发上市的商品为主力商品，自有品牌占相当部分；选址在公路边、交通要道和利用闲置设施，商店营业面积大，有一定规模的停车场；主要的商圈人口为5万～7万人。

（二）商业房地产特点

1. 收益性

商业房地产属于经营性房地产，其主要特点是能够获得收益，其收益和获利方式大致分为两类：一类是房地产开发商开发后直接销售、投资转卖，这类商业房地产多为小区级零星商铺、街铺，其特点表现为分散、体量小及经营档次在中档以下，这种商业房地产获利方式从严格意义上讲仍属于房地产开发范畴，主要获取开发利润；另一类则是长期投资经营，有开发商自营、业主自营、出租给他人经营等方式，这类包含各种体量商业房地产。

2. 经营内容多，业态多样

在同一宗商业房地产特别是大体量商业房地产中，往往会有不同的经营业态和内容，例如，一部分经营商品零售，一部分经营餐饮，一部分经营娱乐等。不同的经营内容（或者说不同的用途）一般会有不同的收益水平，因此对商业房地产估价时需要区分其不同的经营内容，根据不同经营内容分别进行估价测算，例如，采用收益法时应在市场调查分析的基础上测算不同经营内容商业房地产的收益水平，并对各种商业经营业态采取不同的收益率。

3. 出租、转租经营多，产权分散复杂

商业房地产往往是销售给个体业主或公司，业主又常常将其拥有的房地产出租给他人经营或自营，有的承租人从业主手上整体承租后又分割转租给第三者，

造成商业房地产产权分散、复杂，因此在进行商业房地产估价时要调查清楚产权状况，分清估价价值定义是出租人权益估价还是承租人权益估价。

4. 装饰装修高档且复杂

为了营造舒适宜人的购物消费环境，商业房地产通常会有相对高档的装修，而且形式各异。在装饰装修安排上，有的由出租人统一装修，有的出租人只装修公共部分，分区分层出租部分由承租人自行装修。另外，商业用房装饰装修升级快，对有些经营者而言，买下或承租别人经营的商业用房后，为了保持或建立自己的经营风格或品牌效应，一般会重新装饰装修。因此，在估价时应充分分析现有装饰装修状况能否有效利用，如无法利用应考虑追加装饰装修投入对估价价值的影响。

5. 垂直空间价值衰减性明显

商业房地产的价值在垂直空间范围内表现出明显的衰减性。一般来说，商业物业的价值以底层为高（高层商业物业顶层有景观等因素，比较特殊），向上的方向其价值呈现快速的衰减，越到后面，价值衰减则越慢。这是因为底层对于消费者而言具有最便捷的通达度，不需要借助于垂直方面的交通工具。而向上的楼层需要借助垂直交通工具，通达的便捷度随之减弱。

二、影响商业房地产价格的因素

（一）影响商业房地产价格的主要区位状况

1. 繁华程度

影响商业房地产价格的首要因素是所处地段的繁华程度，繁华程度越高，商业房地产的价值越高。

商业繁华程度首先可用该地段是否处于商业中心区来考虑。每个城市一般都有一个或几个市一级的商业中心区，它们的辐射力遍及全市，吸引着全市的购买力，这类市一级的商业中心区属于全市最繁华的地段。另外，在每个行政区或住宅聚集区也会有一个或多个区级商业中心区，它们的辐射力低于市级商业区，一般限于本区域内，繁华程度也低于市级商业区。在每个居住小区通常还会有一个商业服务集中地带，或可称为小区级商业中心，其繁华程度较低。

此外，在许多大中城市中，还有一些专业性商业街区，它是由经营相同类型商品或属性相似的商店汇集在一起而形成的商业街区，如建材一条街、布匹市场、电器总汇等。不同类型专业市场或专业一条街的租金水平相差很大，有的专业市场或专业一条街商铺的月租金水平可接近中心商业区，而有的专业市场或专业一条街商铺的月租金水平可能相同于或甚至低于小区级商业区商铺租金水平。

　　对于一般的商业房地产，首先，要确定的就是它处于哪一级商业中心区，从而可知其所处地段的商业繁华程度。其次，要确定商业房地产所处商业区的具体位置，因为在同一商业区中主道上的商业房地产比相距仅数米远的侧道上的商业房地产价值可能要高出许多，而在同一幢商业房地产中，首层入口处附近的商铺出租的租金要远高于其他位置的商铺。如××市北京路商业街区中，北京路商铺的月租金高达 1 000 元/m² 以上，而旁边西湖路商铺的月租金仅为 300 元/m²。最后，分析所在区域商业集聚度、经营差异化程度、人流量、消费结构、消费档次等。

　　2. 交通条件

　　交通的通达度对商业房地产的价格具有很大影响，商业房地产估价时要从两方面考虑交通条件，一是顾客方面，从现阶段一般情况来说，主要是通过公共交通的通达度、可用附近公交线路的条数、公交车辆时间间隔，以及公交线路连接的居民区人数等指标来衡量，另外还要考虑停车场地问题；二是经营者方面，要考虑进货和卸货的交通便利程度。

　　道路交通条件的改善可以给沿途商业带来巨大的人流量，对于商业房地产而言，集中的人流量固然重要，但也要看这些人群是否是有效的消费群体。例如，某大型商场，由于新建的地铁线路的一个出口就在商场内，虽然地铁直接给商场带来了巨大的人流量，但这些拥挤的人群多是过客，反而影响了商场的正常购物环境，因此，公共交通特别便利的地方不适宜做高档的商业物业。

　　3. 临街状况

　　商业房地产一般都应该是临街的，其临街的具体分布状况对其价值产生较大影响，在一条路上相距数米范围内的不同分布，将可能呈现不同的价格或租金水平。一般来说临街面越宽越好，如果几面临街，一般认为有利于商业房地产价值的提高。例如，多面临街的沿街角商铺比一边临街的商铺价值高，与道路齐平临街的商铺比略有凹入的商铺价值高。但要注意的是，位于街角交通要道的商业房地产如果没有足够的缓冲余地，对于其经营也是不利的，因为这样将直接影响购物人流的出入。

　　4. 楼层

　　通常情况下位于底层的商业用房的价值要高于其他楼层的商业用房，一般来说，如没有电梯，首层商业用房与二层商业用房价格相差较大，二层商业用房与其他层商业用房的价格差距将大大缩小。如根据一般的估价实践，未安装电梯的大型商业大厦二层的价格可能是底层价格的 50%～80%，三层为底层的 40%～60%，然而对于一些社区内的商铺，二层价格可能只有底层的 35%～50%，可能相差 50%～65%，二层与三层可能相差 20%～30%，但如果有自动扶梯上下，首层商业用房与其他层商业用房的价格差距将大大缩小。

（二）影响商业房地产价格的主要实物状况

1. 建筑品质及内部格局

商业房地产自身的建筑品质包括建筑结构、装饰装修、设施、建筑平面或空间利用的难易、可改造程度、外观甚至建筑物的临街门面宽窄等，它们对于商业房地产的经营有重要的影响。此外，商业房地产的内部格局是否有利于柜台、货架等的布置和购物人流的组织也对商业房地产的经营产生影响。例如，一些大型商业用房往往要分割出租，其内部空间能否灵活地间隔对其收益产生较大影响。因此，对商业房地产进行估价时应充分重视其建筑品质、内部格局。

2. 净高

通常，商业用房净高 3～6m，大型商场首层的净高可能更高些。商业房地产的室内净高应适宜。净高偏低则难免产生压抑感，不利于经营；若净高超过合适的高度，建筑成本会提高，也无助于房地产价值的提高。

3. 面积

根据商业业态的差异、商业经营要求的不同，商业用房所需的经营面积会存在较大差异，如百货商场的经营面积一般需 2 万 m^2 以上，大型购物中心 12 万 m^2 以上，而一般的临街店铺仅为几十平方米。因此对商业房地产进行估价时应区分不同的经营业态结构对面积的不同要求。

4. 装饰装修

装饰装修在商业房地产的价值中往往占有很大比重，特别是一些大型的综合商场、品牌经营商场等。因此，同样的商业用房，仅仅由于装饰装修不同，其价值会有很大的出入。此外，建筑结构、构造因采用的材料不同，其价值也可能有很大的差别。

5. 无形价值

在注重品牌、文化品位的时代，商业房地产价值中无形价值所占的比重越来越大，例如，一个酒店管理集团，能使一个同样的酒店体现出完全不同的租金水平与出租率，从而使酒店体现出不同的价值。又如有大型品牌超市、商业企业进驻的商业用房，其价值会明显上升。在投资交易等某些估价目的的情况下，估价应对附属于有形商业房地产的无形价值进行考虑。

三、商业房地产估价的常用方法

根据《房地产估价规范》GB/T 50291—2015，商业房地产估价可以选用收益法、比较法、成本法等。

为准确评估商业房地产市场价值，基于商业房地产的收益性特点，在商业房地产交易比较活跃的地方，主要适宜选用收益法、比较法。对于成本法，可以选用但一般不宜作为主要方法。

（一）收益法

商业房地产的价值体现在其获取收益能力的大小上，所以收益法是商业房地产估价最为常用的方法之一，它是以预期收益原理为基础，其主要的工作是测算商业房地产的净收益、收益年限和收益率，在具体操作过程中要根据不同商业业态、类型区别对待。

（二）比较法

商业房地产的转售转租比较频繁，特别是小型商铺更是如此，因此较易获得可比实例，所以在商业房地产估价时，比较法也是一种常用方法。另外，在用收益法评估商业房地产的客观租金时，需采用比较法进行租金的估算。

（三）成本法

在有些估价业务中，例如，商业房地产的抵押估价，或是对将要转变用途的房地产进行估价时，也会用到成本法作为辅助方法。

四、商业房地产估价的技术路线及难点处理

商业房地产估价在总体技术方法、思路上虽大体一致，但在具体技术路线的选择和处理上，不同业态商业房地产又有各自的特点。

（一）不同经营方式的商业房地产估价技术路线及难点处理

商业房地产根据其经营方式的不同可划分为出租型和运营型两类。

1. 出租型商业房地产

出租型商业房地产的投资者主要通过收取租金获取回报，这类商业房地产主要为临街中小型商铺、便利店、专卖店、专业市场、社区商铺等。出租型商业房地产主要采用收益法和比较法进行估价。

采用收益法估价关键是求取租金收益，应根据租赁合同和租赁市场资料求取租金收益。租金收益的测算要区分是否存在租约限制，有租约限制的，评估出租人权益价值时，已出租部分在租赁期间应按合同租金确定租赁收入、未出租部分和已出租部分在租赁期间届满后应按市场租金确定租赁收入。但如果合同租金明显高于或低于市场租金的，应关注租赁合同的真实性、解除租赁合同的可能性及其对收益价值的影响。因此，对出租型商业房地产测算租金收益时，应了解估价对象是否存在合约的限制。此外，在求取净收益时，价值时点为现在的，应调查了解估价对象至少近三年的实际收入、费用等情况。利用估价对象的资料得出的经营收入、经营费用或净收益等数据，应与类似房地产在正常情况下的收入、费用或净收益等数据进行比较。若与正常客观的数据有差异，应进行分析并予以适当修正。

比较法在商业房地产估价中的应用主要包括两方面：①直接求取商业房地产价格；②求取商业房地产租金，再利用收益法测算商业房地产价格。可比实例的选择和修正调整系数的确定是比较法评估商业房地产的重要环节。由于影响商业房地产价格的因素很多，因此对估价对象及可比实例的现场查勘显得非常重要，必须详细了解待估商业房地产的地段及具体坐落、临街状况、经营业态和内容、建筑及内部格局、楼层、面积、装修、交易方式等因素。

例如，有个商场，分割出售，面积相仿，但四面临街状况不同，其中一面临商业街，其销售价格是 7.5 万～9 万元/m²，两面临普通道路，销售价格是 6.5 万元/m²，另一面临弄里小路，其销售价格是 3.5 万～4 万元/m²。同样的底层，价格相距最大的幅度接近 3 倍。因此，如果不仔细了解具体坐落位置，简单将其中临弄内小路的可比实例用于沿普通道路的估价对象进行比较，就会造成估价的失误。

此外，在可比实例的选用时还应关注商业房地产的交易形式、价格（或租金）内涵。如，当前许多商业房地产的销售采取了售后回租的形式，这种交易情况下的价格比非售后回租情况下的价格要高，具体高多少，取决于售后回租的条件，即回报率与回报年限。类似的这种实例可比性基础比较弱，一般不宜采用，如果一定要用，必须针对回报率与回报年限的综合情况进行修正。又如商业物业的租金，有的包含了管理费、水电费等，而有的则没有，而租赁价格中税费的负担、房屋的修缮责任的归属、租赁期限的长短、租金的支付方式及违约责任都对租赁价格产生影响，所以要详细了解这些内容。

2. 运营型商业房地产

运营型商业房地产主要靠经营获得收入，如百货店、超级市场、大型商场等。这类商业房地产主要采用收益法估价，在估价时可基于营业收入、营业费用测算净收益，即净收益为经营收入减去经营成本、经营费用、经营税金及附加、管理费用、财务费用以及应归属于商服经营者的利润后的余额。但在实际操作中，如何剥离商业经营的利润与房地产带来的利润是比较难以处理的问题，目前尚无较好的量化方法，主要是基于估价师对商业及房地产市场的经验判断，一般做法是根据类似可比实例的调整估算出租赁收入来确定商业房地产的净收益。

（二）不同规模的商业房地产估价技术路线及难点处理

1. 整幢商业房地产估价

在实际的商业房地产估价中，进行整幢房地产估价的情况相对比较少。对整幢商业房地产估价时，首先，应详细了解不同楼层的商业业态、经营方式、类型、收入水平差异等；其次，了解同层商业房地产铺面的分布格局及价格分布影响因素，最后，根据不同楼层具体情况、交易实例搜集的难易程度、潜在租金及其经营费用测算的难易程度而选择不同估价方法，一般可采用收益法、比较法。

2. 整层商业房地产估价

整层商业房地产估价，一般可采用比较法或收益法进行，但通常情况下整层出售或出租个案远少于单个商铺出售或出租，因此当缺少类似整层商业房地产出租或销售的可比实例，而仅有单个商铺的成交实例时，如何利用单个商铺价格修正而估算得出整层商业房地产的价格往往成为估价的难点。

虽然整层商业房地产与分割商铺面临的客户群定位不同，二者在市场价格形成过程中的分割布局、策划费用、销售代理费用、市场接受能力并不一致，但是二者毕竟是"全体"与"个体"的关系，对于某个具体的铺位价格而言，在数量上与整层商业房地产均价间存在一定的比例关系，因此可通过细致的市场调查，确定这种数量关系，进而修正调整到整层商业房地产的价格。

例如，某估价机构接受委托评估××商业广场9层的价格。经过市场分析决定采用比较法作为首选方法评估。在选择可比实例时，发现整层商业房地产交易实例很少，但有较多的中小面积商业房地产交易实例，因此选用中小面积商业房地产交易实例作为可比实例，并进行相应的市场调查，了解该市类似估价对象整层商业用房交易价格与中小面积商业用房交易价格的关系，修正调整确定××商业广场9层的价值。经过市场调查，该市与估价对象类似的整层商业用房交易的价格比中小面积商铺（整层分割交易）的交易价格平均低8%～15%，估价师结合各种影响因素并深入分析，综合考虑取整层交易修正系数为12%，据此估算得出估价对象的价格。

3. 同层商业房地产不同铺面估价

对于同层商业房地产多个铺面进行估价时，可先评估出一个铺面的价格，其余铺面价格在此基础上进行调整而得出估价结果。但是这种技术处理方式要求对同层商业房地产铺面的分布格局及价格分布影响因素有充分的了解和认识。

例如，某估价机构用收益法评估××市××区××商业城2层多间商铺的价格，在确定客观租金时，就采用了这种技术处理方式，即先用比较法估算出2层某一个商铺的客观租金，再根据各个商铺的位置状况（近扶手电梯、临通道情况）、面积状况、形状及转角等因素进行调整估算出其余商铺的客观租金。根据实地查勘和各种价格影响因素的分析，将该楼层的商铺分为三个档次，第一档次为位于手扶电梯口的××号商铺；第二档次为位于直行电梯口的××号等四间商铺,位于商场主要通道的××号等八间商铺;第三档次为主要分布在边角或次要通道的××号等八间商铺。估价师综合考虑商铺的位置状况(近扶手电梯、临通道情况)、面积状况、形状及转角等因素,并参考实际成交资料,综合测定第二档次的商铺较第一档次的商铺租金大约低5%,第三档次的大约低10%,则第二、三档次商铺的客观租金水平就可根据第一档次商铺租金及其租金相互关系分别测算出来。

五、商业房地产估价案例分析

【案例 6-2】

××路××号××大厦101商铺抵押价值评估结果报告(节选)

一、估价委托人(略)

二、房地产估价机构(略)

三、估价目的

为估价委托人确定房地产抵押贷款额度提供参考而评估房地产抵押价值。

四、估价对象

1. 估价对象范围及基本状况

根据估价委托人提供的《不动产权证书》(××号),房屋建筑面积 2 973.43m²,共有宗地面积 3 999.54m²。估价对象范围包含证载面积不动产以及附着在建筑物上的与估价对象功能相匹配的不可移动的设施设备、室内装饰装修,不含债权债务、特许经营权和室内可移动物品。

2. 估价对象基本状况

估价对象位于××路××号××大厦101商铺,土地用途为商服用地,房屋建筑面积 2 973.43m²,估价对象的权利人为××商贸有限公司。

3. 估价对象土地基本情况

(1)四至:所在宗地南至××电影城;东临××道路;西临××道路;北靠××商业广场。

(2)开发程度:宗地红线内、外通路、通电、通信、通供水、通排水、通燃气和宗地红线内场地平整。

(3)土地使用期限:2006 年 3 月 15 日起 2046 年 3 月 15 日止,土地剩余使用期限 24.83 年。

4. 估价对象建筑物基本状况

根据估价委托人介绍及估价师实地查勘，估价对象建筑物基本状况见表6-6。

5. 估价对象权属状况

估价对象已取得《不动产权证书》[证号：××（2017）××不动产权第××××号]。权属清晰、没有争议，没有被依法查封、扣押、监管等限制。

根据估价委托方提供的《不动产权证书》，在价值时点，估价对象未涉及抵押、租赁、地役权、地下等其他他项权利。

建筑物基本状况一览表   表6-6

房号	实际用途	实际建筑结构	设施设备	装饰装修	层高及空间布局	建成时间	使用及维护状况	完损状况
101	日用百货	钢筋混凝土	估价对象供水、排水、供电、通信、卫生、照明、防灾等系统和设备的配置齐全，性能良好。安装有扶梯2部	估价对象为平屋顶，外观风格简约大气，双向对开玻璃门，外墙部分贴瓷砖部分玻璃幕墙，室内地砖地面、墙面贴壁纸、部分墙砖，顶部石膏艺术吊顶	层高3.5m。空间分区以及各空间的交通流线合理	2007年12月31日	良好	地基基础有足够承载能力，无不均匀沉降，承重构件完好，屋面、楼地面完好，门窗开关灵活，水卫设施完好通畅，电照绝缘良好，综合成新率95%

五、价值时点

以实地查勘日2021年5月16日为价值时点。

六、价值类型

根据评估目的，本次评估价值类型为房地产市场价值。

七、估价原则（略）

八、估价依据（略）

九、估价方法（略）

十、估价结果

注册房地产估价师根据国家有关法律、法规和政策要求，遵循中华人民共和国国家标准《房地产估价规范》GB/T 50291—2015、《房地产估价基本术语标准》GB/T 50899—2013和《房地产抵押估价指导意见》等法律法规和技术标准，遵循客观、公正、公平的估价原则，选用科学合理的估价方法，并在综合分析现有资料、影响房地产价格因素的基础之上，经过测算确定估价对象于价值时点2021年5月16日的估价结果如下（币种：人民币）：

不动产价值总价：16 630 394（元）

大写金额：壹仟陆佰陆拾叁万零叁佰玖拾肆元整

评估单价：5 593（元/m²）

十一、注册房地产估价师（略）

十二、实地查勘期（略）

十三、估价作业期（略）

××路××号××大厦101商铺抵押价值评估技术报告（节选）

一、估价对象描述及分析（略）

（一）估价对象区位状况描述与分析（略）

（二）估价对象实物状况描述与分析（略）

（三）估价对象权益状况描述与分析（略）

二、市场背景描述与分析（略）

三、估价对象最高最佳利用分析（略）

四、估价方法适用性分析

1. 方法选用分析

估价师在认真分析所掌握的资料，并对估价对象进行了实地查勘以及对周边房地产市场进行调查后，根据《房地产估价规范》GB/T 50291—2015、《房地产估价基本术语标准》GB/T 50899—2013，遵照国家有关法律、法规、估价技术标准，经过分析研究，最终选取比较法、收益法对估价对象房地产价值进行测算，选用方法的理由及各方法定义见表6-7。

估价方法适用性分析　　　　　　　　表6-7

估价对象特点	（1）估价对象产权明晰，可上市自由交易； （2）估价对象所属土地使用权用途为商业服务，符合该地区用地规划			
估价目的	为确定不动产抵押贷款额度提供价值参考依据而评估不动产抵押价值			
可选估价方法	比较法	收益法	假设开发法	成本法
估价方法定义	选取一定数量的可比实例与估价对象进行比较，根据其间的差异对可比实例成交价格进行处理后，得到估价对象价值或价格	预测估价对象未来的收益，利用报酬率或资本化率、收益乘数等将未来收益转化价值，得到估价对象价值或价格	求取估价对象后续的必要支出、应得利润和开发完成后的价值，将开发完成后的价值减去必要支出及应得利润，得到估价对象价值或价格	求取估价对象在价值时点的重置成本、重建成本，和折旧，将重置成本或重建成本扣除折旧，得到估价对象价值或价格

续表

是否选用	选用	选用	不选用	不选用
估价方法选用理由	估价对象规划用途为商业，所在区域与估价对象相似的租售可比实例（同一供需圈内、用途一致、邻近区域）较多，故本次评估选取比较法对估价对象及市场租金进行估价	估价对象为商铺，目前可用于出租或自营，且该区域内用于商业经营的房地产较多。估价人员较易获得相关收益及费用资料，宜选用	估价对象已建成使用，投资开发或再开发不符合经济性原则，故在估价委托人未作出装饰装修或拆除重建决策前不宜选用	估价对象为商业用房，所处位置优越，位于××县商业繁华中心区域，重建成本不足以反映估价对象价值，不宜选用

2. 本次选用估价方法定义及基本公式（略）

3. 估价技术路线（略）

五、估价测算过程

（一）运用比较法求取估价对象价值

运用比较法测算具体过程略，测算结果为：

估价对象的比较价值：6 066（元/m²）

（二）运用收益法求取估价对象价值

1. 选择具体估价方法

本次估算选用有限年年净收益按一定比率逐年递增的房地产价格计算公式：

$$V = \frac{A}{Y - g} \times \left[1 - \frac{(1 + g)^n}{(1 + Y)^n} \right]$$

式中　V——收益价值（元或元/m²）；

　　　A——未来第 1 年净收益（元或元/m²）；

　　　Y——报酬率（%）；

　　　n——收益期（年）；

　　　g——净收益年递增率（%）。

计算公式适用的假设前提：

（1）假设在收益期内，报酬率保持不变，估价对象净收益逐年递增的比率为 g。

（2）假设在收益期内，对估价对象所设定的最高最佳用途保持不变且无规划限制。

2. 收益期限测算

估价对象房屋为钢筋混凝土结构，钢混结构耐用年限为 60 年，估价对象建成年份为 2007 年，至价值时点，剩余年限为 46 年；估价对象土地终止日期为 2046

年 3 月 15 日，至价值时点剩余使用年限为 24.83 年。根据《国有建设用地使用权出让合同》，土地使用权期间届满后无偿收回土地使用权及地上建筑。本次评估按照房屋耐用年限与土地使用权年限孰短原则，确定估价对象收益年期为 24.83 年。

3. 有效毛收益测算

1）潜在毛租金收入

根据注册房地产估价师对同一供需圈内，位置、结构、用途相近的商业用房租金的市场调查，采用比较法确定估价对象的含税客观租金为 1.6 元/(m²·日)（具体测算过程略）。

估价对象每年潜在毛收入 = 1.6 × 365 = 584（元/m²）

2）其他收入

其他收入主要为押金利息收入。根据调查市场上同类房地产的出租押金一般为 1 个月的月租金；同时，估价对象于价值时点 2021 年 5 月 16 日的 1 年期存款利率为 1.50%，则每建筑平方米年潜在毛押金利息收入为：

其他收入 = 月租金 × 押金月数 × 1 年期存款利率

$$= 584 \div 12 \times 1 \times 1.50\% = 0.73（元/m²）$$

3）租约限制说明

根据注册房地产估价师的实地查勘以及估价委托人介绍，估价对象现自用，故不需考虑租约的影响，参考现行市场客观租金进行评估。

4）租赁面积确定

根据注册房地产估价师对周边市场的调查，在租赁市场上，周边同类型物业的出租面积一般按其产权登记的建筑面积为出租面积，因此确定估价对象出租面积为 2 973.43m²。

5）空置和收租损失

因估价对象一般出租情况下，都会收取一个月的押金，押金的收取可有效防止承租人拖欠租金造成的收入损失。因在潜在毛收入中已计算押金利息收入，故本次确定其收租损失率为 0；另根据实地查勘和调查情况，综合确定其空置率为 8%。

空置和收租损失 = (第 1 年潜在毛收入 + 其他收入) × (空置率 + 收租损失率)

$$= 584.73 \times (8\% + 0)$$

$$= 46.78（元/m²）$$

6）有效毛收入

有效毛收入 = 584.73 - 46.78 = 537.95（元/m²）

4. 第 1 年运营费用确定

1）出租税费

出租税费主要包括房产税、增值税及附加。根据国家有关规定，按房屋有效毛收入的 12% 计算房产税，增值税及附加按有效毛收入 × 5.33%。

出租税费 = 537.95 × 12% + 537.95 × 5.33% = 93.23（元/m²）

2）保险费

根据估价对象项目情况，按成本法测算的重置成本为 1 760 元/m²（具体测算过程略）乘以保险费率 2‰ 计算。

保险费 = 1 760 × 2‰ = 3.52（元/m²）

3）维修费

维修费为 44 元/m²（具体过程略）。

4）管理费

管理费为 10.76 元/m²（具体过程略）。

5）第 1 年运营费用

第 1 年运营费用 = 93.23 + 3.52 + 44 + 10.76 = 151.51（元/m²）

5. 第 1 年净收益确定

第 1 年净收益 = 第 1 年有效毛收入 − 未来第 1 年运营费用

$$= 537.95 - 151.51 = 386.44（元/m²）$$

6. 确定报酬率

综合确定房地产报酬率为 8%（具体过程略）。

7. 收益逐年递增率的确定

根据 ×× 市 2018 年来公布的 CPI 物价指数，2018 年 CPI 涨跌幅度为 1.4%，2019 年 CPI 涨跌幅度为 2.4%，2020 年 CPI 涨跌幅度为 2.6%，考虑到租金价格增长与通货膨胀具有一定的相关性，租金价格与运营成本变化趋势基本一致，结合估价对象的实际情况，经注册房地产估价师综合考虑后，确定估价对象净收益逐年递增率为 2%。

8. 运用公式确定收益价格

本次估算选用有限年年净收益按一定比率逐年递增的房地产价格计算公式：

$$V = \frac{A}{Y - g} \times \left[1 - \frac{(1 + g)^n}{(1 + Y)^n} \right]$$

收益单价 = 386.44 ÷ (8% − 2%)[1 − (1 + 2%)^{24.83} ÷ (1 + 8%)^{24.83}]

$$= 4\,883（元/m²）（取整）$$

六、估价结果确定

本次评估采用比较法和收益法分别进行了测算，比较法是以房地产市场交易价格为导向求取的估价对象价值，收益法是以房地产预期未来收益为导向求取的估价对象价值。两种测算方法虽略有差别，但是他们从不同侧面反映了估价对象的价值水平。由于比较法较能客观反映市场价值，本次评估取比较法测算结果的权重为 60%，收益法测算结果的权重为 40%，以两种方法测算结果的加权平均值作为估价对象的最终价格：

估价对象单价 $= 6\,066 \times 60\% + 4\,883 \times 40\% = 5\,593$（元$/\text{m}^2$）（取整）

估价对象总价 $= 5\,593 \times 2\,973.43 = 16\,630\,394$（元）（取整）

第三节　商务办公房地产估价

一、商务办公房地产及其特点

（一）商务办公房地产及其分类

商务办公楼，俗称写字楼，是指用于公司或企业从事各种业务经营活动的建筑物及其附属设施和相关场地。写字楼的业主往往通过行之有效的物业管理，以出租经营的方式达到房地产保值、增值和收益的目的。写字楼的使用者是指能够支付租金，进行管理、技术、专业服务和文书处理的经济实体，如金融机构、贸易、咨询服务公司等。

写字楼可从不同的角度、按照不同的标准进行分类与分级。

按建筑面积的大小，可将写字楼分为小型、中型和大型写字楼。其中，建筑面积在 1 万 m^2 以下的为小型写字楼；建筑面积在 1 万～3 万 m^2 的为中型写字楼；建筑面积在 3 万 m^2 以上的为大型写字楼，有些大型写字楼的建筑面积可达 10 万 m^2 以上。

按使用功能的不同，可将写字楼分为：①单纯型写字楼，即写字楼基本上只有办公一种功能，没有其他功能（如展示厅、餐饮等）；②商住型写字楼，这种写字楼既提供办公又提供住宿，其中一种是办公室内有套间可以住宿，另一种是楼的一部分是办公，楼的另一部分是住宿；③综合型写字楼指以办公为主，同时又有其他多种功能，如公寓、餐饮、商场、展示厅等，但其中用作办公部分的面积最多。

按写字楼所处的区位与交通、产权状况、硬件设施、运营服务等，将写字楼分为超甲级、甲级、乙级三个等级：①超甲级写字楼，这类写字楼具有优越的地理位置和交通环境，建筑物的物理状况优良，建筑质量达到或超过有关建筑条例或规范的要求，其收益能力能与新建成的写字楼建筑相媲美。通常有完善的物业管理服务，包括 24 小时的维护及保安服务。②甲级写字楼，它具有良好的地理位置，建筑物的物理状况良好，建筑质量达到有关建筑条例或规范的要求，但建筑物的功能不是最先进的（受功能陈旧因素影响），有自然磨损存在，收益能力低于新落成的同类建筑物。③乙级写字楼，指已使用的年限较长，建筑物在某些方面不能满足新的建筑条例或规范的要求；建筑物存在较明显的物理磨损和功能陈旧，但仍能满足低收入承租人的需求，并与其租金支付能力相适应，相对于甲级写字楼，虽然租金较低，但仍能保持一个合理的出租率。

不同类型的写字楼价值相差很大，如广州市的甲级写字楼广州国际金融中心，其租金水平达 300～400 元/(m²·月)，而大部分的乙级写字楼的租金水平基本在80～120 元/(m²·月)，因此对写字楼物业进行估价时，应依赖专业知识对写字楼的类型、档次进行准确的判断。

在实际工作中，要结合写字楼所处的位置、交通方便性、声望或形象、建筑形式、大堂、电梯、走廊、写字楼室内空间布置、为承租人提供的服务、建筑设备系统、物业管理水平和承租人类型等判断写字楼的等级。

（二）商务办公房地产特点

1. 所处区位好，规模大

写字楼多建在以经济、金融、贸易、信息为中心的大中城市，同时，有相当规模的面积，办公单位集中，人口密度大，写字楼集聚的区域往往是城市中经济活动频繁，交易量大，信息快而多，交易成功率高，吸引众多知名企业及其国内外办事机构进驻的区域。因此，估价对象是否处于城市写字楼集聚的区域对其价值会产生很大影响。

2. 多为现代化的高层建筑，功能齐全、配套设施完善

写字楼特别是超甲级、甲级写字楼大多为高档次高层建筑，有良好的建筑和现代化的设备，不仅外部有自己独特的线条、格局、色彩和装饰装修等建筑风格，而且内部一般都配有先进的设备，如中央空调、高速电梯、高灵敏度的系统化通信等。此外，现代写字楼还提供各种功能，如前台服务、大小会议室、酒吧、商场、餐厅、车库等。因此对写字楼估价时，应对写字楼的建筑、功能、设施配套进行详细查看。

3. 出租经营为主，多由专业物业服务企业管理

大多数写字楼是以出租为主，出租率或占有率的高低是写字楼的生命线，而出租率的高低与物业服务的好坏休戚相关，因此很多写字楼业主委托专业物业服务企业管理和代理出租。

二、影响商务办公房地产价格的因素

（一）影响商务办公房地产价格的主要区位状况

1. 集聚程度

商务办公房地产的集聚程度对其价值产生很大影响，因为商务机构的大量集聚必然扩大这一区域的知名度、影响力，推动这一区域高档写字楼的建设并形成

一定的规模，区域的知名度、写字楼的知名度反过来影响这一区域中机构的知名度。因此，写字楼特别是超甲级、甲级写字楼集聚的区域，其写字楼的租金水平往往很高，如广州的珠江新城商务区集聚了广州国际金融中心、广州周大福金融中心等一批甲级写字楼，吸引了国外的大型企业及其办事机构、国外驻穗办事机构、世界500强企业分支机构、国内大型企业及其办事机构，广州国际金融中心、广州周大福金融中心的租金水平成为广州写字楼的最高水平。

通常情况下，城市商务区及其等级往往是根据写字楼的集聚程度来划分的，中央商务区往往是高档次写字楼大量集聚的区域，也是写字楼租金水平最高的区域。如上海写字楼主要集聚在陆家嘴、外滩、虹桥、南京西路、淮海中路、徐家汇六个区域，从而形成了陆家嘴商务办公区、外滩商务办公区、虹桥商务办公区、南京西路商务办公区、淮海中路商务办公区、徐家汇商务办公区，其中陆家嘴商务办公区的甲级写字楼无论从数量还是从建筑面积来说都遥遥领先于其他商务办公区而成为上海顶级的商务办公区，其写字楼的租金水平最高。虹桥、南京西路、淮海路、外滩等区域是仅次于陆家嘴商务办公区的次一级商务办公区。相比而言，徐家汇商务办公区的甲级写字楼供应量较少，甲级商务办公楼面积大大少于以上区域，为第三级商务办公区。其他区域无论是甲级写字楼的数量、写字楼规模及影响力都较小，为低级别商务办公区。因此对写字楼进行估价时，应分析估价对象所处区域写字楼的集聚程度、商务办公区等级，以确定其租金水平。

2. 交通条件

能否方便、快捷到达办公地点，能否方便、快捷与客户交流、会谈是从事办公行业特别是企业公司总部选择办公场所的重要条件之一。一座大型的写字楼建筑往往能容纳成千上万的人在里面办公，这就要求写字楼特别是高档写字楼必须具有很好的通达性，其交通连接需要在三维空间展开，即具有地下、地面及空间交通体系，此外是否有足够的停车场地也会影响到写字楼的易接近性。因此，写字楼所处区域的交通可达性、通达性、易接近性是影响其价值的重要区位状况。

3. 周边环境

商务办公房地产既不像商业房地产那样要求周围环境繁华热闹，也不像居住房地产那样要求周围环境优美幽静，但要求周围环境整洁气派，有现代化的都市气氛，而不能杂乱无章。

4. 楼层

与商业房地产一样，楼层对商务房地产价值也产生较大影响，但影响的方向不同。商业房地产楼层越高价值越小，而商务房地产楼层越高价值越大，租金水平越高，这与办公环境有关，楼层越高，景观、空气质量越好，被干扰的机会越小。

（二）影响商务办公房地产价格的主要实物状况

1. 外观形象

声望或形象在商业活动中非常重要，一个公司往往会注重自身形象，而公司办公场所的形象则直接影响公司的形象，因此有良好外观形象的商务办公房地产会大大吸引实力强的企业，我们可以看到中心城市中那些标志性的建筑往往都是写字楼，如上海的中心大厦、环球金融中心，广州的国际金融中心，而这些标志性建筑的使用者几乎是国内外一流的企业及其办事机构，其租金价格往往是城市中最高的。商务办公房地产的外观主要包括：建筑物高度、体量、造型、外墙面装修等。

2. 内部装饰装修

与外观一样，内部装饰装修也对商务办公房地产的价值有重要影响。商务办公房地产的内部装饰装修主要体现在大堂、走廊、内墙面、灯具等。商务办公房地产大堂的外观、平面设计和灯光布置等往往是其特色的综合体现。

3. 设备、设施

商务办公房地产的使用者对建筑物内的设备设施系统非常重视，主要包括给水排水、电气、暖通、消防、动力、通信、运输、电子等设备设施。这些设备设施是否齐备、是否高效运行都是影响商务办公房地产价值的重要因素，如垂直交通对于商务办公房地产非常重要，因此，电梯的数量、质量、载重量、速度、安装位置直接影响到商务办公房地产的吸引力。

4. 智能化程度

随着电子商务的兴起，企业对网络设施的要求迅速提高，以网络为载体，各种智能办公解决方案也在日新月异地发展，因此，写字楼也必须能够提供完善的智能化办公条件才具有吸引力。同时智能化程度的高低也是衡量写字楼等级的重要指标之一，如甲级写字楼，其智能化程度需达到3A以上，最好达到5A，即需具备 BAS 楼宇自动化系统、OAS 办公自动化系统、FAS 消防自动化系统、SAS 安防自动化系统、CAS 通信自动化系统。

5. 物业服务水平

对于商务房地产特别是甲级写字楼而言，物业服务水平的高低对其价值产生很大影响，它直接关系到能否吸引大公司、大财团、国内外高级办事机构进驻，直接影响到写字楼租金水平，因此，通常甲级写字楼都是聘请一流的服务企业进行管理。

6. 租户类型

入住同一商务房地产的租户间的相互影响，会提高或降低他们各自的形象和声誉，大厦内的主要租户往往决定了一幢商务房地产的租户类型，当主要租户是知名企业及其办事机构时，就会吸引同类及相关联企业进驻，从而提高大厦的知名度，其价值也得到迅速提高。

三、商务办公房地产估价的常用方法

商务办公房地产的估价可以选择收益法、比较法、成本法等。

（一）收益法

由于商务办公房地产通常采用出租经营，因此，收益法是商务办公房地产估价最为常用的方法之一，其主要的工作是测算商务办公房地产的净租金和收益率。净租金的测算与出租型商业房地产类似。报酬率的确定应区分不同类型、档次的商务房地产，如甲级写字楼的收益水平会高于乙级写字楼。

（二）比较法

商务办公房地产的转售转租也比较频繁，因此较易获得可比实例，所以比较法也是商务办公房地产估价的一种常用方法。比较法不仅用于商务办公房地产市场价格的测算，很多情况下还用于租金的估算。

（三）成本法

在商务办公房地产的估价时，根据《房地产估价规范》GB/T 50291—2015 对估价方法选用适用性分析的要求，也会用到成本法进行估价，此外商务办公房地产的在建工程的估价往往应用成本法。

四、商务办公房地产估价的技术路线及难点处理

（一）商务办公房地产租金的求取

商务办公房地产以租赁经营为主，因此租金的求取是非常重要的工作，与商业房地产一样，商务办公房地产租金往往采用比较法获取，租金的求取应注意以下方面：

1. 租约问题

对商务办公房地产估价时应详细了解是否存在合法租约的限制，租金的测算要区分租约期内和租约期结束两种情况。在租期内（毁约除外）应根据租赁合同中有关租金、费用等的约定计算净收益；租期结束后，应根据市场客观租金水平、管理费用、税金等利用比较法求取待估商务房地产净收益，并根据市场租金变化趋势判断未来租金水平。但如果合同租金明显高于或低于市场租金的，应关注租赁合同的真实性、解除租赁合同的可能性及其对收益价值的影响。

2. 租金构成内涵问题

商务办公房地产的租金构成往往存在差异，主要表现为：①租金中包含物业服务费；②租金中包含物业服务费、水电费；③租金中不包含物业服务费、水电费；④计租面积按建筑面积计，含分摊建筑面积；⑤计租面积按套内建筑面积计，不含分摊建筑面积。此外，还包括租约中有无免租期、租赁期限长短与租赁面积的大

小、是否为续租、租赁税费等。显然租金构成内涵的差异必然导致租金水平的差异，因此在用比较法求取待估商务办公房地产租金时，应详细了解可比实例租金的构成内涵，最好选择具有同一租金构成内涵的实例，否则应该进行适当的修正。

3. 租金支付方式问题

租金支付方式的不同，体现出资金时间价值的差异，必然导致租赁价格的差异。商务房地产租金的支付方式一般主要有：①按月分期支付；②按季度分期支付；③按年支付；④按租约期限一次性支付。通常情况下是以按月分期支付为主，因此在用比较法求取估价对象商务办公房地产租金时，应详细了解可比实例的租金支付方式。

4. 地下车库租金问题

商务办公房地产的地下车库往往是采取租赁经营，其租金收入一般分为两部分，一部分是向访客提供的临时租车位，这部分车位占总车位数的比例会因商务办公房地产的办公规模、租户类型的不同而不同，如租户中有部分是政府的对外办事机构，那么访客就会较多，临时租车位比重会相应增多；另一部分是向业主提供的包月出租的车位。包月出租的车位租金水平固定，按月收取，这部分的租金测算比较容易。而临时租车位的租金往往是按小时的时段计，不同的时间段租金水平也不一样，不同工作时段的利用率也不一样，如周末的利用率比工作日的会低很多，同一工作日的高峰时段比非高峰时段的利用率高，因此临时租车位的租金测算比较复杂。第一，应了解不同时段的租金水平；第二，了解同一工作日的高峰时段与非高峰时段车位的利用率差异，确定车位的工作日周转次数；第三，了解工作日与非工作日车位的利用率差异，确定车位的非工作日周转次数；第四，分别测算工作日与非工作日的租金收入。

（二）整幢商务办公房地产估价的技术路线及难点处理

在商务办公房地产的实际估价中常遇到整层或几层商务办公房地产、单间或几间商务办公房地产、整幢商务办公房地产的估价。对于单间或几间商务办公房地产的估价相对比较容易，可以直接利用比较法或收益法进行测算；而对于整层、整幢商务办公房地产的估价相对比较复杂，一方面是由于市场上整层、整幢转让及出租的商务办公房地产市场交易实例比较少；另一方面是整幢商务办公房地产功能的多样性而表现出价值的差异性。在实际估价业务中，会涉及整幢商务办公房地产整体转让、抵押、入股等而需要评估整幢商务办公房地产的价格，下面主要就整幢商务办公房地产估价的技术路线及难点的处理进行分析。

1. 单纯型商务办公房地产

单纯型商务办公房地产基本上只有办公一种功能，没有其他功能，对其估价主要可以采用比较法、收益法。由于市场上整幢转让、转租的实例比较少，难以通过整幢转让、转租求取估价对象的价格。但由于单纯型商务办公房地产只有办公一种功能，每一层的价格差异比较小，同时层与层之间的楼层价格差异还可能存在某些规律性，因此不管用哪种方法，都可以先估价出某一层的价格，再确定层差调整系数，计算出所有楼层的价格。

2. 商住型商务办公房地产

商住型商务办公房地产既有办公功能又有居住功能，通常楼的一部分是办公，楼的另一部分是住房。因此，对商住型商务办公房地产估价时，首先应区分不同的功能区及其面积大小，然后分别按办公用房、居住用房进行估价，办公用房可以采用比较法、收益法，居住用房主要采用比较法。

此外对商住型商务办公房地产估价时，应考虑办公功能与居住功能的相互干扰和影响问题，在选择交易实例时首先应选择同为商住型的商务办公房地产，如果选择其他类型的商务办公房地产交易实例，应考虑进行适当的修正。

3. 综合型商务办公房地产

综合型商务办公房地产是以办公为主，同时又有其他多种功能，如公寓、餐饮、商场、展示厅、娱乐厅等，但其中用作办公部分的面积最多。综合型商务办公房地产的建筑面积一般在 3 万 m^2 以上，有些可达 10 万 m^2 以上，如广州的中信广场，建筑面积达 23 万 m^2，国际金融中心的建筑面积高达 41 万 m^2。由于综合型商务房地产的建筑体量大、功能多样的特点，因此对其估价就比较复杂。为此，应首先区分不同的功能区，了解和确定各功能区的面积大小、经营方式、收益能力；然后根据不同功能区的收益性特点、实例搜集的难易程度而选用不同的估价方法，主要采用比较法和收益法；最后将各功能区的价格进行汇总，得到整幢商务办公房地产的价格。

五、商务办公房地产估价案例分析

【案例 6-3】

××市××路××号 14 楼商务办公房地产
市场价值估价技术报告（节选）

一、估价对象描述与分析

（一）估价对象区位状况描述与分析

1. 位置状况

（1）坐落：××市××区××号。

（2）方位：城市市区地带，××区中部。

（3）与主要设施距离：距离市级××商业中心约0.5km。

（4）临街状况：南临××东路，属于东西向主干道。

（5）朝向：楼宇主朝向为南、北。

（6）楼层：总楼层35层，估价对象位于14楼。

2．交通状况

（1）道路状况：区域内有××东路、××路、××路等主次干道，道路通达度高。

（2）出入可利用的交通工具：附近有多路公交线路途经，紧靠公交车站，离地铁五号线出入口较近，公交便捷度较好。

（3）交通管制情况：区域属于城市城区地带，附近主要为住宅区及商业区，较少有交通管制措施。

（4）停车方便程度：区域属于城市城区地带，周边小区停车位较紧张，停车方便程度一般。

3．周围环境和景观状况

（1）自然环境：估价对象所在区域属于城市城区地带，现已大部分开发为高楼大厦，原始地貌及自然环境已城市化，自然环境一般。

（2）人文环境：估价对象所在区域主要人群为××商圈附近的白领与企事业单位职工等，治安状况较好，卫生条件较好。毗邻×××科技园，是××市内重要商务办公区。

（3）景观：区域内主要为城景、街景，区域内有×××公园等休闲场所，没有其他特殊景观。

4．外部配套设施状况

（1）基础设施：估价对象所在道路与××路等主干道相接，供水、排水、供电、通信、燃气和有线电视与市政管网连接，可保证日常使用，基础设施完备度高。

（2）公共服务设施：估价对象附近有学校、幼儿园、银行、卫生所、市场、派出所等市政配套设施，公共服务设施完善。

5．区位状况优劣分析

估价对象位于××市××区××东路，属××市城区中心。区域内商业繁华程度高，人流量大，交通便捷，外部配套设施完善，周边环境状况优。区位状况优劣程度为优。

（二）估价对象实物状况描述与分析

1．土地实物状况描述

名称：××市××区××路××号办公房地产。

四至：估价对象所在宗地南临××东路、北临××路、其余临内街。

面积：共用土地面积约 2 802.92m²。

用途：综合用地。

形状：估价对象宗地总体形状较规则。

地形地势：地势平坦，地基承载力一般地势平坦，坡度小于5%。

地质土壤条件：无不良地质现象，土壤为酸性红土。

开发程度：红线内外"六通"即：通上水、通下水、通电、通信、通路、通燃气，红线内场地已基本平整，道路为水泥硬化地面，余地已绿化

2. 建筑物实物状况描述

名称：××市××区××路××号办公房地产。

规模：建筑面积为 143.334 3m²。

用途：估价对象规划用途为商业办公楼。

层数：估价对象位于第8、14、15和16层。

建成时间：1997 年建成。

建筑结构：钢筋混凝土结构。

层高：室内层高约为 3m。

空间布局：布局实用合理。

设施设备：水电消防设施齐备。

装饰装修：估价对象楼宇外墙为玻璃幕墙，供水和排水均采用 PVC 水管，供水方式为市政自来水直供用户，其中高层部分采用分段水泵加压方式直供用户，排水方式为雨污合流，楼宇安装多部电梯、中央空调及智能烟感自动喷淋消防系统，由市政电网供电。估价对象室内地面铺大理石及地毯，内墙涂乳胶漆，天花吊顶，安装玻璃窗、玻璃门，楼宇安装高速电梯及中央空调，水电设施均采用暗装方式。

维护状况：建筑物维护保养状况良好。

3. 实物状况分析

估价对象房屋成新较好，与外部环境相协调，耐久性较好，房屋设备齐全且维护使用状况良好，能满足商务办公用房的需要。

（三）估价对象权益状况描述与分析

1. 合法权利人

依据估价委托人提供的《××省房地产权证》（房地权证×字第××××号）记载，房地产权属人为×××。

2. 权属来源方式

估价对象权属来源于购买所得。

3. 土地权益状况描述

估价对象土地所有权为国有，共用土地为国有出让土地使用权，共用土地面积为共用整栋楼房的产权人共同使用，土地用途为综合用地，土地已办理有偿使用手续，使用年限为50年，自1998年10月18日起计，至价值时点，剩余土地使用年限为32.58年。

4. 建筑物权益状况描述

估价对象房屋建筑面积为 1 340.45m²，根据估价委托人提供的《××省房地产权证》等资料，估价对象于价值时点已设定抵押，无担保及其他法定优先受偿权利。

依据委托人提供相关租约，估价对象均已出租使用，据租约记载，剩余租期仅一个月，且合同约定租金与市场正常租金水平较为接近，因此本次估价不考虑租赁对估价对象估价价值的限制性影响。

5. 估价对象权益状况分析

估价对象权属清晰、没有争议；于价值时点已设定抵押；没有被依法查封、扣押、监管等限制措施。

二、市场背景状况描述与分析（略）

三、估价对象最高最佳利用分析（略）

四、估价方法适用性分析

1. 估价方法选取

通行的房地产估价方法有比较法、收益法、假设开发法、成本法，估价方法的选择应按照房地产估价技术规则，根据当地市场发育状况，并结合该项目的具体特点以及估价目的等，选择适当的估价方法。

（1）估价对象法定批准用途为办公，已建成投入使用，不属于待开发房地产，可再开发能力较弱，因此不适宜选用假设开发法进行估价。

（2）估价对象属于办公用途，通过出租经营可获取较高经营收益，属于收益性物业，且估价对象所在区域的类似物业出租成交较活跃，可以获取市场出租交易实例，具备采用收益法进行估价测算的条件，故此次估价适宜采用收益法。

（3）估价对象所在区域办公房地产市场发展势头良好，同一类型办公物业近期成交实例较多，特别是估价对象所在楼宇市场交易实例较多，故适宜采用比较法进行估价。

（4）近几年××市房地产市场发展较快，从成本角度已较难反映出估价对象的客观市场价值，不适合选用该方法进行估价。

综上所述，结合本次估价背景、估价对象的实际情况和对区域同类性质的房地产市场情况的调查，并考虑方法的适宜性和可操作性，决定选用比较法和收益法作为估价方法。

2. 估价技术路线（略）

五、估价测算过程

（一）运用收益法进行测算

1. 选择具体估价方法

本次估算有限年年净收益按一定比率逐年递增的房地产价格计算公式：

$$V = \frac{A}{Y-g}\left[1-\left(\frac{1+g}{1+Y}\right)^n\right]$$

式中　V——收益价值（元或元/m^2）；

　　　A——未来第 1 年的净收益（元或元/m^2）；

　　　Y——报酬率（%）；

　　　n——收益期（年）；

　　　g——净收益年递增率（%）。

2. 收益年限确定

估价对象已办理土地有偿使用手续，使用年限为 50 年，自 1998 年 10 月 18 日起计，至价值时点，剩余土地使用年限为 32.58 年，房屋建成于 1997 年，钢混结构，耐用年限 60 年，剩余 43 年，比土地剩余使用年期长。由于估价委托人未能提供土地出让合同，到本次假定估价对象土地出让合同约定土地出让期限届满需要无偿收回国有建设用地使用权及地上建筑物，本次估价采用剩余土地使用年限作为估价对象的收益年限并在报告中进行说明，即尚可收益年限为 32.58 年。

3. 租金收入的确定

1）潜在毛租金收入

经过对周边房地产市场的调查，结合估价对象的特点，选取了三个类似办公出租交易实例作为可比实例，将估价对象与各可比实例进行比较，对可比实例的交易情况、市场状况和房地产状况等方面与估价对象进行比较和修正，确定估价对象月市场租金为 100 元/m^2（各自负担租赁税费）（具体测算过程略）。

估价对象年潜在毛收入 = 100 × 12 = 1 200（元/m^2）

2）其他收入的确定

根据相关调查的数据，××市出租房屋一般收承租方二至三个月的租金作为押金，并在租赁期满后无息退还，则估价对象租期外其他收入情况如下：

其他收入 = 月租金 × 押金月数 × 1 年期存款利率

　　　　　= 100 × 2 × 1.50% = 3（元/m^2）

3）租约限制

估价对象现已出租使用，估价委托人提供相关租约，据租约记载，剩余租期仅一个月，且合同约定租金与市场正常租金水平较为接近，因此本次估价不考虑租赁对估价对象估价价值的限制性影响，估价采用市场客观租金进行测算。

4）有效出租面积的确定

根据估价人员的对周边市场的调查，周边同类型办公物业的出租面积一般按其产权登记的建筑面积为出租面积，因此确定估价对象出租面积为《××省房地产权证》登记的建筑面积 1 340.45m²，即有效出租面积为 100%。

5）空置和租金损失确定

据了解××市办公物业目前市场平均空置率为 7%。经调查，估价对象位于××市城区重要的商务办公区——×××科技园区，周围人流密集，商务办公氛围好，该区域内办公物业租赁情况良好，确定空置率为 5%。

空置和租金损失 = (1 200 + 7) × 5% = 60.35（元/m²）

6）有效年毛收入

年有效毛收入 = (潜在毛租金收入 + 其他收入 − 空置和收租损失)

$$= 1\ 200 + 3 − 60.35 = 1\ 142.65（元/m²）$$

4. 运营费用测算

出租型办公物业，一般出租型物业运营费用包括房产税、其他税费、房屋维修费、房屋保险费和其他费用等。根据市场调查确定各项费用如下：

（1）房产税：根据《中华人民共和国房产税暂行条例》，出租房屋的房产税以租金收入的 12% 计。

房产税 = 1 142.65 × 12% = 137.12（元/m²）

（2）其他税费：依据××省政府公布的《印发××省地方教育附加征收使用管理暂行办法的通知》等规定，确定其他租赁税费合计为租金收入的 5.7%。

其他税费 = 1 142.65 × 5.7% = 65.13（元/m²）

（3）房屋维修费：根据实际调查，年房屋维修费一般为重置成本的 1.5%～3%，估价对象为钢筋混凝土结构，建成时间较短，确定房屋维修费为 2.5%；估价对象为钢筋混凝土结构 35 层商业办公楼，参考××市《关于发布××市建设工程××××年参考造价的通知》，再考虑估价对象的实际情况进行适当修正确定估价对象上盖建筑物重置价格为 3 250 元/m²（具体测算过程略）。

房屋维修费 = 3 250 × 2.5% = 81.25（元/m²）

（4）房屋保险费：出租房屋一般需要进行投保房屋火灾险等保险费，根据保险公司平均收费的水平和市场调查，年房屋保险费一般取房屋重置成本的 0.15%～0.2%，考虑估价对象的实际情况，取房屋保险费为 0.2%。

房屋保险费 = 3 250 × 0.2% = 6.5（元/m²）

（5）其他费用：房屋出租中可能涉及一些费用，例如，手续费，无规定缴纳标准或无法预见的情况发生，为使估价结果更加准确、合理，适当考虑一些费用，一般按有效毛收入的 1%～3%，考虑估价对象的实际情况，其他费用取1%。

其他费用 = 1 142.65 × 1% = 11.43（元/m²）

（6）年经营费用。

年经营费用 = 房产税 + 其他税费 + 房屋维修费 + 房屋保险费 + 其他费用

$$= 137.12 + 65.13 + 81.25 + 6.5 + 11.43 = 301.43（元/m²）$$

5. 年净收益测算

估价对象年净收益 = 年有效毛收入 − 年运营费用 = 1 142.65 − 301.43 = 841.22［元/(m²·年)］

6. 报酬率的确定

综合采用安全利率加风险调整值法和市场提取法确定报酬率为 5.5%（具体测算过程略）。

7. 年净收益变化趋势分析

估价对象位于××国际电子大厦内，设定其可持续经营，预测其发展前景，据调查，××区××东路段同类型写字楼物业的年租金增长率在 2%～5%，年运营费用变化趋势与租金变化基本一致，根据估价对象具体情况分析，确定估价对象每年净收益年均递增率为 2.5%。

8. 运用公式确定收益价格

本次估算选用有限年年净收益按一定比率逐年递增的房地产价格计算公式：

$$V = \frac{A}{Y-g} \times \left[1 - \frac{(1+g)^n}{(1+Y)^n} \right]$$

收益价值单价 = 841.22 ÷ (5.5% − 2.5%) × [1 − (1 + 2.5%)^{32.58} ÷ (1 + 5.5%)^{32.58}] = 17 086（元/m²）（取整）

（二）运用比较法进行测算

经过比较法测算（具体测算过程略），估价对象评估单价为 22 954 元/m²。

（三）确定估价结果

通过运用比较法和收益法两种方法测算得出估价对象的价格，考虑到两种方法估价结果较为相近，可信度均较高，本次估价以两种估价方法测算结果的简单算术平均值作为估价对象的测算结果。

估价对象单价 = (17 086 + 22 954) ÷ 2 = 20 020（元/m²）

估价对象总价 = 20 020 × 1 340.45 = 26 835 809（元），取整 2 683.58 万元

根据估价目的，遵循估价原则，按照估价程序，仔细考察估价对象的建筑特征及使用维护状况，考虑到估价对象所在区域房地产市场状况，特别是办公类物业的实际市场情况，认为本次估价采用的收益法和比较法能反映估价对象的市场行情，故分别运用收益法和比较法进行全面细致的测算，并结合估价经验和对影响价值因素的分析，确定估价对象在价值时点符合本报告估价假设和限制条件状况下的公开市场总价值为 2 683.58 万元，人民币（大写）贰仟陆佰捌拾叁万伍仟捌佰元整。

第四节 旅馆房地产估价

一、旅馆房地产及其特点

（一）旅馆房地产及其种类

旅馆房地产指为旅客提供住宿、饮食服务以及娱乐活动的建筑，包括宾馆、饭店、旅店、招待所等，以下以酒店、旅店及招待所为例介绍旅馆房地产及其特点。

1. 酒店房地产

酒店（Hotel）一词源自法语，指的是法国贵族在乡下招待贵宾的别墅，后来欧美的酒店业沿用了这一名词。在我国由于地域和习惯上的差异而分别称为饭店、宾馆、酒店。酒店可从不同的角度、按照不同的标准进行分类与分级。按照服务质量、管理水平、设施及功能的完善程度等可将酒店分为星级饭店和非星级饭店，星级饭店一般有五个等级，五星级饭店一般是城市中等级最高的饭店。

近年来随着酒店业的不断发展，出现了不同概念的酒店，主要表现形式有以下几种：

1）产权式酒店

产权式酒店由"时权酒店"（Time Share）演变而来。由消费者或个人投资者买断旅店旅游设施在特定时间里的使用权，即酒店将每间客房分割成独立产权出售给投资者，投资者一般并不在酒店居住，而是将客房委托给酒店经营获取投资回报，同时还可获得酒店赠送的一定期限的免费入住权。对开发商而言，通过分单元出售酒店产权的形式，可尽快收回投资，减轻投资风险；对业主而言，通过购买指定房间的产权不仅可以自己使用，还可通过分红的形式取得可观的投资回报；对经营者而言，凭借丰富的管理经验，不必拥有酒店的所有权就可得到一定的管理收益。国际通用的产权式酒店大致有三种类型：一是时权酒店，即有约定

期的使用酒店客房的权利；二是住宅型酒店，即投资者购买后可以先委托酒店经营，到一定期限转为自己长期居住的客居住宅；三是投资型酒店，即作为投资行为，逐年取得约定的回报，并期待着增值回收投资。

2）酒店式公寓

酒店式公寓就是拥有独立产权、配备包括厨卫在内的综合套间的房地产，整个大厦则提供酒店式的商务服务、保洁服务、物业管理、租赁管理。投资者既可以像购买普通住宅一样用于自住，又可以交由大厦以酒店的形式出租，获得投资回报。我们可以看出，酒店式公寓提供"酒店式的服务，公寓式的管理"，是一种只做服务、没有任何酒店经营的纯服务公寓，大多数用于投资。严格来讲，酒店式公寓实际上是产权酒店的一种形式。目前在一些中心城市如北京、上海、广州、深圳等地都出现了酒店式公寓，酒店式公寓一般位于城市的中央商务区，其使用客户大多为外来的高级白领阶层，其销售价格都比较高。

3）经济型酒店

经济型酒店是在传统星级饭店基础上发展出来的一种强化客房功能、弱化附属设施及服务的新型有限服务酒店。它主要从商务旅游顾客需求角度出发，重在提供物超所值的客房产品，它不同于传统的星级饭店标准，是对星级饭店的创新。经济型酒店以"务实"为服务理念，一般没有豪华的大堂，简化甚至取消一些配套设施，例如，餐厅、会议室、康乐等，但是它特别讲究客房的舒适度，除了室内装修质地优良、独具风格外，房间的睡床从床垫到床上用品都是按照三星级以上水平配置，并提供免费宽带上网，其房价水平相比传统三星级饭店要低15%～30%。它还提供卫生、便捷的大众式早餐（如面包、咖啡之类）以及其他外送洗衣、商务等综合性服务。

2. 旅店、招待所

旅店、招待所一般是以客房居住功能为主，兼有小规模的餐厅、饭堂，经营规模都比较小，一般为企事业单位作为接待客人使用，其经营收入主要来自于床位收入。

（二）旅馆房地产特点

旅馆房地产的特点除与商业房地产类似外，还具有以下特点：

1. 转让少且一般为整体转让

旅馆房地产一般较少在市场上转让，而旅馆房地产一旦转让，一般是整体转让，很少采取部分转让的形式。同样地，旅馆房地产估价时，也是估算其整体价值的情况居多。与之相应要注意的是，单独估算旅馆大堂等部分房地产的价值是没有意义的。不仅如此，这样单独估算的结果必然导致价值的重复计算。

2. 功能多样

旅馆房地产往往具有多种功能，级别、档次越高的旅馆房地产其具有的功能越多，如五星级饭店一般具有客房、餐饮、商务会议、娱乐健身、商场等功能，其收益主要体现在不同功能的经营能力和水平，其功能是否多样、经营水平的高低对其物业的价值影响较大，因此估价时应根据其具有的不同功能及其经营状况、收益能力分别估价。

3. 一次性投资大、投资回收期较长、经营风险较大

旅馆房地产中的酒店，特别是一些大型酒店房地产，其一次性投资比较大，特别是装修及其各种设施设备的投资很大，而酒店房地产主要是通过经营获取回报，因此投资回收期较长，在经营期内将可能遇到宏观经济形势、通货膨胀、金融政策、法律法规等因素的变化影响，尤其是供求变化对酒店房地产的价格变动影响很大，经营风险较大。

4. 价值主要体现在接待客户的类型及其能力

旅馆房地产主要是接待各种类型的客户，如会议客户、经商客户、度假客户等。不同类型的旅馆房地产其接待的客户类型、层次不同，其体现的价值不同。对同类型旅馆房地产而言，其价值主要体现在接待能力的大小，因此旅馆房地产的房间价格（或床位价格）、房间数（或是床位数）、入住率等指标，常常可以作为估价的主要指标，即以床位数或房间数作为比较因素，根据同类旅馆估算其每个床位或是每个客房的价格，然后乘以总的床位或客房数，即可得出旅馆的总价。

二、影响旅馆房地产价格的因素

（一）影响旅馆房地产价格的主要区位状况

1. 交通条件

这是影响旅馆房地产价格的最重要的区位状况，是否拥有便捷、快速的交通条件直接影响着旅馆房地产客户的入住、消费。

2. 周围环境

周围环境和交通条件往往是相互起着相反作用的，交通条件好的旅馆往往周围环境嘈杂，作为旅馆价值的直接使用者和评价者——旅客，往往也会理解这一点，在交通和环境之间做出适当的取舍。但相比接待观光和商务旅客的旅馆而言，接待度假旅客的旅馆就特别需要优美的环境，而交通条件的便利这时就退居其次了。

（二）影响旅馆房地产价格的主要实物状况

除了通常的房地产实物状况，影响旅馆房地产的重要实物状况有：

1. 设备设施和用具

除了设备设施以外，用具是影响旅馆房地产价值的一个比较特殊的重要实物状况。虽然在对旅馆房地产估价时，用具往往并不包括在内，但和设备设施一样，用具也是旅客选择和评价旅馆的重要因素。正因为如此，旅馆的设备设施和用具的更新速度往往很快，远远短于设备设施和用具的自然使用寿命。我们往往会看到这样的情形，有的旅馆由于经营不善，无力更新设备设施和用具，导致无人问津，最终陷入恶性循环。

2. 经营管理

旅馆的经营管理对于提升旅馆房地产的价值起着重要的作用，好的酒店聘请国际著名的酒店管理集团经营管理，这样不仅能够提高酒店的服务水准，而且能够利用这些酒店管理集团的国际订房网络，保证酒店的客源。

三、旅馆房地产估价的常用方法

（一）收益法

旅馆房地产具有一次性投资较大、经营风险相对较大及投资回收期较长的特点，其通用性、可分割转让性较差，市场整体转让成交的实例较少，而且其有经营收益，因此收益法是旅馆房地产估价最为常用的方法之一，其主要工作是测算旅馆房地产的经营净收益和收益率。在具体操作过程中要根据物业不同类型、档次、功能而区别对待。

（二）比较法

由于旅馆房地产一般较少在市场上转让，因此较难获取交易实例，比较法主要用于客房价格、其他功能用房租金的估算。

四、旅馆房地产估价的技术路线及难点处理

（一）旅馆房地产不同功能用房收益的测算

星级饭店是旅馆房地产的常见类型，其一般具有多种功能，不同功能用房具有不同的经营方式、收益水平，因此估价时应根据其具有的不同功能、经营状况和收益能力分别估算其收益。一般星级饭店的功能分布、经营方式主要有：

1. 客房

客房服务是星级饭店的主要功能，一般设有各种类型的客房，如标准单人房、豪华单人房、双人房、商务房、一般行政套房、高级行政套房等。客房的经营收

入主要来源于床位费或房间费,客房的收益可通过市场调查获取房间每天的单价、入住率、淡旺季价格变化、平均价格折扣率等资料,并根据客房数量求取。

2. 餐饮

星级饭店一般设有中餐厅、西餐厅,其经营的方式主要有出租经营、自主经营。出租经营餐厅的收益可以根据租约或比较法求取,自主经营餐厅的收益可根据市场调查获取同类型餐厅的人均消费、上座率等,并根据座位数量求取。

3. 商场

星级饭店的1、2层一般都设有各种形式的中小型商场,如工艺精品店、鲜花店、服装店等。商场一般采用出租经营,其收益的测算应注意区分租约内和租约外,租约内根据所订租约进行计算,租约外可以根据比较法求取。

4. 商务、会议

星级饭店的商务主要包括各种服务商务,如外币兑换服务、票务服务、旅游服务等,星级饭店通常拥有不同面积、不同功能的会议厅。商务、会议厅一般采取自主经营,经营方式按小时计算收取使用费用,不同时间段收取费用一般不同,这部分用房的收益可根据其不同商务功能厅的面积、收费标准、平均使用率等进行测算。

5. 娱乐、健身

星级饭店一般都具有各种娱乐功能,如设有交谊舞厅、迪斯科舞厅、卡拉OK厅、棋牌室、桌球室、电子游戏机室、游泳池、保龄球场、网球场、壁球室、健身室、桑拿浴室等。其经营的方式主要有出租经营和自主经营,出租经营的收益可以根据租约或比较法求取,自主经营的收益可根据不同娱乐功能用房的数量、平均消费标准、平均开房率等求取。

(二)旅馆房地产净收益的求取

旅馆房地产作为一种能直观获取长期收益的经营性不动产,区别于其他各类房地产,特别是大中型星级饭店,由于饭店经营管理水平的高低、设施配套程度、经营信誉度等诸多因素形成的无形价值,都将固着于饭店这一特定房地产,隐含在饭店房地产的价值之中。因此如何测算饭店房地产的净收益是饭店房地产估价的难点之一,这是因为饭店的整体贡献能力和获利来源涵盖动产和不动产等诸多因素,且相互交叉作用。此外估价对象财产范围的不同界定也会影响净收益的计算。因此对饭店房地产利用收益法估价时,必须清楚估价对象范围及内涵,动产与不动产给饭店带来的收益区别。当界定饭店为整体资产并考虑其持续经营能力进行估价时,在净收益的计算中应考虑扣除商业利润。当界定饭店仅以不动产部分为估价对象进行估价时,在净收益计算中除考虑扣除商业利润外,还应考虑扣除非不动产部分所带来的收益。

五、旅馆房地产估价案例分析

【案例 6-4】

××市××路某饭店房地产抵押估价技术报告（节选）

一、估价对象描述与分析

（一）估价对象区位状况描述与分析（略）

（二）估价对象实物状况描述与分析

名称：××市××区××路饭店房地产。

规模：饭店占地面积 3 691m²，建筑面积为 28 105.32m²。

用途：估价对象为集客房、餐饮、娱乐、休闲于一体的多功能商务型饭店。

层数：总层数 22 层，地下 1 层。

建成时间：2006 年建成。

建筑结构：钢筋混凝土结构。

层高：室内层高约为 3m。

空间功能布局：

1 层：接待大堂、大堂吧、商务中心、工艺精品店、美容美发室。

2 层：整层作为海港中餐厅、佛罗伦萨西餐厅，设有不同大小的包房，总餐位数 630 个。

3 层：为 KTV 俱乐部，共设有各类型豪华包房 42 间，其中小包房 5 间，中包房 17 间，大包房 7 间，豪华大包房 9 间，总统包房 4 间。

4 层：×××康乐部（桑拿中心），设有日式按摩房 57 间。

5～8 层、10～22 层：全部为客房，共 9 种类型客房，客房总数为 221 间。其中 21 层为行政楼层客房。

9 层：饭店会议中心、健身中心，设有 2 个大型会议室。各可以容纳 300 人会议。

地下室：为设备用房及洗衣房等配套设施用房。

设施设备：水电消防设施齐备。

装饰装修：外墙，裙楼贴大理石；大堂，地面铺大理石，内墙面贴大理石，天花板为艺术吊顶；走廊，地面铺大理石，内墙贴大理石，天花板为石膏板吊顶；

客房，地面铺实木地板、部分铺地毯，内墙贴墙纸，天花板石膏板吊顶。

饭店设施：中央空调、热水系统、自动喷淋、烟感报警、网络接线、智能系统及监控系统等，室内及室外共配有 100 余个停车位。

维护状况：建筑物维护保养状况良好。

经营情况：

1 层：饭店大堂、商务中心、工艺精品店、美容美发室，营业面积约 1 050m²，其中工艺精品店和美容美发室为出租经营项目；另有一个拥有 100 余个车位的停车场。

2 层：整体出租，经营中餐和西餐，营业面积合计约 1 980m²。其中中餐厅可同时容纳 550 人就餐（含包间），西餐厅设有 80 个座位。

3 层：整体出租，经营 KTV 俱乐部，营业面积约 1 980m²。设有 42 个各类型包间。

4 层：整体出租，经营桑拿中心，营业面积约 1 980m²。设有豪华房 34 间、贵宾房 17 间、豪华贵宾房 6 间。

5～8 层、10～22 层：饭店客房，营业面积约 7 920m²。设有各类套房 221 间，其中：高级房 144 间、豪华房 18 间、行政房 10 间、高级行政房 12 间、蜜月房 16 间、高级套房 17 间、行政套房 2 间、海逸套房 1 间、总统套房 1 间。

9 层：饭店会议中心、健身中心。共有 2 个会议室，各可以容纳 300 人会议。

（三）估价对象权益状况描述与分析（略）

二、市场背景描述与分析（略）

三、估价对象最高最佳利用分析（略）

四、估价方法适用性分析（略）

采用收益法和成本法作为本次估价方法（具体适用性分析过程和技术路线略）。

五、估价测算过程

（一）收益法

1. 选择具体估价方法

本次估算选用有限年年净收益不变的房地产价格计算公式：

$$V = \frac{A}{Y} \times \left[1 - \frac{1}{(1+Y)^n} \right]$$

式中 V——收益价值（元或元/m²）；

A——房地产未来年净收益（元或元/m²）；

Y——报酬率（%）；

n——收益期（年）。

2. 收益期限测算

至价值时点估价对象剩余收益年限为 48.5 年（具体分析过程略）。

3. 饭店年有效毛收益测算

1）客房收入

根据市场调查，××市四星级以上饭店的客房价格平均折扣率一般在45%～65%之间，客房入住率一般在 50%～80%之间。由于饭店配套齐全，位于中心区域，且客房定价合理，本饭店的年平均入住率在 70%左右，属于××市饭店行业中的较高水平。在本次估价中，考虑到饭店成新率、档次等，我们最终取客房价格平均折扣率为 60%，年均入住率为 70%。客房部分年收益具体计算见表6-8。

客房年收益测算　　　　表6-8

客房类型	间数（间）	收费[元/(间·d)]	房价折扣率	折后价[元/(间·d)]	客房服务费率（%）	服务费[元/(间·d)]	日收入（元）
高级房	144	530	60%	318	10%	32	50 400
豪华房	18	600	60%	360	10%	36	7 128
行政房	10	630	60%	378	10%	38	4 160
高级行政房	12	680	60%	408	10%	41	5 388
蜜月房	16	730	60%	438	10%	44	7 712
高级套房	17	780	60%	468	10%	47	8 755
行政套房	2	980	60%	588	10%	59	1 294
海逸套房	1	1 380	60%	828	10%	83	911
总统套房	1	3 880	60%	2 328	10%	233	2 561
小计	221						88 309
日收入总计（元）	88 309						
平均入住率	70%						
年收入总计（万元）				2 256.29			

注：年经营收益按每年365个经营日计算，以后的计算均取365日。

2）中餐厅收入

考虑到本饭店的中餐厅定位档次较高，人均消费一般在100～150元，饭店分午餐和晚餐，午餐上座率一般在50%左右，晚餐上座率在70%左右，因此确定中餐厅的每天上座率为120%，人均消费为130元。中餐厅年收益计算见表6-9。

中餐厅年收益测算   表6-9

项目	平均收费（元/人）	座位数	上座率	日收入（元/d）
中餐厅	130	550	120%	85 800
日收入总计（元）				85 800
年收入总计（万元）	3 131.70			

3）西餐厅收入

本饭店佛罗伦萨西餐厅的人均消费在120元左右，分早餐、午餐、晚餐，每天上座率在150%左右。西餐厅年收益计算见表6-10。

西餐厅年收益测算   表6-10

项目	收费（元/人）	座位数	上座率	日收入（元/d）
西餐厅	120	80	150%	14 400
日收入总计（元）				14 400
年收入总计（万元）	525.60			

4）桑拿收入

根据饭店管理人员介绍，本饭店的日式按摩房平均消费484元，为此按照市场平均价格450元计算，每日平均营业时间为12小时，平均开房率为200%。年收益计算见表6-11。

按摩房年收益测算   表6-11

客房类型	收费（元/房间）	间数（间）	平均开房率	日收入（元/d）
日式按摩房	450	57	200%	51 300
日收入总计（元/天）				51 300
年收入总计（万元）	1 872.45			

5）KTV俱乐部收入

本饭店KTV俱乐部，共设有各类型豪华包房42间，其中小包房5间，中包房17间，大包房7间，豪华大包房9间，总统包房4间。小包房最低消费为900元/间，豪华包房的最低消费为2 800元/间，所有包房平均消费约为2 500元/间。平均开房率为90%。年收益计算见表6-12。

KTV 俱乐部年收益测算　　　　　　　　　　表 6-12

项目	收费（元/间）	间数（间）	平均开房率	日收入（元/d）
包间	2 500	42	90%	94 500
日收入总计（元）				94 500
年收入总计（万元）	3 449.25			

6）铺位出租收入

由于本饭店仅有少量的铺位进行出租经营，且出租租金收益稳定，故本次计算出租铺位收益时根据租赁合同计算，目前出租铺位共 3 个，其中包括 1 层工艺精品店、美容美发店、3 层 KTV 俱乐部商品销售铺位，年收入合计为 47.64 万元。

7）会议中心收入

根据饭店管理人员介绍，本会议中心的定价为每天 800～1 000 元/间，根据市场调查，该定价合理，会议中心的平均使用率一般在 50%，则会议中心的年收益计算见表 6-13。

会议中心年收益测算　　　　　　　　　　表 6-13

会议室类型	间数（间）	收费［元/(间·d)］	平均使用率	日收入（元）
会议室	2	1 000	50%	1 000
年收入总计（万元）	36.50			

8）其他收入

其他收入是指饭店其他配套设施的有偿服务，该部分配套设施主要服务于入住饭店的客户，如大堂吧等设施，根据市场调查确定按客房收入的 10%计算，则年收入为 225.63 万元（测算过程略）。

9）饭店年有效毛收益

饭店年经营收入 = 客房收入 + 中餐厅收入 + 西餐厅收入 + 桑拿收入 +

KTV 俱乐部收入 + 铺位出租收入 + 会议中心收入 +

其他收入

= 2 256.29 + 3 131.70 + 525.60 + 1 872.45 + 3 449.25 +

47.64 + 36.50 + 225.63 = 11 545.06（万元）

4. 饭店年总营业支出

1）营业成本估算

营业成本包括：耗用食品、香烟、酒水等；饮料的原材料、调料、配料成本；

餐馆等耗用的材料；洗衣房耗用的材料成本等；客房用品等。一般四星级饭店的营业成本占年经营收入的 20%～30%，根据饭店近三年会计报表，该项目占年经营收入的 18%～25%，属于行业正常水平，在此我们以经营收入的 25%计取。

营业成本 = 11 545.06 × 25% = 2 886.27（万元）

2）营业费用估算

营业费用包括：工资、福利、燃料费、摊销低值易耗品、服装费、洗涤费、水电费、邮电费、保险费、包装费、运杂费、保管费、展览费、广告宣传费、差旅费、清洁卫生费、工作餐费、装修折旧、其他等。

四星级饭店一般的经营费用为经营收入的 25%～30%，根据本饭店近三年会计报表，该项目占总收入的 30%～35%，考虑到在估价时不计建筑物折扣费用，我们在此取总经营收入的 33%。

营业费用 = 11 545.06 × 33% = 3 809.87（万元）

3）管理费用及财务费用估算

管理费用包括：公司经费、工会经费、培训教育经费、劳动保险费、失业保险费、审计费、咨询费、诉讼费、排污费、绿化费、开办费、聘请会计及审计师费用、修理费、交际应酬费、坏账损失、存货盘亏、上级管理费、其他费用等。财务费用包括：银行手续费、信用卡手续费及其他。一般饭店的管理费用及财务费用占经营收入的 8%～10%，我们以经营收入的 10%计取。

管理费用及财务费用 = 11 545.06 × 10% = 1 154.51（万元）

4）有关税费

依照××市税收规定，经营饭店物业每年缴纳的相关税费主要包括增值税、城市维护建设税、教育费附加、印花税、房产税、城镇土地使用税和文化事业建设费。依照××市税收标准，合计约为经营收入的 7.104%（具体分析过程略）。

有关税费 = 11 545.06 × 7.104% = 820.16（万元）

饭店年总营业支出：

饭店年总营业支出 = 营业成本 + 营业费用 + 管理费用及财务费用 +

　　　　　　有关税费

　　　　= 2 886.27 + 3 809.87 + 1 154.51 + 820.16

　　　　= 8 670.81（万元）

5. 饭店房地产年净收益计算

饭店年净收益为饭店年经营总收益扣除饭店年经营支出部分再扣除属于饭店行业带来的经营利润后的收益，根据市场调查，饭店旅游行业的平均经营利润率在 9%～15%之间，考虑到本饭店经营效益良好，取经营利润率为 11%，则本饭店属于房地产带来的年净收益为：

房地产年净收益 = 饭店年经营收益 − 饭店年经营支出 − 饭店商业利润

$$= 11\,545.06 - 8\,670.81 - 8\,670.81 \times 11\%$$

$$= 1\,920.46（万元）$$

6. 确定报酬率

综合确定房地产报酬率为 9%（具体过程略）。

7. 房地产的收益价值

根据同类饭店及估价对象近几年经营状况分析，房地产收益价值为：

$$V = \frac{A}{Y} \times \left[1 - \frac{1}{(1+Y)^n} \right]$$

收益价值 $= \dfrac{1\,920.46}{9\%} \times \left[1 - \dfrac{1}{(1+9\%)^{48.5}} \right]$

$$= 21\,011.87（万元）$$

饭店单位建筑面积收益价值：$21\,011.87 \times 10\,000 \div 28\,105.32 = 7\,476.12（元/m^2）$

经综合分析，本饭店的收益单价取整为 $7\,476$ 元/m²。

（二）成本法

采用成本法测算的具体过程略，测算结果为：

饭店单位建筑面积成本价值：5 800（元/m²）。

六、估价结果的确定

由于收益法测算的收益价值大于成本法测算的成本价值，考虑到收益法更好地反映估价对象的市场价值，估价师确定本次估价结果以收益法为主，兼顾考虑成本法，采用加权平均的方法，综合得出本次估价对象的测算结果，见表6-14。

饭店综合测算结果　　　　　　　　　　　　表 6-14

内容	权值	单价（元/m²）	总值（元）
收益法	70%	7 476	147 080 760
成本法	30%	5 800	48 903 257
测算结果		6 973	195 984 017

（一）房地产估价师知悉的法定优先受偿款

根据委托人提供的物业未抵押证明及相关调查，确认估价对象在价值时点房地产估价师知悉的法定优先受偿款为零。

（二）房地产抵押价值

房地产抵押价值 = 195 984 017 − 0 = 195 984 017（元）

则本次估价对象的房地产抵押价值为 195 984 017 元。

根据市场调查，结合估价对象的具体特点，最终确定估价对象在价值时点的估价结果如下：

抵押价值：人民币 195 984 017 元，大写金额：人民币壹亿玖仟伍佰玖拾捌万肆仟零壹拾柒元整。

第五节　餐饮房地产估价

一、餐饮房地产及其种类

餐饮房地产是指主要为餐饮服务提供空间的房地产类型，餐饮房地产根据其经营的规模、档次、经营特点可分为酒楼、快餐店、饮食店、主题餐厅、高端餐厅、美食广场、酒吧和夜店、咖啡馆和茶室、外卖厨房和餐饮配送中心等。

二、餐饮房地产特点

餐饮房地产除具有与商业房地产某些共性特点外，还体现以下两方面特点。

（一）地段选择的重要性

餐饮房地产与商业房地产在地段的选择上既有相似之处，又有很大不同。地处繁华地段的餐饮房地产的价值较高，这一点与一般商业房地产相同，但有些特色的餐饮店地处偏僻一隅，照样门庭若市。此外，在城市的一些城郊接合部，往往建有一些经营规模非常大的酒楼，其经营规模可以达到上千平方米，并且配备有足够车位的停车场，生意非常红火。

（二）经营收入的差异性

餐饮房地产属于经营性房地产，其收入主要来自其经营收入，然而影响餐饮房地产收入的因素很多，主要有地段、环境、经营特点、菜式品种、经营品牌等，不同地段、环境会带来不同的收益，这部分收入主要由房地产带来，而经营特点、菜式品种、经营品牌等往往会给餐饮房地产带来更大的收入差异。在实际生活中我们常常看到这样的现象，处于同一地段的餐饮房地产，有的门庭若市，生意红火，而有的却比较冷清，这种收入的差异主要来自于房地产以外的因素。因此估价时要考虑将这部分收入进行剥离。

三、影响餐饮房地产价格的因素

餐饮房地产属于商业房地产范畴，影响餐饮房地产价格的因素与商业房地产基本类似，有关要点参阅本章第二节相关内容。

四、餐饮房地产估价的常用方法

（一）收益法

餐饮类房地产主要用于经营，因此对餐饮房地产进行估价时，一般选用收益法。收益法是餐饮房地产估价最为常用的方法之一，其主要的工作是测算餐饮房地产的经营净收益和收益率。在具体操作过程中要根据不同类型、档次、特色和功能而区别对待。

（二）比较法

由于餐饮房地产规模差异较大，中小型餐饮房地产在市场上有较多转让，因此可以获取交易实例，可以采用比较法。对于大型餐饮房地产，市场交易不够活跃，此时比较法主要用于租金等的测算。

五、餐饮房地产估价的技术路线及难点处理

餐饮房地产的估价技术路线与估价方法的选用与商业房地产、酒店基本类似，可参阅本章第二、四节。但由于餐饮房地产的经营性特点，其收入既有房地产所贡献的，更有非房地产因素贡献的，因此利用收益法估价时，净收益的测算中需要剥离非房地产带来的收益，而如何剥离非房地产带来的收益是餐饮房地产估价的难点。方法之一是通过商业利润进行剥离，商业利润包括平均商业利润和超额商业利润，即当估价对象获取的利润率高于社会平均商业利润率时，两者之差为其获取的超额利润率，此时在净收益的求取时既扣除平均商业利润也扣除超额利润。方法之二是利用平均商业利润测算估价对象的客观收益，剥离非正常经营收入。

六、餐饮房地产估价案例分析

【案例 6-5】

××酒楼房地产市场价值估价技术报告（节选）

一、估价对象描述与分析

（一）估价对象区位状况描述与分析（略）

（二）估价对象实物状况描述与分析

1. 土地实物状况描述

位置：估价对象坐落于××市××区××路××号；

土地四至：东邻××住宅楼，南邻××酒楼，西临××路，北临××道；

开发程度：红线外达市政供水、排水、通电、通路、通信、通燃气、通暖气，红线内达"七通一平"；

地形地势：土地形状为较规则的矩形，地势平坦，地质条件较好，土地承载力高；

土地用途：商业用地；

面积：土地使用权面积为965.89m²。

2. 建筑实物状况描述

规模：建筑面积为2 691.94m²；

建筑结构：钢混结构；

层高及空间布局：建筑格局为敞开式，5层楼房，3～5层为回廊式设计，设有共享空间。首层酒吧及大厅共设散座105个，顶层设有20个座，其余楼层全部为单间，1～6层整体共可容纳281人同时就餐。

装饰装修：大堂，墙面干挂黄色石材，装饰古文物，菲律宾实木异形吊顶，地面铺米黄色石材，局部铺乱纹锈石；立柱贴菲律宾饰面板；单间，耐火砖隔断墙，刷乳胶漆，部分墙面装饰古文物，异型石膏板吊顶，地面铺高档石材；花梨木实心门及铜制门，实木窗；卫生间，墙面镶瓷砖，铝扣板吊顶，石制洗手盆，TOTO洁具；照明，吊灯（老式裙边玻璃灯罩，部分为鹿角）、汽灯（装灯泡）、射灯、牛眼灯照明；楼梯，石材踏步，铁艺栏杆，木扶手；操作间，墙面镶瓷砖，铝塑板吊顶，地面铺防滑大理石，不锈钢灶具。

设施设备：中央空调，烟感报警系统，上海三菱客梯一部，食品电梯五部。

使用及维护状况：目前维护、保养、使用状况良好。

（三）估价对象权益状况描述与分析（略）

二、市场背景描述与分析（略）

三、估价对象最高最佳利用分析（略）

四、估价方法适用性分析

估价师在认真分析所掌握的资料并进行了实地查勘后，根据估价对象的特点和实际状况，决定采用收益法和成本法进行估价（具体适用性分析过程和技术路线略）。

五、估价测算过程

（一）收益法

1. 选择具体估价方法

采用报酬资本化法进行评估，根据市场调查和估价对象经营现状和未来趋势，设定剩余经营期内净收益保持不变，计算公式如下：

$$V = \frac{A}{Y}\left[1 - \frac{1}{(1+Y)^n}\right]$$

式中　V——收益价值（元或元/m²）；

　　　A——未来年的净收益（元或元/m²）；

　　　Y——报酬率（%）；

　　　n——收益期（年）。

2. 收益年限的确定

该估价对象土地使用性质为出让用地，商业用地法定最高出让年限为 40 年，尚可使用 38 年，建筑物为重新翻建的钢筋混凝土结构，经济耐用年限为 60 年，尚可使用 59 年，故采用土地剩余使用年期，所以确定收益年期为 38 年。

3. 年经营收入测算

根据统计信息，2018 年××市正餐服务业主营业务利润率为 38.37%。根据估价委托人提供的财务数据，主营业务收入为 3 212.5 万元，主营业务成本和税金 1 553.8 万元。主营业务利润率为 51.63%，二者相差 13.26%，为其装饰文物的特色经营所带来的超额商业利润，考虑到同档次酒楼主营业务成本和税金标准差距不大，根据市场平均主营业务利润率 38.37%计算其主营业务收入。

主营业务收入 = 1 553.8 ÷（1 − 38.37%）= 2 521.17（万元）

4. 年经营费用测算

1）年主营业务成本及税费

在餐饮服务经营中，主营业务成本包括由食物成本和饮料成本构成的直接成本和餐饮服务操作中引发的间接成本，如员工工资、食宿费用、培训福利费用、燃气水电费、餐饮设备和工器具折旧等。通常在主营收入中，主营业务成本占用比例较大。根据调查确定主营业务成本及税费按主营业务收入的 61.63%计算（具体分析过程略）。

主营业务成本 = 2 521.17 × 61.63% = 1 553.8（万元）

2）管理费用和财务费用

管理费用主要包括每年的用水、电、气、房产税、管理人员的工资福利费，通过委托人提供的资料和估价师的调查，平均费率为主营业务收入的 3%；财务费用主要为资金的运营费用按主营业务收入的 6%计算。

管理费用 = 2 521.17 × 3% = 75.64（万元）

财务费用 = 2 521.17 × 6% = 151.27（万元）

3）销售费用

主要包括经营过程中所发生的广告宣传费、营销人员的工资等，按主营业务收入的 5% 计算。

销售费用 = 2 521.17 × 5% = 126.06（万元）

4）年经营费用

年经营费用 = 主营业务成本及税费 + 管理费用 + 财务费用 + 销售费用

$$= 1\ 553.8 + 75.64 + 151.27 + 126.06 = 1\ 906.77（万元）$$

5）求取商业利润

估价师对周围同等档次的餐饮酒楼进行调查,其中部分采用代理经营方式(就是由产权人提供经营场所、装修和运营资金，由代理经营者进行经营，年终根据收入情况进行分成，一般收入超过 3 000 万元,不超过 4 000 万元,按收入的 11%～15%；收入超过 2 000 万元，不超过 3 000 万元，按收入的 8%～10%），本次计算中收入已达到 2 500 万元，故本次取中值 9% 计算商业利润。

商业利润 = 2 521.17 × 9% = 226.91（万元）

5. 求取净收益

净收益 = 主营业务收入 − 年经营费用 − 商业利润

$$= 2\ 521.17 − 1\ 906.77 − 226.91 = 387.49（万元）$$

6. 报酬率确定

由于该估价对象所在区域有较深的历史文化背景，企事业单位都将该地区作为办公首选，周围有各种不同风格的酒楼，集聚效应较好，在该地区经营风险较小，报酬率的确定采用累加法，即安全利率加风险调整值的方法，结合估价师的经验求取报酬率，最终确定其报酬率为 9%（具体测算过程略）。

7. 房地产价值的测算

选用计算公式：

$$V = \frac{A}{Y}\left[1 - \frac{1}{(1+Y)^n}\right]$$

式中　V——收益价值（元或元/m²）；

　　　A——未来年净收益（元或元/m²）；

　　　Y——报酬率（%）；

　　　n——收益期（年）。

$$V = \frac{387.49}{9\%} \times \left[1 - \frac{1}{(1+9\%)^{38}}\right]$$

$$= 4\ 142.59（万元）$$

估价对象收益价值为 4 142.59 万元，单价为 15 388.85 元/m²。

（二）成本法

1. 选择具体估价路径

选择房地分估路径进行评估。

基本公式：

房地产价格 ＝ 土地重新购建价格 ＋ 建筑物重新购建价格 － 建筑物折旧

2. 测算估价对象重置成本

1）土地成本

土地成本具体测算过程略，测算结果为：楼面地价：5 841.48（元/m²）

2）求取建设成本

A. 建安工程费用

由于估价对象属于风貌建筑、建造标准较为特殊，参照××市现行建筑工程概预算定额和类似工程造价，结合估价委托人提供的估价对象工程预算和装修情况，经测算、修正，最终确定建安工程费用为 5 500 元/m²（具体测算过程略）。

B. 红线内配套、增容费用

根据××市配套、增容费用标准，达到估价对象的现行状况需 450 元/m²（具体测算过程略）。

C. 设备设施费用

估价对象投入的中央空调、载人电梯、食梯、各种造型灯具，价格约合 400 元/m²（具体测算过程略）。

D. 专业费用

专业费包括可研、规划、咨询、策划、勘察、设计、监理、估价等费用，因估价对象为老式风貌建筑，设计费较高，故按建安工程费、红线内配套增容费、设备设施费之和的 5%，则：

专业费用 ＝ (5 500 ＋ 450 ＋ 400) × 5% ＝ 317.5（元/m²）

E. 建设成本

建设成本 ＝ 5 500 ＋ 450 ＋ 400 ＋ 317.5 ＝ 6 667.5（元/m²）

3）管理费用

管理费用是为管理和组织房地产开发经营活动所发生的各种费用，包括人员工资及福利费、办公费、差旅费等，费率为 3%，取费基数为土地成本和建设成本，分别计算：

管理费用（土地）＝ 5 841.48 × 3% ＝ 175.24（元/m²）

管理费用（建筑物）＝ 6 667.5 × 3% ＝ 200.03（元/m²）

4）投资利息

投资无论是借贷资金还是自有资金都应计算利息，因为借贷资金要支付贷款利息，自有资金要放弃可得的存款利息，即基于资金机会成本的考虑。土地使用权取得在开发期初一次性发生，建筑物的开发成本和管理费用在开发周期内均匀投入，开发期为 1 年，相应期限贷款利率为 5.58%。

$$投资利息（土地） = 5\,841.48 \times 5.58\% + 175.24 \times \left[(1 + 5.58\%)^{1/2} - 1\right]$$
$$= 330.78（元/m^2）$$

$$投资利息（建筑物） = (6\,667.5 + 200.03) \times \left[(1 + 5.58\%)^{1/2} - 1\right]$$
$$= 189.00（元/m^2）$$

5）销售费用

销售费用是指销售开发完成后的房地产所需要的费用，包括广告宣传费、销售代理费、销售人员的工资和福利费等。按开发完成后价值的 5% 计算。

6）销售税费

销售税费是指销售开发完成后的房地产应由开发商（作为卖方）缴纳的税费。包括销售税金及附加，含增值税、城市维护建设税和教育费附加等。税费比率按开发完成后价值的 5.55% 计算。

7）开发利润

开发利润是在正常条件下开发商所能获得的平均利润，参考类似物业并结合估价对象本身为历史风貌建筑的特点，其历史文化氛围较浓厚，确定直接成本利润率为 25%。

$$开发利润（土地） = 5\,841.48 \times 25\% = 1\,460.37（元/m^2）$$

$$开发利润（建筑物） = 6\,667.5 \times 25\% = 1\,666.88（元/m^2）$$

8）重新购建价格

经测算土地、建筑物的重新购建价格为：

土地重新购建价格 = 土地成本 + 管理费用 + 投资（楼面地价）利息 + 销售费用 + 销售税费 + 开发利润 = 5 841.48 + 175.24 + 330.78 + 5% × 土地重新购建价格 + 5.55% × 土地重新购建价格 + 1 460.37 = (5 841.48 + 175.24 + 330.78 + 1 460.37) ÷ (1 − 5% − 5.55%) = 8 728.75（元/m²）。

建筑物重新购建价格 = 建设成本 + 管理费用 + 投资（单价）利息 + 销售费用 + 销售税费 + 开发利润 = 6 667.5 + 200.03 + 189.00 + 5% × 建筑物重新购建价格 + 5.55% × 建筑物重新购建价格 + 1 666.88 = (6 667.5 + 200.03 + 189.00 + 1 666.88) ÷ (1 − 5% − 5.55%) = 9 752.28（元/m²）。

3. 建筑物折旧

估价对象建成于 2014 年底，投入使用 1 年时间，注册房地产估价师经过实地查勘，认为维修保养状况较好，成新率应定在 95%～100% 之间，由于建筑物经济耐用年限为 60 年，而商业用地最高出让年限为 40 年，该宗地尚可使用 38 年，考虑到谨慎原则，采用直线法按土地使用年限确定成新率为 95%，二者综合确定其成新率为 95%，折旧率为 5%（具体测算过程略）。

建筑物折旧 = 9 752.28 × 5% = 487.61（元/m²）

建筑物现值 = 建筑物重新购建价格-建筑物的折旧 = 9 752.28 − 487.61 = 9 264.67（元/m²）

4. 估价对象房地产单价

房地产单价 = 土地重新购建价格 + 建筑物现值 = 8 728.75 + 9 264.67 = 17 993.42（元/m²）

六、估价结果确定

两种估价方法测算结果比较相近且可信度均较高，因此采用简单算术平均法求取最终价格。

最终房地产单价 = (15 388.86 + 17 993.42) ÷ 2 = 16 691.14（元/m²）

房地产总价值 = 房地产单价 × 建筑面积 = 16 691.14 × 2 691.94 = 44 931 547.4 = 4 493（万元）（取整）

根据目前 ×× 市房地产市场发展状况及估价人员所掌握的资料，上述估价对象综合测算结果符合实际情况。估价对象于价值时点的估价结果确定为 4 493 万元，大写金额为：人民币肆仟肆佰玖拾叁万元整。

第六节　工业房地产估价

一、工业房地产及其特点

（一）工业房地产及其种类

工业房地产是指为人类生产活动提供空间的房地产，包括工业厂房、仓储用房、高新技术产业用房、研究与发展用房等。

（二）工业房地产特点

1. 涉及的行业多

工业房地产涉及各类工业，各类工业有各自的行业特点、生产要求，即使生产同一产品的工业企业，由于工艺、流程的不同，对厂房、用地的要求也可能截然不同，因此进行工业房地产估价时，首先应了解相应企业生产的一些基本知识。

2. 厂房种类多，建筑工程造价相差大

工业厂房有一些属于标准（通用）厂房，这类厂房多为一些轻工业产品的生产用房，如电子装配、轻工产品生产、成衣加工等，如在一些新兴工业园区、出口加工区，就有许多这类标准厂房可供出租。标准厂房一般有标准的柱距、层高、墙体与屋顶材料与结构配件等，同类标准厂房的工程造价相差不会太大。

另外，工业厂房中的大部分为非标准厂房，即根据各类生产的需要而设计建造的不同规格的厂房，这类厂房的跨度、柱距、梁底标高、（行车）轨顶标高、楼面荷载等都是根据生产的不同需要而定，还有一些生产用房为及时散发室内烟尘和热量，其厂房外围只有屋盖，没有围护（外墙），如我国南方的铸造、锻压等热加工车间等。因此非标准工业房地产每平方米的造价相差较大。

因此对工业房地产估价时，应详细了解估价对象的具体用途、建造标准与要求，以便准确确定建筑安装工程造价。

3. 设备和建筑物的价值不易区分

有些工业设备的安装与建筑物（厂房）的施工是同时进行的，例如，很多设备的基座就和厂房的基础同时施工，因此估价时要注意区分厂房的价值和设备的价值。

如果估价结果中既包含了厂房的价值，又包含了设备的价值，则应在估价报告中予以说明。

4. 厂房使用寿命受腐蚀性影响大

厂房的工作环境常常有腐蚀性，腐蚀性强的厂房的自然寿命会受到影响，房屋使用年限会缩短。因此估价时要详细了解估价对象是否会受到腐蚀性影响，根据影响程度确定厂房使用年限。

二、影响工业房地产价格的因素

（一）影响工业房地产价格的主要区位状况

1. 交通条件

工业企业通常需要大量运进原材料及燃料，运出产品，因此必须有便捷的交通条件，例如，邻近公路交通干线或有符合运输条件的道路与公路干线相连，有铁路专用线进入厂区，邻近通航河道（或海岸）且有专用码头。以上公路、铁路和水运交通条件若能同时满足两项以上则更好。

2. 基础设施

工业生产对基础设施的依赖较强，当地的电力供应情况，生产用水能否满足需要，排污及污染治理的可能性，通信条件以及产业相关协作等，都是影响工业房地产价格的主要区位状况。

3. 地理位置

有些工业生产要求对地理位置的选择具有特殊性，例如，造纸需要大量排放污水，所以通常需要邻近河道且应避免污染对下游造成重大影响；化工企业则不应设在山沟里；水泥厂的附近若有煤矿和石灰矿则可减少原材料的运输距离等。工业房地产的地理位置符合生产的要求是该类房地产的显著特点。

（二）影响工业房地产价格的主要实物状况

1. 用地面积与形状

工业房地产用地面积大小应该合理，面积太小无法满足生产需要，太大则多出的部分并不能增加房地产的价值，但有时要考虑工业房地产扩建预留用地；用地形状、地势应符合生产要求，不同的生产常常要求不同的用地形状及地势。

2. 地质和水文条件

工业房地产用地的地质条件应满足厂房建设和材料堆放场地对土质、承载力的要求；当地水文条件应满足工业房地产建设和生产的要求，例如，地下水位过高会影响工业房地产建设施工，地下水有腐蚀性则会腐蚀基础（特别是桩基础）。河流的常年水位和流速、含砂量则影响生产取水及污水排放。洪水水位的高低则关系到厂区是否有被淹没的可能性。

3. 房地产用途

在进行工业房地产抵押、清算、兼并等目的估价时，由于房地产的具体用途可能发生改变，因此要考虑该房地产改作其他用途以及用于其他产品生产的可能性。

三、工业房地产估价的常用方法

（一）成本法

工业房地产估价时采用较多的是成本法。其中，标准厂房的建造费用宜采用重置价格的思路，如可以制定当地统一的厂房建筑重置价格表。非标准厂房建造费用的确定有两个主要途径：一是依据建设工程计价定额，结合工程图纸、材料价格、取费标准等测算；二是参照类似非标准厂房的工程造价，结合跨度、柱距、高度等调整，调整参数经类似厂房造价资料分析得出。

（二）比较法

工业房地产通常缺少同类房地产的交易实例，特别是非标准厂房，更不易在同一供需圈内找到符合条件的可比实例，所以一般不具备采用比较法估价的条件。但在一些新兴工业地带，往往有较多的标准厂房，这些标准厂房的租售实例（特别是出租实例）通常较多，可以考虑采用比较法估价。

（三）收益法

工业房地产采用收益法可以采用两种途径：①自用剥离房地产净收益，即如果可以从企业的总收益中剥离出工业房地产的收益，但这种剥离通常有一定的难度，特别是难以准确区分整个厂区联合生产线中某个厂房和相应设备各自产生的收益；②出租计算净收益，即当类似工业房地产出租实例较多时，可以采用比较法测算其客观出租收益。

四、工业房地产估价的技术路线及难点处理

工业房地产一般采用成本法估价，在利用成本法估价时，可以采用房地分估和房地合估两种路径。采用房地分估路径一般适用同宗土地上有多个不同用途、建筑结构、建设年代的建筑，如厂房、仓库、办公楼、实验楼、职工宿舍等，其技术路线是首先求取土地重置成本、建筑物重置成本和建筑物折旧，然后将土地和建筑物的重置成本之和减去建筑物折旧求取工业房地产的价格。实际计算中，部分估价师常常会错误地将土地取得成本作为土地重置成本，即利用成本法、基准地价修正法、比较法等计算出空地的土地价值，并将其作为土地重置成本，未计算由空地建设成为厂房过程中土地应计的管理费、利润、利息等。采用房地合估路径一般针对工业用地上仅为单一用途和结构类型的建筑，通过模拟房地产开发过程，首先测算工业房地产的重置成本和建筑物折旧，然后将房地产的重置成本减去建筑物折旧求取工业房地产的价格。因此采用成本法对工业房地产进行估价一定要分析两种路径的适用情形、不同路径的成本构成及其内涵。此外，对建筑物的工程造价进行测算时，应根据建筑物的结构、用途、跨度、柱距、梁底标高、（行车）轨顶标高、室内装饰装修、相关设施设备、屋顶形式等因素，利用当地建设工程造价定额管理部门公布的计价标准或选用当地适宜的建筑技术经济指标等确定估价对象的工程造价。

五、工业房地产估价案例分析

【案例 6-6】

××市××区××号工业房地产抵押价值评估技术报告（节选）

一、估价对象描述与分析

（一）估价对象区位状况描述与分析

1. 位置状况

（1）坐落：估价对象位于××市××区××公路××号。

（2）方位：估价对象位于××区××镇，地处外环外，区域位置一般。

（3）与重要场所（设施）的距离：距离××市中心约 18km。

（4）临街（路）状况：单面临路，临××公路。

（5）楼层：1 号厂房 2 层，3 号厂房 1 层。

（6）朝向：坐北朝南。

2. 交通状况

（1）道路状况：估价对象位于××区××公路××号，××公路为主干道，距××公路较近。

（2）出入可利用交通工具：周边主要公交线路有 9 路、××专线等，轨道交通 8 号线沈××公路站，公交便捷度一般。

（3）停车方便程度及交通管制：厂区内预留空地较大，停车较方便，无交通管制情况。

3. 外部配套设施状况

（1）基础设施：厂区内外均已实现五通（即通路、通电、通信、通供水、通排水）及宗地红线内场地平整，基础设施较完善。

（2）公共服务设施：估价对象位于××区××工业园区内，周边公共配套设施较好。

4. 周围环境状况

（1）自然环境：估价对象位于工业园区内，自然环境一般。

（2）人文环境：估价对象位于工业园区内，人文环境一般。

（3）景观：估价对象位于工业园区内，景观一般。

5. 产业集聚度（分析略）。

6. 区位状况优劣势分析（略）

（二）估价对象实物状况描述与分析

1. 估价对象土地实物状况描述与分析

（1）位置：估价对象所在土地宗地号为××区××镇××街坊。

（2）四至：东临河道，南近河道，西近××公路，北至××公路。

（3）面积：总面积：7 209m²。

（4）用途：工业。

（5）使用权来源：划拨。

（6）形状：较规则矩形。

（7）地形：平坦。

（8）地势：平原。

（9）地质：宗地土壤以软土为主，地质情况一般，承载力一般。

（10）土壤：无污染。

（11）开发程度：宗地内外达到五通（即通路、通电、通信、通供水、通排水）及宗地内场地平整。

2. 估价对象建筑物实物状况描述与分析

（1）名称：××区××公路××号1号、3号工业厂房。

（2）规模：估价对象所在的物业建筑面积2 578.75m²，共2幢房屋。

（3）用途：工业。

（4）建筑结构及层数：钢筋混凝土结构，1层、2层。

（5）设备设施：供水，暗装；供电，暗装；通信，电话线路；消防设施，消火栓、灭火器、消防报警器；估价对象所在物业车位较多，停车方便。

（6）装饰装修：内外墙外立面为涂料；1层地面铺设地砖，铝合金窗，玻璃推门，卷帘门；2层地面铺设地砖、局部复合地板，玻璃推门，塑钢窗，矿棉板吊顶。

（7）层高：4.5m。

（8）空间布局：1号厂房，车间局部办公，总层数2层；3号厂房，配电间，总层数1层，特种用途。

（9）建成时间：建于2003年。

（10）使用及维护状况：结构构件安全完好，基本牢固，齐全完整，管道畅通，现状良好，使用正常，防水、保温、隔热、地面、墙面、门窗维修养护情况良好。

（11）新旧程度：完损程度较好。

（三）估价对象权益描述与分析

1. 登记状况及登记信息

估价对象登记状况见表6-15。

估价对象登记状况　　　　　　　　　　　　　表6-15

××市房地产权证号		×房地×字（2005）第×××××号	登记日	2006年8月31日
坐落		××公路××号	权利人	××仪器仪表有限公司
土地状况	使用权取得方式	划拨	幢号	详见登记信息
	用途	工业	所有权性质	详见登记信息
	地号	××区××镇××街坊	建筑面积	2 605.39m²
			幢数	详见登记信息
	宗地（丘）面积	7 209m²	用途	详见登记信息
	权属性质	国有	层数	详见登记信息

续表

土地状况		总面积	7 209m²	竣工日期	详见登记信息
	其中	独用面积	7 209m²	—	—
		分摊面积	—		

估价对象登记信息摘录见表 6-16。

估价对象登记信息 表 6-16

幢号	室号部位	建筑面积（m²）	房屋类型	层数	建筑结构	竣工日期
1	全幢	2 474.71	工厂	2	钢混	2003 年
2	全幢	26.64	其他	1	混合 1	2003 年
3	全幢	104.04	其他	1	钢混	2003 年
合计		2 605.39				

注：营业期限自 2001 年 11 月 27 日至 2021 年 11 月 26 日止，因门卫室超出红线，其中 26.64m² 不确权，不列入建筑物评估范围。

2. 他项权利状况

根据××市××区房地产登记处出具的《××市房地产登记簿》显示，估价对象于价值时点已设定房地产抵押状况信息，抵押权人：××农商银行××支行；登记证明号：××××××××；债权数额：430 万元；债务履行期限：期限从 2014 年 5 月 28 日至 2015 年 5 月 27 日。

估价对象无租赁情况和限制状况。土地无使用管制及其他特殊情况。

二、市场背景描述与分析（略）

三、估价对象最高最佳利用分析（略）

四、估价方法适用性分析

（一）估价方法适用性分析

通行的房地产估价方法有比较法、收益法、假设开发法、成本法等。根据本次估价的目的及搜集的有关资料，估价师通过对××市社会经济发展状况的了解，特别是估价对象周边区域类似房地产市场的调查研究，认为在估价对象周边类似工业厂房成交实例很少，不宜选用比较法进行评估；假设开发法适用于具有投资开发或再开发潜力的房地产的估价，本次估价对象为建成后的房地产，不适用此方法；在估价对象附近区域内，与估价对象类似的工业厂房较多，出租实例较多，较易收集出租实例租金数据，且有稳定收益，可选用收益法；考虑到估价对象为工业类房地产，测算土地成本有关资料较易获得，同时建筑物建造成本也比较透明，因此适合采用成本法进行估价。

综上所述，估价对象采用成本法及收益法进行估价，并以此综合确定估价对象客观合理的价值。

（二）估价技术思路

1. 成本法

采用公式

房地产成本价值＝房地产重置成本－折旧

房地产重置成本＝土地成本＋建设成本＋管理费＋投资利息＋销售费用＋开发利润＋销售税费

2. 收益法

采用公式

$$V = \frac{A}{Y-g} \times \left[1 - \left(\frac{1+g}{1+Y} \right)^n \right]$$

式中　V——收益价格（元或元/m²）；

A——未来第 1 年的净收益（元或元/m²）；

Y——报酬率（%）；

n——收益期（年）；

g——年净收益递增率（%）。

五、估价测算过程

（一）成本法（以 1 号厂房为例，其余估价对象测算方法类似）

1. 估价路径选择

根据估价对象实际状况，采用房地合估路径。

2. 土地取得成本计算

1）土地购置成本

类似土地目前均需通过公开市场取得，且有较多可比交易实例，故采用比较法评估土地取得成本（具体测算过程略）。

通过比较法测算估价对象土地取得成本为：1 066（元/m²）（取整）

故土地购置价格＝土地购置单价×土地面积＝1 066×7 209＝768.48（万元）（取整）

2）应补缴的土地出让金

估价对象的土地使用权来源为划拨，本次评估值应扣除应补缴的土地出让金，根据《××市土地出让金管理办法》："全市范围内所有出让地块均以其收入总额（含各种出让形式的收入）的30%为土地出让金收入。"

故应补缴的土地出让金 = 1 066 × 30% × 7 209 = 230.54（万元）（取整）

扣除应补缴的土地出让金后的土地价格 = 768.48 − 230.54 = 537.94（万元）

3）土地取得税费

估价对象已办理房地产权证，需支付的契税税率为土地价格的3%，其他费用约为0.1%，故土地取得税费：

537.94 × 3.1% = 16.68（万元）（取整）

4）土地年期修正

由于估价对象土地使用权来源为划拨，故土地年期不作修正。

5）估价对象土地取得成本

土地取得成本 = 537.94 + 16.68 = 554.62（万元）

折合楼面地价 = 554.62 ÷ 2 578.75 = 2 150.73（元/m²）（取整）

3. 建设成本

以1号厂房为例（两幢厂房类似），测算如下：

1）建筑安装工程费

采用分部分项法求取建筑物的重置价格。经查阅××市建筑建材业市场管理总站发布的造价指标，逐部逐项分析确定其建安费为 1 710 元/m²（取整）。分析测算过程见表6-17～表6-19。

估价对象相似厂房工程概况　　　　　　　　表 6-17

项目名称	内容
工程名称	××厂房
工程分类	建筑工程—工业建筑—厂房—标准厂房—多层厂房
工程地点	外环外线—××区
建筑物功能及规模	工业厂房
开工日期	2010 年 12 月
竣工日期	2012 年 4 月
建筑面积（m²）	6 708.81　其中：地上 6 708.81
建筑安装工程造价（万元）	890.95
平方米造价（元/m²）	1 328
结构类型	钢筋混凝土框架

续表

项目名称	内容
层数（层）	地上　3
建筑高度（檐口）（m）	14.5
层高（m）	其中：首层　5.6　　标准层　3.4
建筑节能	屋面采用挤塑聚苯保温板
抗震设防烈度	未详
基础　类型	钢混凝土管桩，独立基础
基础　埋置深度（m）	1.5
计价方式	定额计价
合同类型	总价合同
造价类别	中标价
编制依据	××市建筑安装工程定额（2002）及相关文件
价格取定期	2010 年 11 月主要建筑材料市场信息价

估价对象相似厂房工程及造价特征　　　　表 6-18

项目名称			特征描述
建筑工程	土（石）方工程		反铲液压挖掘机挖土（埋深1.5m 以内）
	桩与地基基础工程		φ800mm 钢混凝土管桩/杯形基础
	砌筑工程	外墙类型	混凝土空心小型砌块 190 厚
		内墙类型	混凝土空心小型砌块 190 厚
	混凝土及钢筋混凝土工程		现浇泵送混凝土 C30/二级钢筋、焊接
	厂库房大门、特种门、木结构工程		—
	金属结构工程		—
	屋面及防水工程		1.5 厚 SBS 防水卷材
	防腐、隔热、保温工程		屋面采用挤塑聚苯隔热保温层
	其他工程		—
装饰装修工程	楼地面工程		细石混凝土面层
	墙柱面工程		外墙水泥砂浆抹灰、内墙面界面处理剂、水泥砂浆
	顶棚工程		水泥砂浆抹灰
	门窗工程		彩铝门窗、钢板防火门与木质防火门

续表

	项目名称	特征描述
装饰装修工程	油漆、涂料、裱糊工程	外墙刷防水乳液型涂料二遍，内墙、顶棚刷乳胶漆两遍
	其他工程	地坪漆、楼梯地砖、不锈钢栏杆、洁具等
安装工程	电气工程	低压开关柜、照明配电箱、工厂灯，双管荧光灯等/钢制桥架、焊接钢管配管，管内配线
	给水排水工程	给水干管镀锌钢塑复合管，支管 PP-R 管/螺旋管排水管/PVC-U 冷凝水管、PVC-U 雨水管
	燃气工程	—
	消防工程	消火栓系统，泵房外置
	通风空调工程	—
	智能化系统工程	镀锌钢套管预埋
	电梯工程	另行发包，造价未计
	其他工程	—

估价对象相似厂房工程造价指标汇总   表 6-19

序号	项目名称	造价（万元）	单价（元/m²）	造价比例（%）
1	单项工程	846.81	1 262.23	95.05
1.1	建筑工程	515.51	768.41	57.86
1.2	装饰装修工程	241.91	360.58	27.15
1.3	安装工程	89.39	133.24	10.03
2	措施项目	44.14	65.80	4.95
3	其他项目	—	—	—
	合计	890.95	1 328.03	100.00

　　采用相似工程类比法求取估价对象建安工程费，对参照实例按照设备、层高、时间等主要影响因素进行调整。

　　（1）日期调整：由于可比实例价格至价值时点已过 7 年，故对可比实例进行日期调整，通过分析确定日期调整系数为 6.89%（具体过程略）。

　　（2）设备调整：可比实例与估价对象设备较相似，故不作调整。

　　（3）层高调整：根据钢混结构多层建筑工程造价的一般规律，层高每增加

1m，造价约增加 8%。估价对象共二层，首层高约为 7m，二层层高约为 4.5m，故平均层高 = (7 + 4.5) ÷ 2 = 5.75m。可比实例首层 5.6m，标准层均为 3.4m，平均每层高 = (5.6 + 3.4 + 3.4) ÷ 3 = 4.13m，则可比实例层高因素上调 12.96%。即：

层高调整系数 = (5.75 − 4.13) × 8.0% = 12.96%（取整）

（4）层数调整：层数因素参考当地××部门制定的《建筑工程造价手册》中的层数参数表进行调整。具体层数因素参数表见表 6-20。

层数因素参数表　　　　　　　　　　　　表 6-20

层数	1	2	3	4	5	6
造价（%）	100	90	84	80	82	85

可比实例为 3 层，估价对象为 2 层，则可比实例层数因素上调 6.67%。即：

层数因素调整系数 = (90 − 84) ÷ 90 = 6.67%（取整）

（5）设施设备：可比实例与估价对象设备情况相似，故不作调整。

（6）估价对象建筑安装工程费调整。

调整后建安工程单价 = 类比建安工程费 × 造价指数调整 ×

个别因素调整(层高)

= 1 328 × (1 + 6.89%) × (1 + 12.96%) ×

(1 + 6.67%) × (1 + 0%) = 1 710（元/m²）（取整）

2）勘察设计和前期费用

勘察设计和前期费用主要包括可行性研究，工程勘察，环境影响评价，规划及建筑设计，施工的通水、通电、通路及临时用房等开发项目前期工作的必要支出。

根据××市建设项目投资估算的一般标准和客观情况，一般为建安造价的 3%～5%，本次估价对象的规模较大，按建筑安装工程费的 3%计。

勘察设计和前期费用 = 1 710 × 3% = 51.30（元/m²）

3）基础设施建设费

包括厂区内要求配套的道路、给水、排水、电力、通信、燃气、供热等设施的建设费用。

估价对象宗地内达到五通（即通路、通电、通信、通供水、通排水），完成配套绿化、环卫和照明设施及宗地内场地平整，本次估价基础设施建设费 75 元/m²

（依据和测算过程略）。

4）公共配套设施建设费

根据估价对象房地产的具体状况，参照类似工程的费用标准，按照建筑面积取 50 元/m²（依据和测算过程略）。

5）开发期间税费

包括有关税收和地方政府或其有关部门收取的费用，如人防工程费等，根据估价对象的具体状况，参照类似工程的费用标准，开发期间税费为 3.1%（依据和测算过程略）。

开发期间税费 = (1 710 + 51.30 + 75 + 50) × 3.1% = 58.48（元/m²）

6）建设成本

建设成本 = 建筑安装费 + 前期费用 + 基础设施建设及室外工程费 + 公共配套设施建设费 + 开发期间税费 = 1 710 + 51.30 + 75 + 50 + 58.48 = 1 944.78（元/m²）

4. 管理费用

根据××市建设项目投资估算的一般标准，管理费一般为土地成本及建设成本之和的 2%～5%。根据本次估价对象的规划建设项目特点和投资规模，管理费按 2% 计。

管理费用 = (2 150.73 + 1 944.78) × 2% = 81.91（元/m²）

5. 销售费用

估价对象为自用型厂房，故本着谨慎原则，本次估价不计算销售费用。

销售费用 = 0

6. 投资利息

根据建设工期定额、估价对象所处地区、用途、建筑结构和建筑规模确定估价对象建造期为一年，利率取价值时点的 1～5 年（含五年）期人民币贷款平均利率 5.75%，土地取得成本于期初一次性投入，建设成本、管理费用、销售费用于建造期内均匀投入。

$$利息 = 2\ 150.73 \times \left[(1 + 5.75\%)^1 - 1\right] + (1\ 944.78 + 0\% + 81.91) \times$$
$$\left[(1 + 5.75\%)^{1/2} - 1\right] = 181.12（元/m²）$$

7. 开发利润

根据《2014 企业绩效评价标准值》，房地产开发企业 2014 年成本利润率优秀值为 18.9%、良好值为 14.8%、平均值为 10.5%、较低值为 3.4%、较差值为 −4.5%，考虑到估价对象现状为工业用房（现为自用），根据谨慎原则，本次估价取直接成本利润率为 6%（分析略）。

$$开发利润 = (2\,150.73 + 1\,944.78) \times 6\%$$

$$= 245.73（元/m^2）$$

8. 销售税费

销售税费指增值税、城市维护建设税、教育费附加等，按规定为售价的 5.65%（具体测算过程略）。

$$销售税费 = 5.65\%V$$

9. 房地重置单价

$$V = 土地取得成本 + 建设成本 + 管理费用 + 销售费用 + 投资利息 + 销售税费 + 开发利润$$

$$V = 2\,150.73 + 1\,944.78 + 81.91 + 0\%V + 181.12 + 5.65\%V + 245.73$$

求得，$V = 4\,879.99（元/m^2）$

10. 建筑物折旧

估价对象使用正常，不存在功能缺乏或过剩，也不存在明显影响估价对象使用的不利的经济因素、区位因素等，故不考虑功能折旧和经济折旧，仅考虑物质折旧。

通过现场实地查勘，根据房屋建筑物建成年份、寿命年限等情况，采用年限法和实测判定法综合确定其成新率。公式为：

综合折旧率 = 理论折旧率 × 50% + 现状查勘折旧率 × 50%

平均年限法计算公式：折旧率 = (1 − 残值率) × 已使用年限/耐用年限

依据《××市房地产权证》记载，××市××区××公路××号 1 号工厂房的竣工日期为 2003 年，钢混结构，为生产性用房，预计耐用年限为 50 年（表 6-21），至价值时点，已使用 14 年，则建筑物剩余使用寿命约为 36 年，残值率为 0。

建筑物耐用年限　　　　　　　　　　　　　　　　　　表 6-21

耐用年限（年）	钢结构	钢混结构	砖混一	砖混二	砖木一	砖木二	砖木三	简易结构
非生产用房	80	60	50	50	40	40	40	10
生产用房	70	50	40	40	30	30	30	10
受腐蚀的生产用房	50	35	30	30	20	20	20	10

平均年限法折旧率 = (1 − 0%) × 14/50 = 28%

经现场查勘，估价对象使用情况及维护状况一般，综合建筑结构、装饰装修等情况进行评分，采用观察法确定建筑物的实际折旧率（表6-22）。

估价对象建筑物的实际折旧率测算　　　　表 6-22

部分	名称	标准	实例状况	打分	合计	权重
结构部分	基础	25	无超出允许范围的不均匀下沉	20	78	70%
	承重构件	25	没有变形、裂缝及承载力下降现象	20		
	屋面	20	基本良好	16		
	非承重墙	15	没有损坏现象	12		
	楼地面	15	基本没有磨损	10		
装修部分	门窗	28	使用基本良好，保养较好	20	77	20%
	外装饰	24	个别部位有破损，涂料等缺乏保养	19		
	内装饰	24	轻度磨损	19		
	顶棚	24	基本良好，无漏水现象	19		
设备部分	上下水	25	上下水基本通畅	21	79	10%
	电照	25	使用较正常	20		
	动力	25	使用较正常	19		
	其他设备	25	使用较正常	19		

实际折旧率 $= 1 - (78 \times 70\% + 77 \times 20\% + 79 \times 10\%) \div 100 \times 100\% = 22\%$

则：

综合折旧率 $= 28\% \times 50\% + 22\% \times 50\% = 25\%$

建筑物折旧 $=$ 建筑物重置价格 $\times$ 折旧率

$$= 2\,285.77 \times 25\% = 571.44（元/m^2）（取整）$$

（建筑物重置价格计算过程略）

11. 房地产单价确定

估价对象成本价值单价 $=$ 房地重置价格 $-$ 建筑物折旧

$$= 4\,879.99 - 571.44$$

$$= 4\,308.55（元/m^2）$$

估价对象成本价值 $= 4\,308.55 \times 2\,578.75 = 1\,111（万元，取整）$

（二）收益法（具体测算过程略）

经收益法测算，估价对象评估单价为 $3\,419.59$ 元/m^2。

上述收益法测算值为未扣除划拨土地应上缴的土地收益，估价对象为划拨土地使用权，故应扣除应补缴的土地出让金。故收益法测算结果为：

$$房地产市场价格 = 房地产收益总价 - 应补缴的土地出让金$$
$$= (3\,419.59 \times 2\,578.75) \div 10\,000 - 230.54$$
$$= 651（元/m^2）（取整）$$

六、估价结果确定

1. 假定未设立法定优先受偿权下的价值

成本法评估结果为 1 111 万元，收益法评估结果为 651 万元，两种方法的可靠性分析如下：

成本法中经比较分析确定了土地取得成本后，再逐项计算开发成本、管理费用、折旧等后得出估价对象的成本价值，市场上类似土地及建筑物成本透明，构成明确，可靠性较高。

收益法中估价对象的有效毛收入经市场比较分析后确定，再逐项分析计算总运营费用、收益期限、报酬率后得出估价对象的收益价值，在价值时点近期同一供求圈类似房地产租赁案例较多，且较为活跃，预测估价对象收益将稳步递增，递增的比率持续，存在一定的潜在收益，但估价对象容积率过低，房屋建筑面积较少，而且报酬率等参数存在一定的不确定因素，故综合分析其可靠性一般。

综合分析，两种方法计算过程及结果均较为客观、可靠，因此，根据两种方法结果的可信度，取适当的权重值，以加权平均数为最终的估价结果，其中成本法权重取 0.6，收益法权重取 0.4。故估价对象综合测算结果为：

房地产总价 = 1 111 × 0.6 + 651 × 0.4 = 927（万元）（取整）

2. 抵押价值

（1）估价对象在假定未设立法定优先受偿权下的房地产价值为：

人民币玖佰贰拾柒万元整（¥9 270 000 元）。折合建筑面积单价 3 595 元/m²（取整）。

（2）估价师知悉的估价对象法定优先受偿款为于价值时点尚未注销的抵押权：人民币肆佰叁拾万元整（¥4 300 000 元）。

（3）估价对象于价值时点的抵押价值：考虑本评估报告使用者仍为××农商银行闵行支行，系办理还款后再续贷抵押手续，故不扣除上述估价师知悉的法定优先受偿款，房地产抵押价值为：人民币玖佰贰拾柒万元整（¥9 270 000 元），详见表6-23。

房地产评估结果明细表　　　　表 6-23

序号	项目		总额（万元）	备注
1	假设未设立法定优先受偿权下的价值		927	
2	估价师知悉的法定优先受偿款	2.1　未付建筑工程价款	0	详见本估价报告中"估价假设和限制条件"部分
		2.2　已抵押债权	430（不做扣除）	
		2.3　其他法定优先受偿权	0	
3	抵押价值		927	

第七节　特殊用途房地产估价

特殊用途的房地产，关键就在于"特殊"二字，所谓特殊，是指这类房地产通常都伴随着专营权，本节主要针对停车库、加油站的估价进行分析。

一、停车库的估价

停车库主要有专营停车库大楼和地下停车库，而地下停车库最为常见，一般位于住宅、商业和写字楼的地下部分，其主要是为了解决地上停车困难的问题，同时也是为了合理利用地下空间。

由于停车库属于一种较为特殊的房地产，相对于其他房地产而言具有其特殊性及其估价的特殊性，下面主要针对地下停车库进行说明和分析其特点。

（一）地下停车库特点

1. 权属比较特殊

地下停车库一般存在两种不同情况：①开发商拥有车库单独产权，可对车库自由行使收益、处分权；②地下车库作为共有部位，建筑面积已进行了分摊，车库不能单独出售。上述情况的存在，导致了地下停车库是否存在可经营性，同时也使得其价格表现形式多样化。此外，还存在利用人防工程作为地下车库的情况。

2. 计量单位比较特殊

商品房存在多种计量单位（套、建筑面积、套内建筑面积、使用面积等），国家有关部门对于应该以何种计量单位作为商品房销售单位也有相关规定，但对于地下停车库物业，由于地下停车库物业用途的特殊性，计量单位主要有个、建筑面积等。一个车位对应的建筑面积会存在差异，实际中一个车位面积可能为 30m²、35m²、40m²（残疾人车位）等，因此对车位进行估价时，应根据当地的相关规定测算车位数量及其对应的建筑面积。

3. 日常管理和服务相对特殊

地下停车库除满足停车这一基本功能外，可能会衍生出其他功能，当然，这种功能主要为解决与机动车相关的问题，属于一种配套服务。这种配套服务涵盖面较广，例如，车辆安全、车辆清洁、停车的方便和舒适、维修等。由此，地下停车库日常管理和服务水平在一定程度上决定了停车库的档次。

（二）地下停车库的价格特点

1. 价格和车位供需状况挂钩

地下停车库的销售价格往往会以"元/车位"的形式体现，而出租价格则按车位以"元/小时""元/天""元/月""元/年"的形式来体现。地下车位的价格与供需状况相关，如城市中的老旧小区车位数量少，供求矛盾大，价格很高；反之，新建小区由于按照规划要求，一般按照 1∶1.2 比例配建，车位供需基本平衡，价格较低。

2. 同一地区同一类型房地产单位价格不会出现较大的变化

由于地下停车库自身地位和使用功能的特殊性，其单位价格往往不会像其他房地产那样，呈现出比较鲜明的独特性，同一地区同一类型房地产地下停车库单位价格比较一致。

3. 价格受地上房地产租售状况的影响较大

与地上房地产相比，地下停车库在一定程度上处于从属地位，其价格的高低也受地上房地产的租售状况影响，很难想象，在某宗地上，如果地上部分租售情况极不理想，而地下停车库会出现租售势头良好的情况。

（三）地下停车库常见的估价方法和技术路线

一般而言，停车库价格评估可以采用比较法、收益法和成本法。停车库估价方法的选择，首先，应该重点考虑其权属状况，判断其是否属于经营性房地产；其次，应该考察其周边房地产中类似车位的出租、销售情况，以此来决定采用何种估价方法。

比较法的选择，取决于是否拥有大量停车库可比实例，同时估价对象应为可转让的。在具体的估价过程之中，应注意区位状况和实物状况调整时指标的选择和调整幅度的把握。

收益法的选择，主要基于估价对象属于经营性物业，有较为稳定收益，如写字楼、酒店、商场的地下停车库。在运用收益法的过程中，同样应注意收益和费用的客观性，也应该将估价对象进行分类，看其属于出租型还是商业经营型。另外，报酬率的确定是个难点。

在前两种方法均不适用的前提下也可以采用成本法作为估价方法。在运用成本法时，各项成本费用原则上应该取客观成本。利润率应按照开发停车库物业的平均利润水平确定，困难之处主要在于土地取得费用的确定，在土地取得费用分摊体系标准尚未建立时可采用平均分摊的方法。

二、加油站的估价

随着城市交通的发展，城市加油站与人们的日常生活和经济活动的联系越来越密切，加油站也越来越多，加油站房地产估价业务也开始增多。加油站作为一种特殊用途的房地产，在估价中必须充分了解其自身特点，才能正确把握其价格的影响因素和影响关系，从而通过科学估价得到其合理的价格。

（一）加油站特点

1. 位置极其重要并且分布离散性较强

加油站作为一种经营性房地产，一般情况下，各加油站的建筑质量、用料、工艺和设备设施条件等差异不大，对其经营收益的影响也不大，加油站的经营收益主要取决于其坐落位置的临街条件和交通车流量，另外其车辆进出口条件等对其经营效益也都有影响。因此，位于相同区域的相同规模、设备条件和相同价格水平的两个加油站，可能因为所临道路条件不同、交通车流量不同等，经营收益差别很大。可以说，加油站房地产的价格主要取决于位置，位置条件决定下的土地的价格更是加油站房地产价格的主要构成部分。另外，不像其他商业房地产往往沿街分布或成片聚集，加油站之间一般都有一定的距离间隔，位置分布离散性较强。由于导致加油站位置条件优劣的因素是多方面的，加油站之间的可比性也相对较差。

2. 经营的个性差异显著

加油站可以说是一种较简单的经营收益性行业。但各加油站经营者采取的经营手段、管理模式仍有很多差异，并直接表现为经营收入和成本费用的不同。根据实际估价中调查和测算的数据情况看，不同加油站经营收益差异明显，经营费用差异较大，而且部分收益水平较低的加油站与其区位条件并不相符。因此，简单根据个别加油站实际财务报表采用收益法进行估价很难满足房地产估价原则的要求，估价结果很难反映加油站房地产的实际价值。

3. 存在成品油特许经营权带来的超额利润

过去加油站是政府管制较严的一种行业，加油站的经营有一定的垄断性，存在成品油特许经营权带来的超额利润。我国从 2005 年 12 月 11 日起放开成品油零售市场，到 2006 年 12 月 11 日完全开放国内成品油批发市场，成品油特许经营权带来的超额利润已减少。

因此,采用收益法估价加油站房地产价格时可根据区域加油站经营实际情况,考虑其经营是否存在因成品油特许经营权带来的超额利润问题,如果存在应在净收益的测算中考虑扣除。

（二）加油站常见的估价方法和技术路线

目前加油站市场交易实例还不多见,加油站估价一般难以采用比较法。由于加油站是在经营期间有持续性收益的经营型房地产,因此一般主要采用收益法估价,此外也可以利用成本法作为估价的辅助方法。

采用收益法评估加油站房地产价格时,关键是净收益的测算,加油站的营业利润中包含了房地产产生的收益、正常经营的商业利润和成品油特许经营权的超额利润,因此应在净收益的计算中扣除正常经营的商业利润和成品油特许经营权的超额利润。

三、特殊房地产估价案例分析

【案例 6-7】

××市××新区××路×弄×号地下一层 87 个车位
估价技术报告（节选）

一、估价对象描述与分析

（一）估价对象区位状况描述与分析（略）

（二）估价对象实物状况描述与分析（略）

（三）估价对象权益状况描述与分析（略）

二、市场背景描述与分析（略）

三、估价对象最高最佳利用分析（略）

四、估价方法适用性分析

估价人员通过实地查勘和充分的市场调查,掌握了较多基本符合条件的地下车位租、售实例。由于地下车位的合理运营费用、地下车位的重置价格（地下层的成本一般都分摊到地上建筑物）难以准确合理地确定,故收益法和成本法均较难采用。经综合分析,决定选用具有可操作性的,并能反映价值时点地下车位公开市场价值水平的比较法进行估价。

1. 比较法定义

比较法是选取一定数量的可比实例,将它们与估价对象进行比较,根据其间的差异对可比实例成交价格进行处理后得到估价对象价值或价格的方法。

基本公式：比较价格＝可比实例价格×交易情况调整系数×市场状况调整系数×区位状况调整系数×实物状况调整系数×权益状况调整系数

2. 估价技术路线

选取三个可比实例，将其与估价对象进行比较，对其差异进行调整修正得出估价对象在价值时点的比较价格。

五、估价测算过程

（一）计算公式

估价对象比较价格＝可比实例价格×交易情况修正系数×市场状况调整系数×区位状况调整系数×实物状况调整系数×权益状况调整系数

（二）选取可比实例

通过××市房地资源管理局房地产交易服务网、房地产报刊信息、实地和电话调查询价等途径选择了与估价对象同一供需圈内条件类似的三个近期成交实例作为可比实例，并对可比实例的成交价格进行了换算处理，然后建立估价对象与可比实例的比较因素条件说明表，详见表6-24。

比较因素条件说明表　　　　　　　　　　表 6-24

比较因素		估价对象	可比实例 A	可比实例 B	可比实例 C
		××路×弄×号地下一层车位	××路×号××花园二期地下车位	××路×号××苑地下车位	××路×号××花园地下车位
交易单价（元/个）		待估	250 000	250 000	270 000
交易日期		价值时点 2019.5.15	2019.5.10	2018.12.16	2018.12.27
交易情况		正常	正常成交	正常成交	正常成交
区位状况	位置	位于××新区	位于××新区	位于××新区	位于××新区
	公共交通种类数	出租车、公交车、地铁、磁悬浮	出租车、公交车、地铁	出租车、公交车、地铁	出租车、公交车
	公交线路密度	密度高	密度较高	密度较高	密度较低
	公共交通便捷度	距公交站点、地铁站、磁悬浮站点近	距公交站点、地铁站较近	距公交站点、地铁站较近	距公交站点远
	生活配套设施状况	周边有大型超市麦德龙、银行、幼儿园，距学校、医院较远	周边有大型超市麦德龙、银行、幼儿园，距学校、医院较远	周边有大型超市麦德龙、银行、幼儿园，距学校、医院较远	周边有小型超市、银行、距大型超市、幼儿园、学校、医院较远
	周边居住区状况	周边除高档居住区外，还有较多普通住宅小区	周边除高档居住区外，还有少量普通住宅小区	周边除高档居住区外，还有少量普通住宅小区	周边都是高档居住区

续表

比较因素		估价对象	可比实例 A	可比实例 B	可比实例 C
		××路×弄×号地下一层车位	××路×号××花园二期地下车位	××路×号××苑地下车位	××路×号××花园地下车位
区位状况	周边公共停车场	有公共停车场	无公共停车场	有公共停车场	无公共停车场
实物状况	业主消费层次	平均属中档	平均属中高档	平均属中高档	平均属高档
	住宅套数：车位数	3：1	2.05：1	1.08：1	3.75：1
	居住区住宅均价（元/m²）	80 000	90 000	95 000	85 000
权益状况		权属清晰；无他项权	权属清晰；无他项权	权属清晰；无他项权	权属清晰；无他项权

（三）估价对象房地产市场价格测算

1. 编制比较因素条件指数表

以估价对象××路×弄×号地下一层车位的各因素条件为基础，相应指数为 100，将可比实例相应因素条件与估价对象相比较，确定相应的指数，详见表 6-25。

比较因素条件指数表　　　　　　　　　表 6-25

比较因素		估价对象	可比实例 A	可比实例 B	可比实例 C
市场状况调整		100	100	100	100
交易情况修正		100	100	100	100
区位状况调整	位置	100	100	100	100
	公共交通种类数	100	100	100	103
	公交线路密度	100	101	101	102
	公共交通便捷度	100	103	101	104
	生活配套设施状况	100	100	100	102
	周边公共停车场	100	101	100	101
	周边居住小区状况	100	101	101	102
实物状况调整	业主消费层次	100	105	105	115
	住宅套数：车位数	100	104	108	97
	居住区住宅均价	100	101	101	101
权益状况调整		100	100	100	100

比较因素调整说明：

（1）市场状况调整：因可比实例 A、B、C 的交易日期与价值时点接近，故可比实例不作调整。

（2）交易情况修正：因可比实例 A、B、C 均为正常成交价，故可比实例不作修正。

（3）区位状况调整

a. 公共交通种类数因素调整。

公共交通种类数越少，则业主对私家车及车位的需求越多，对车位价格呈正效应；反之，公共交通种类数越多，则业主对私家车及车位的需求越少，对车位价格呈负效应。根据比较因素条件说明表和估价师的分析判断，可比实例 A、B、C 分别调整 0%、0%、3%（因磁悬浮不是普通交通工具，故其因素可忽略不计），即条件指数分别取 100、100、103。

b. 公交线路密度因素调整。

公交线路密度越低，则业主对私家车及车位的需求越多，对车位价格呈正效应；反之，公交线路密度越高，则业主对私家车及车位的需求越少，对车位价格呈负效应。根据比较因素条件说明表和估价师的分析判断，可比实例 A、B、C 分别调整 1%、1%、2%，即条件指数分别取 101、101、102。

c. 公共交通便捷程度因素调整。

公共交通便捷度越低，则业主对私家车及车位的需求越多，对车位价格呈正效应；反之，公共交通便捷度越高，则业主对私家车及车位的需求越少，对车位价格呈负效应。根据比较因素条件说明表和估价师的分析判断，可比实例 A、B、C 分别调整 3%、1%、4%，即条件指数分别取 103、101、104。

d. 生活配套设施状况因素调整。

生活配套设施越不便利，则业主对私家车及车位的需求越多，对车位价格呈正效应；反之，生活配套设施越便利，则业主对私家车及车位的需求越少，对车位价格呈负效应。根据比较因素条件说明表和估价师的分析判断，可比实例 A、B、C 分别调整 0%、0%、2%，即条件指数分别取 100、100、102。

e. 周边有无公共停车场因素调整。

居住区周边没有公共停车场，则该居住区业主只能选择居住区内的车位停车，对车位价格呈正效应；反之，居住区周边有公共停车场，则该居住区业主多了一种停车选择，对车位价格呈负效应。根据比较因素条件说明表和估价师的分析判断，可比实例 A、B、C 分别调整 1%、0%、1%，即条件指数分别取 101、100、101。

f. 周边居住区状况因素调整。

周边居住区高档住宅越多，则周边居住区业主对私家车及车位的需求越多，对车位价格呈正效应；反之，周边居住区普通住宅越多，则周边居住区业主对私家车及车位的需求越少，对车位价格呈负效应。根据比较因素条件说明表和估价师的分析判断，可比实例 A、B、C 分别调整 1%、1%、2%，即条件指数分别取 101、101、102。

（4）实物状况调整

a. 业主消费层次因素调整。

居住区业主消费层次越高，则该居住区业主对私家车及车位的需求越多，对车位价格呈正效应；反之，居住区业主消费层次越低，则该居住区业主对私家车及车位的需求越少，对车位价格呈负效应。根据比较因素条件说明表和估价师的分析判断，可比实例 A、B、C 分别调整 5%、5%、15%，即条件指数分别取 105、105、115。

b. 居住区住宅套数与车位数的比值因素调整。

居住区住宅套数与车位数的比值越高，即车位供应缺口越大，对车位价格呈正效应；反之，居住区住宅套数与车位数的比值越低，即车位供应缺口越小，对车位价格呈负效应。根据比较因素条件说明表和估价师的分析判断，可比实例 A、B、C 分别调整 4%、8%、−3%，即条件指数分别取 104、108、97。

c. 居住区住宅均价因素调整。

居住区住宅平均价格越高，则该居住区档次越高，居住区业主对私家车及车位的需求越多，对车位价格呈正效应；反之，居住区住宅平均价格越低，则该居住区档次越低，居住区业主对私家车及车位的需求越少，对车位价格呈负效应。根据比较因素条件说明表和估价师的分析判断，可比实例 A、B、C 分别调整 1%、1%、1%，即条件指数分别取 101、101、101。

（5）权益状况调整。

因可比实例 A、B、C 与估价对象的权益状况一致，故可比实例不作调整。

2. 编制比较因素调整系数表及计算比较价格

在《比较因素条件指数表》的基础上，将估价对象与可比实例进行比较，得到修正调整系数表，并计算得出可比实例经过因素调整后达到或接近估价对象条件时的比较价格，详见表 6-26。

比较因素修正或调整系数表　　　　　　　表 6-26

比较因素	可比实例 A	可比实例 B	可比实例 C
交易单价（元/个）	250 000	250 000	270 000
市场状况调整	100/100	100/100	100/100

续表

交易情况修正		100/100	100/100	100/100
区位状况调整	位置	100/100	100/100	100/100
	公共交通种类数	100/100	100/100	100/103
	公交线路密度	100/101	100/101	100/102
	公共交通便捷度	100/103	100/101	100/104
	生活配套设施状况	100/100	100/100	100/102
	周边公共停车场	100/101	100/100	100/101
	周边居住小区状况	100/101	100/101	100/102
	合计	100/106	100/103	100/114
实物状况调整	业主消费层次	100/105	100/105	100/115
	住宅套数：车位数	100/104	100/108	100/97
	小区住宅均价	100/101	100/101	100/101
	合计	100/110	100/114	100/113
权益状况调整		100/100	100/100	100/100
比较单价（元/个）		214 408	212 911	209 595

3. 确定比较价格的单价和总价

三个比较单价比较接近，因此采用简单算术平均法计算得出估价对象比较价格的单价：

$$(214\,408 + 212\,911 + 209\,595) \div 3 = 212\,305（元/个）$$

六、估价结果确定

根据市场实际交易惯例，比较价格的单价取整（精确到万元），则××路×弄×号地下一层车位的单价为 21 万元/个，根据地下车位市场的调查，该地下车位交易价格基本一致，故：

总价 = 87 个 × 21 万元/个 = 1 827 万元。

根据估价目的，遵循估价原则，按照估价程序，经估价测算，确定估价对象在价值时点 2019 年 5 月 15 日，满足全部假设和限制条件下的公开市场价格为人民币 1 827 万元，大写人民币壹仟捌佰贰拾柒万元整，每个车位单价为人民币 21 万元。

复 习 思 考 题

1. 什么是居住房地产？居住房地产的种类有哪些？

2. 居住房地产的特点有哪些？

3. 影响居住房地产价格的主要区位状况、实物状况因素有哪些？

4. 居住房地产估价常用方法有哪些？

5. 居住房地产估价的技术路线及难点是什么？

6. 居住房地产估价案例如何解读和分析？

7. 什么是商业房地产？商业房地产的种类有哪些？

8. 商业房地产的特点有哪些？

9. 影响商业房地产价格的主要区位状况、实物状况有哪些？

10. 商业房地产估价常用方法有哪些？

11. 商业房地产估价的技术路线及难点处理是什么？

12. 商业房地产估价案例如何解读和分析？

13. 什么是商务办公房地产？有哪些类型？

14. 商务办公房地产的特点有哪些？

15. 影响商务办公房地产价格的主要区位状况、实物状况因素有哪些？

16. 商务办公房地产估价常用方法有哪些？

17. 商务办公房地产租金求取应注意哪些方面？

18. 商务办公房地产估价的技术路线及难点处理是什么 ？

19. 商务办公房地产估价案例如何解读和分析？

20. 什么是旅馆房地产？有哪些特点？

21. 影响旅馆房地产价格的主要区位状况、实物状况因素有哪些？

22. 旅馆房地产估价常用方法有哪些？

23. 测算星级酒店不同功能用房的收益和净收益时应注意哪些内容？

24. 旅馆房地产估价案例如何解读和分析？

25. 什么是餐饮房地产？有哪些类型？

26. 餐饮房地产的特点有哪些？

27. 餐饮房地产估价常用方法有哪些？

28. 餐饮房地产估价的技术路线及难点是什么？

29. 餐饮房地产估价案例如何解读和分析？

30. 什么是工业房地产？

31. 工业房地产有哪些类型？

32. 工业房地产的特点有哪些？

33. 影响工业房地产价格的主要区位状况、实物状况有哪些？

34. 工业房地产估价常用方法有哪些？

35. 工业房地产估价的技术路线及难点是什么？

36. 工业房地产估价案例如何解读和分析？

37. 地下停车库特点及价格特点各有哪些？

38. 地下停车库常见的估价方法有哪些？估价技术路线是什么？

39. 加油站特点有哪些？

40. 加油站常见的估价方法有哪些？估价技术路线是什么？

第七章　不同目的房地产估价

　　房地产估价目的是指委托人对房地产估价报告的预期用途，即委托人为了某种需要而聘请估价机构进行估价。不同估价目的下的估价结果会不同，因为估价目的不同，价值时点、估价对象、价值类型以及估价原则、估价依据等都有所不同。

　　房地产估价时需要根据估价目的来决定在估价时应采取何种估价假设前提和何种价值类型。

　　估价的假设前提主要有两类，一是最高最佳利用前提，二是持续使用前提。最高最佳利用前提是假设估价对象在法律上许可、技术上可能、财务上可行的情况下以价值达到最大的一种最可能的利用方式被利用，估价时按这样的利用方式评估其价值。持续利用前提则更多地考虑估价对象对于一个持续经营的企业整体能够发挥最大的效用，也就是说，当一个企业采取持续经营的方式可以发挥其整体最大效用时，对该企业的组成部分（例如，房地产）按照其目前的使用方式评估其价值。这时，仅就估价对象本身而言，可能并没有发挥最大的效用，但它能使企业整体经营发挥最大的效用。

　　常见的价值类型有市场价值、投资价值、现状价值、抵押价值、快速变现价值等。一种类型的价值通常只会有一种估价前提。

　　现实估价中常见的估价目的主要有：

　　（1）房地产抵押估价；

　　（2）房地产税收估价；

　　（3）房地产征收、征用估价；

　　（4）房地产拍卖、变卖估价；

　　（5）房地产分割、合并估价；

　　（6）房地产损害赔偿估价；

　　（7）房地产保险估价；

（8）房地产转让估价；

（9）房地产租赁估价；

（10）建设用地使用权出让估价；

（11）房地产投资基金物业估价；

（12）为财务报告服务的房地产估价；

（13）企业各种经济活动涉及的房地产估价；

（14）房地产纠纷估价；

（15）其他目的的房地产估价。

本章主要针对房地产抵押估价、房地产征收估价、房地产转让估价、房地产拍卖和变卖估价、房地产损害赔偿估价、房地产税收、房地产租赁和企业各种经济活动涉及的房地产估价进行介绍和分析。

第一节　房地产抵押估价

一、房地产抵押估价内涵及特点

（一）房地产抵押估价内涵

房地产抵押是指抵押人以其合法的房地产以不转移占有的方式向抵押权人提供债务履行担保的行为。抵押人不履行债务时，抵押权人可以与抵押人协议以抵押财产折价或者有权依法以抵押的房地产拍卖所得的价款优先受偿。抵押房地产包括拟抵押房地产和已抵押房地产。

根据《房地产估价基本术语标准》GB/T 50899—2013，房地产抵押价值为抵押房地产假定未设立法定优先受偿权下的价值减去注册房地产估价师知悉的法定优先受偿款后的价值。法定优先受偿款是指假定在价值时点实现抵押权时，已存在的依法优先于本次抵押贷款受偿的款额，包括已抵押担保的债权数额、发包人拖欠承包人的建设工程价款、其他法定优先受偿款。

房地产抵押净值是抵押价值减去预期实现抵押权的费用和税金后的价值。

房地产抵押估价，是指为确定房地产抵押贷款额度提供价值参考依据，对房地产抵押价值进行分析、估算和判定的活动。房地产抵押估价包括抵押贷款前估价和抵押贷款后重估。

（二）房地产抵押估价特点

1. 房地产抵押估价数量大

在现代社会，个人购房、房地产开发投资以及各种生产经营活动都需要通过金融融资获得资金，融资活动普遍且活跃，贷款是融资活动的主要方式之一。

而贷款一般需要担保，房地产因具有不可移动性、寿命长、保值增值、价值较高特性，必然成为抵押贷款的优质担保品。抵押贷款额度取决于房地产的市场价值，即需要对抵押房地产价值进行评估，由此带来大量的房地产抵押估价需求。此外，按照不同阶段，房地产抵押估价需求分为抵押贷款前、抵押贷款期间和抵押贷款实现各阶段，因此房地产抵押估价数量巨大，是部分估价机构主要业务之一。

2. 估价对象抵押的合法性

估价对象是否可以作为抵押房地产是抵押估价必须重点关注的问题。需要从专业角度审视估价对象的合法性、他项权利状况、可转让（流通或拍卖）性、可抵押登记生效等。从合法性上确保抵押房地产的安全性。

3. 房地产抵押估价需要遵循谨慎原则

由于房地产市场受宏观经济、产业发展、城市规划等诸多因素影响，导致房地产市场存在较大波动，因此为保证抵押贷款的安全性，需要遵循谨慎原则，把握市场风险防止高估。

4. 房地产抵押估价需要进行变现能力分析和风险提示

根据《房地产抵押估价指导意见》，房地产抵押估价报告应当包括估价对象的变现能力分析和风险提示。变现能力是指假定在价值时点实现抵押权时，在没有过多损失的条件下，将抵押房地产转换为现金的可能性。风险提示需要关注估价对象抵押价值未来下跌的风险，对预期可能导致估价对象抵押价值下跌的因素进行分析说明。

二、房地产抵押估价的相关规定

（一）房地产抵押估价的法律规定

房地产抵押估价，应依据《中华人民共和国城市房地产管理法》《中华人民共和国民法典》（以下简称《民法典》）及最高人民法院的司法解释、《城市房地产抵押管理办法》《房地产估价规范》GB/T 50291—2015、《商业银行房地产贷款风险管理指引》《关于规范与银行信贷业务相关的房地产抵押估价管理有关问题的通知》《房地产抵押估价指导意见》等进行。现将有关法规中规定的可以设定抵押的房地产、不得设定抵押的房地产、其他限制条件及与估价有关的内容归纳如下。

1. 可以设定抵押的房地产及对其抵押时的要求

（1）抵押人所有的房屋和其他地上定着物；

（2）抵押人依法有权处分的国有土地使用权、房屋和其他地上定着物；

（3）抵押人依法承包并经发包方同意抵押的荒山、荒沟、荒丘、荒滩等荒地的土地使用权；

（4）学校、幼儿园、医院等以公益为目的的事业单位、社会团体，以其教育设施、医疗卫生设施和其他社会公益设施以外的财产；

（5）以出让方式取得的国有土地使用权抵押的，应当将抵押时该国有土地上的房屋同时抵押；

（6）以依法取得的国有土地上的房屋抵押的，该房屋占用范围内的国有土地使用权同时抵押；

（7）以乡（镇）、村企业的厂房等建筑物抵押的，其占有范围内的建设用地使用权同时抵押；

（8）以在建工程已完工部分抵押的，其土地使用权随之抵押。

2. 不得设定抵押的房地产

（1）土地所有权；

（2）权属有争议的房地产；

（3）用于教育、医疗、市政等公共福利事业的房地产；

（4）列入文物保护的建筑物和有重要纪念意义的其他建筑物；

（5）被依法查封、扣押、监管或者以其他形式限制的房地产；

（6）耕地、宅基地、自留地、自留山等集体所有的土地使用权（法律规定可抵押的除外）；

（7）以法定程序确认为违法、违章的建筑物；

（8）划拨土地使用权不得单独抵押；

（9）依法不得抵押的其他房地产。

3. 其他限制条件

（1）在建项目应取得国有土地使用证、建设用地规划许可证、建设工程规划许可证、建设工程施工许可证；

（2）开发商已合法出售的房地产不得与未出售的房地产一起抵押；

（3）预购商品房贷款抵押的，商品房开发项目必须符合房地产转让条件并取得商品房预售许可证；

（4）以共有的房地产抵押的，抵押人应当事先征得其他共有人的书面同意；

（5）以已出租的房地产抵押的，抵押人应当将租赁情况告知抵押权人，并将抵押情况告知承租人，原租赁合同继续有效；

（6）发包人拖欠承包人的建筑工程价款，已抵押担保的债权数额，以及其他法定优先受偿款，均为法律规定优先于该次抵押贷款受偿的金额；

（7）房地产抵押，应当凭土地使用权证书、房屋所有权证书办理；

（8）当事人未办理抵押物登记的，不得对抗第三人；

（9）以法律、法规禁止流通的财产或者不可转让的财产设定担保，担保合同无效。

（二）房地产抵押估价的相关技术规定

1）房地产抵押贷款前估价，应包括下列内容：

（1）评估抵押房地产假定未设立法定优先受偿权下的价值；

（2）调查了解抵押房地产法定优先受偿权设立情况及相应的法定优先受偿款；

（3）计算抵押房地产的抵押价值或抵押净值；

（4）分析抵押房地产的变现能力并作出风险提示。

2）抵押价值和抵押净值评估应遵循谨慎原则，不得高估假定未设立法定优先受偿权下的价值，不得低估法定优先受偿款及预期实现抵押权的费用和税金。

3）评估待开发房地产假定未设立法定优先受偿权下的价值采用假设开发法的，应选择被迫转让开发前提进行估价。

4）抵押房地产已出租的，其假定未设立法定优先受偿权下的价值应符合下列规定：

（1）合同租金低于市场租金的，应为出租人权益价值；

（2）合同租金高于市场租金的，应为无租约限制价值。

5）抵押房地产的建设用地使用权为划拨方式取得的，应选择下列方式之一评估抵押房地产假定未设立法定优先受偿权下的价值：

（1）直接评估在划拨建设用地使用权下的假定未设立法定优先受偿权下的价值；

（2）先评估在出让建设用地使用权下的假定未设立法定优先受偿权下的价值，再减去由划拨建设用地使用权改变为出让建设用地使用权需要缴纳的出让金等费用；

（3）当估价中需要将划拨建设用地使用权假定为出让建设用地使用权时，出让建设用地使用权的使用期限应设定为自价值时点起计算的相应用途法定出让最高年限，但国家和抵押房地产所在地有特别规定的，应按其规定执行。

6）由划拨建设用地使用权改变为出让建设用地使用权需要缴纳的出让金等费用，应按抵押房地产所在地规定的标准进行测算；抵押房地产所在地没有规定的，可按同类房地产已缴纳的标准进行估算。

7）抵押房地产为按份共有的，抵押价值或抵押净值应为抵押人在共有房地产中享有的份额的抵押价值或抵押净值；为共同共有的，抵押价值或抵押净值应为共有房地产的抵押价值或抵押净值。

8）抵押房地产为享受国家优惠政策购买的，抵押价值或抵押净值应为房地产权利人可处分和收益的份额的抵押价值或抵押净值。

9）房地产抵押估价用于设立最高额抵押权，且最高额抵押权设立前已存在的债权经当事人同意转入最高额抵押担保的债权范围的，抵押价值或抵押净值可不减去相应的已抵押担保的债权数额，但应在估价报告中说明并对估价报告和估价结果的使用作出相应限制。

10）在进行续贷房地产抵押估价时，应调查了解及在估价报告中说明抵押房地产状况和房地产市场状况发生的变化，并应根据已发生的变化情况进行估价。对同一抵押权人的续贷房地产抵押估价，抵押价值或抵押净值可不减去续贷对应的已抵押担保的债权数额，但应在估价报告中说明并对估价报告和估价结果的使用作出相应限制。

11）房地产抵押贷款后重估，应根据监测抵押房地产市场价格变化、掌握抵押价值或抵押净值变化情况及有关信息披露等的需要，定期或在房地产市场价格变化较快、抵押房地产状况发生较大改变时，对抵押房地产的市场价格或市场价值、抵押价值或抵押净值等进行重新评估，并应为抵押权人提供相关风险提示。

12）重新评估大量相似的抵押房地产在同一价值时点的市场价格或市场价值、抵押价值、抵押净值，可采用批量估价的方法。

三、房地产抵押估价方法及技术路线

作为抵押物的房地产有很多类型，不同类型的房地产具有不同的估价特点和估价技术路线，但总体而言，房地产抵押估价应遵循谨慎、保守原则，房地产抵押估价常见类型的估价思路及方法的选用简述如下：

（一）房地产抵押估价方法

根据抵押房地产的不同类型、土地开发利用程度、房地产建设及其使用状况，通常可选用比较法、收益法、成本法、假设开发法、基准地价修正法等估价方法进行估价。

（二）房地产抵押估价技术路线

1. 完全产权房地产

这类房地产是以出让方式获得土地使用权，即拥有一定期限的土地使用权和房屋产权，主要包括各类商品房、自建自营的饭店、招待所、培训中心、教育、

高尔夫球场、工厂等。对这类房地产作为抵押物进行估价时，可根据具体情况采用比较法、收益法和成本法估价。对单独以出让方式获得的土地使用权作为抵押物进行估价，可以采用基准地价修正法、比较法和假设开发法估价。

2. 不完全产权房地产

这类房地产一般只拥有房屋产权而不拥有土地使用权，土地是以行政划拨方式取得，主要包括国有企事业单位、社会团体的各类房地产、廉租房、经济适用住房、房改房、合作建房等。对这类房地产作为抵押物进行估价时，应当选择下列方式之一评估其抵押价值：一是直接评估在划拨建设用地使用权下的假定未设立法定优先受偿权下的价值；二是先评估在出让建设用地使用权下的假定未设立法定优先受偿权下的价值，再减去由划拨建设用地使用权改变为出让建设用地使用权需要缴纳的出让金等费用，出让建设用地使用权的使用期限应设定为自价值时点起计算的相应用途法定出让最高年限，但国家和抵押房地产所在地有特别规定的，应按其规定执行。估价报告中均应注明划拨土地使用权应缴纳的土地使用权出让金或者相当于土地使用权出让金价款的数额，该数额应按抵押房地产所在地规定的标准进行测算，抵押房地产所在地没有规定的，可按同类房地产已缴纳的标准进行估算。

市场条件比较成熟的、市场交易性较强的房地产一般可选择第二种方式，即先假设估价对象为完全产权的商品房，选用比较法（收益法）作为一种方法评估出房地产的客观市场价值，并减去需要补交的土地出让金或出让毛地价值；再选用成本法为另一种方法，测算不含土地出让金或出让毛地价的价值。

市场狭小的、特殊的房地产可选择第一种方式，采用房产与土地（不含土地使用权出让金的价款）分别估价再综合的成本法估价。

3. 部分（局部）房地产

这类抵押房地产一般包括整体房地产中某栋、某层、某单元或某套，综合房地产中某部分用途房地产等。对已建成或使用的部分（局部）房地产作为抵押物进行估价时，应注意到该部分（局部）房地产在整体房地产中的作用，它的相应权益，能否独立使用，是否可以独立变现，并注意到土地的分摊和公共配套设施、共用部分的合理享用问题，估价方法可选用比较法、收益法或成本法。

4. 在建工程房地产

在建工程是指正在施工但未完工或已完工但未通过竣工验收的工程项目，在建工程的重要特征是其工程量尚未全部完成，因此体现在其建筑物实体形态不完全，不具备有关部门组织进行竣工验收的条件，以及不能马上实现其设计用途等。

在建工程抵押是以合法取得的土地使用权连同在建工程进行抵押。对在建工程作为抵押物进行估价时，要全面掌握估价对象状况、注意实际施工进度和相应可实现的权益，请抵押人出具在建工程发包人与承包人签署的在价值时点是否拖欠建筑工程价款的书面说明（承诺函），存在拖欠建筑工程价款的要提供拖欠的具体数额。此时评估只能反映房屋未建成时的某一时点的抵押价值，不含拖欠价款，估价方法可选用成本法和假设开发法。

5. 乡（镇）、村企业房地产

以乡（镇）、村企业的厂房等建筑物及其占用范围内的集体建设用地使用权作为抵押物，进行估价时应注意到未经法定程序不得改变土地集体所有权性质和土地用途。在估价过程中应扣减与国有土地价值的差异，估价方法可选用成本法、收益法或比较法。

四、房地产抵押估价案例分析

【案例 7-1】

×××市××区××西路 89 号附 1～7 号一楼及附 15～17 号二楼商业房地产抵押价值评估结果报告（节选）

（一）估价委托人（略）

（二）房地产估价机构（略）

（三）估价目的

为估价委托人确定房地产抵押贷款额度提供参考而评估房地产抵押价值。

（四）估价对象

1. 估价对象范围

根据估价委托人及本次估价目的共同确定，本次估价对象为"××康品"部分 1、2 层的商业房地产，坐落于××市××区××西路 89 号附 1～7 号 1 层及附 15～17 号 2 层，估价对象范围包括房屋及其占用范围内应分摊的土地使用权，不包含室内装饰装修、动产、债权债务、特许经营权等其他财产或者权益。具体规模为商业用房建筑面积共计 2 842.29m² （其中 1 层建筑面积为 1 298.28m²，2 层建筑面积为 1 544.01m² ）；占用范围内应分摊土地面积合计为 171.73m² （其中第 1 层分摊面积为 78.44m²、第 2 层分摊为 93.29m² ）。

2. 估价对象基本状况

根据估价委托人提供的资料及估价人员实地查勘情况，估价对象基本状况见表 7-1。

估价对象基本状况   表 7-1

项目			基本状况		
基本状况	项目名称		××康品		
	坐落		××市××区××西路 89 号附 1～7 号 1 层及附 15～17 号 2 层		
	规模	土地面积	171.73m²，其中第 1 层分摊面积为 78.44m²，第 2 层分摊为 93.29m²	建筑面积	共计 2 842.29m²，其中 1 层建筑面积为 1 298.28m²，2 层建筑面积为 1 544.01m²
	用途	规划用途	商业	登记用途	商业
		实际用途	商业		
	权属	土地所有权	国有土地		
		土地使用权　权利种类	出让，建设用地使用权		
		土地使用权　土地使用权人	××投资实业发展有限公司		
		房屋所有权人	××投资实业发展有限公司		

3. 估价对象土地基本状况

根据估价委托人提供的资料及估价人员实地查勘情况，估价对象土地基本状况见表 7-2。

估价对象土地基本状况   表 7-2

项目		基本状况
项目名称		××康品
坐落		××区××西路 89 号附 1～7 号 1 层及附 15～17 号 2 层
权属	权属人名称	××投资实业发展有限公司
	权属登记编号	×国用（2012）第×××号、×国用（2012）第×××号
	四至	西南临××西路，西北临××小区，东北临××西南街，东南临××北三巷
土地使用权面积（m²）		共计 171.73m²，其中第 1 层分摊面积为 78.44m²，第 2 层分摊面积为 93.29m²
用途		出让商业用地
土地使用期限		终止日期为 2050 年 12 月 18 日，土地使用期限剩余 31.58 年
开发程度		宗地外开发程度达到"六通"（通供水、通排水、通电、通路、通信、通气），宗地内开发程度为"六通一平"（通供水、通排水、通电、通路、通信、通气及场地平整）

4. 估价对象建筑物基本状况

根据估价委托人提供的资料及估价人员实地查勘情况，估价对象建筑物基本状况见表7-3。

估价对象建筑物基本状况 表7-3

项目		基本状况
楼盘/项目名称		××康品
坐落		××区××西路89号附1～7号1层、××区××西路89号附15～17号2层
权属	权属人名称	××投资实业发展有限公司
	权属登记编号	×房权证监证字第××××××号、×房权证监证字第××××××号
规模（m²）		登记面积为2 842.29m²，抵押面积为2 842.29m²，其中1层建筑面积为1 298.28m²，2层建筑面积为1 544.01m²
用途		商业
总层数		28 含地下2层
所在层数		1、2层
层高（m）		3
建筑结构		框架
建成时间		2012年
实际用途及使用现状		1、2层分别出租作为服装店使用。1层为临街商铺，2层打通使用
装饰装修状况		估价对象建筑物整体外墙贴外墙砖，估价对象入户为玻璃地弹门，内部地面铺地砖，墙面刷乳胶漆，顶部为矿质石棉板吊顶
设施设备情况		所在建筑物内部水、电、气等配套设施完善，有2部升降电梯，有2个消防通道
使用及维护保养情况、完损状况		至价值时点，估价对象工程质量及维护、保养、使用情况较好，没有进行大修及翻新，维护保养都由专门的部门负责，成新度较高，估价对象房屋未出现影响正常使用的工程质量问题

5. 权属登记状况（表7-4、表7-5）

估价对象《房屋所有权证》登记状况表 表7-4

编号	《房屋所有权证》编号	房屋所有权人	共有情况	房屋坐落	房屋总层数	规划用途	建筑面积（m²）
1	×房权证监证字第××××××号	××投资实业发展有限公司	单独所有	××区××西路89号附1～7号1层	28含地下2层	商业	1 298.28
2	×房权证监证字第××××××号		单独所有	××区××西路89号附15～17号2层	28含地下2层	商业	1 544.01
		合计					2 842.29

估价对象《国有土地使用证》登记状况　　　　　表 7-5

编号	《国有土地使用证》编号	土地使用权人	坐落	地号	图号	用途	使用权类型	终止日期	使用权面积（m²）	分摊面积（m²）
1	×国用（2012）第×××××号	××投资实业发展有限公司	××区××西路 89 号附 1～7 号 1 层	JN5-6-124	—	商业用地	出让	2050 年 12 月 18 日	78.44	78.44
2	×国用（2012）第×××××号	××投资实业发展有限公司	××区××西路 89 号附 15～17 号 2 层	JN5-6-124	—	商业用地	出让	2050 年 12 月 18 日	93.29	93.29
合计									171.73	171.73

6. 他项权利状况

根据估价委托人提供的资料，在价值时点，估价对象已设定抵押权，抵押权人为××银行××分行，由于本次评估目的为同一抵押权人的续贷房地产抵押价，根据估价委托人要求，续贷对应的已抵押担保的债权数额不作为法定优先受偿款予以扣除，因此未考虑已设定抵押对其价值的影响，根据前述假设前提，本次评估设定在价值时点估价对象无他项权利限制；且也不存在司法和行政机关依法裁决查封和其他限制该资产权利的情形。

（五）价值时点

估价委托书（合同）未约定抵押报告的价值时点，本次估价以估价人员实地查勘日 2019 年 5 月 20 日确定为价值时点。

（六）价值类型

价值类型为抵押价值。

价值定义：房地产的抵押价值是在假定估价对象在价值时点未设立法定优先受偿权下的价值减去注册房地产估价师知悉的法定优先受偿款后的价值，法定优先受偿款包括已抵押担保的债权数额、发包人拖欠承包人的建设工程价款、其他法定优先受偿款。

（七）估价原则（略）

（八）估价依据（略）

（九）估价方法（略）

（十）估价结果

本公司根据估价目的，遵循估价原则，采用比较法、收益法，在认真分析估价委托人提供的资料以及估价人员实地查勘和市场调查取得的资料的基础上，对影响房地产市场价格因素进行了分析。经过测算，最终确定估价对象在本报告所述价值类型并满足估价假设和限制条件下，在价值时点 2019 年 5 月 20 日的估价结果（表7-6）：

币种：人民币

评估总建筑面积：2 842.29（m²）

假定未设定法定优先受偿权下的价值：8 329.15（万元）

注册房地产估价师知悉的法定优先受偿款：0（元）

房地产抵押价值：8 329.15（万元）

大写：捌仟叁佰贰拾玖万壹仟伍佰元整

房地产抵押价值评估结果汇总表 表 7-6

币种：人民币

项目及结果		估价对象	
		估价对象 1 层	估价对象 2 层
1. 假定未设立法定优先受偿权下的价值	总价（万元）	5 567.54	2 761.62
	单价（元/m²）	42 884	17 886
2. 估价师知悉的法定优先受偿款	总额（万元）	0	0
2.1 已抵押担保的债权数额	总额（万元）	0	0
2.2 拖欠的建设工程价款	总额（万元）	0	0
2.3 其他法定优先受偿款	总额（万元）	0	0
3. 抵押价值	总价（万元）	5 567.54	2 761.62
	单价（元/m²）	42 884	17 886

特别提示：

（1）本评估结果为房地产价值，即包含估价对象建筑物及其占用范围内所分摊的土地的价值。

（2）抵押价值＝估价对象假定未设立法定优先受偿权下的价值－价值时点注册房地产估价师知悉的法定优先受偿款（不含预期实现抵押权的费用和税金）。

（3）价值时点注册房地产估价师知悉的法定优先受偿款：在价值时点，根据估价委托人陈述，估价对象已设定抵押权，抵押权人为××银行××分行，由于本次评估目的为同一抵押权人的续贷房地产抵押估价，续贷对应的已抵押担保的债权数额不作为法定优先受偿款，因此未考虑已设定抵押对其价值的影响，估价结果中未扣除已抵押担保的债权数额，特提醒报告使用者注意。

（十一）注册房地产估价师（略）

（十二）实地查勘期（略）

（十三）估价作业期（略）

（十四）估价报告使用期限（略）

（十五）变现能力分析

1）通用性分析：估价对象合法用途为商业，建成于 2012 年，框架结构，面积较大，但可分割，虽然楼龄较长，但维护较好，房屋质量较好，周边商服氛围较好，市场交易中较为常见，市场流动性较好，其通用性较好。

2）独立使用性分析：估价对象一层为临街商铺，功能完整，其独立使用既不影响其本身的使用功能，也对相邻或毗邻房地产不产生制约和影响，二层有单独的通道可供上下，因此估价对象的独立使用性较好。

3）可否分割转让性分析：估价对象作为商业用房，产权明晰，物质实体四界分明，功能齐全，有单独多个消防通道，且设计时有多个房号，其本身若再分割可满足其基本使用功能。其可分割转让性较好可按房号分割转让。

4）价值时点最可能实现价格与评估的市场价值的差异程度分析：若需对估价对象进行短期强制处分，考虑快速变现如估价对象所在区域市场发育的完善程度、该类物业的实现需求有限、购买群体受到限制及心理排斥因素、处置时间较一般正常交易时间短、其他不可预见因素及拍卖、过户等变现费用等因素的影响，价值时点最可能实现价格会低于公开市场价值，一般会低 20% 左右。

5）估价对象变现时间长短分析：经估价师调查，商业（住宅、办公）类物业的处置期限一般为 1～3 个月，工业房地产（宾馆、酒店、在建工程）类的处置期限一般为 6～12 个月，估价对象为商业物业，所处区域环境较好，交通条件便利，基础设施完善，该区域对此类物业的需求较高，且市场活跃度较高，在当前市场条件下，预计实现时间为 3～4 个月。

6）估价对象变现费用、税金的种类：抵押房地产变现的税费种类和数额与处分抵押房地产的方式有关。目前抵押房地产的处分一般采用拍卖方式，拍卖抵押房地产的税费明细如下：

（1）拍卖佣金：成交额的 1%～5%；

（2）增值税及其附加：一般为卖房净得价的 5.6%；

（3）印花税：一般为成交价格的 0.1%；

（4）土地增值税：按成交价格扣除原开发或购置成本的增值额的一定比例；

（5）交易手续费：非住宅按成交价或指导价 × 0.7% 收取（买卖双方各一半）；

（6）其他相关费用：如房地产评估费、法律服务费、诉讼费等。

7）估价对象处置变现后的债务清偿顺序。

（1）支付处分估价对象发生的相关费用；

（2）支付处分估价对象发生的税金；

（3）偿还抵押权人债权本息及支付违约金；

（4）赔偿由债务人违反合同而对抵押权人造成的损害；

（5）剩余金额交还抵押人。

处分抵押房地产所得金额不足以支付债务和违约金、赔偿金时，抵押权人有权向债务人追偿不足部分。

（十六）风险提示

1）预期可能导致房地产抵押价值下跌的因素：

（1）估价对象可能因房地产市场变化、国家宏观政策和经济形势变化、房地产相关税费和银行利率调整等因素导致估价对象的抵押价值减损；

（2）估价对象可能因区域规划、功能定位、市政建设、交通条件、所在区域同类型物业整体水平下降等因素变化导致抵押价值减损；

（3）在抵押期间，由于人为的使用不当或经营方式不当，有可能导致估价对象的市场价格降低；由于自然的或人为的原因，造成抵押物的灭失风险，如火灾、地震等。

2）本次评估对象为续贷房地产，估价对象本身使用状况未发生变化，由承租方经营使用，房地产市场处于调整期，特提醒报告使用者注意估价对象状况和房地产市场已经发生的变化对估价对象抵押价值的影响。

3）估价对象状况和房地产市场状况因时间变化对房地产抵押价值可能产生的影响：估价对象可能因为功能过时、建筑物磨损导致价值下跌；或者因法律纠纷和权利约束如物业管理等，导致价值下跌的风险。

4）抵押期间可能产生的房地产信贷风险关注点：

（1）抵押期间房地产过度使用、市场泡沫等因素，都会使抵押房地产价值下降，相关金融机构应充分关注估价委托人经营或收益情况，以及企业生产产品的市场竞争力等，控制与降低信贷风险。

（2）有关部门制定的各项房地产政策、今后处置（变卖）估价对象可能发生的有关税费政策变化等可能导致房地产信贷风险。

（3）根据估价委托人陈述及估价人员调查了解，在价值时点，估价对象已设定抵押权，抵押权人为××银行××分行，由于本次为办理估价对象续贷手续，未考虑已设定抵押对其价值的影响，特提醒报告使用者关注估价对象的权益状况带来的风险。

（4）估价对象的实际地理位置由估价委托人指认，估价委托人所陈述的情况及本报告所采用的有关估价资料包括各项权属证件等均由估价委托人提供，经估价人员实地查勘，估价对象《房屋所有权证》登记地址为××区××西路89号附1～7号1层及附15～17号2层，《国有土地使用证》登记地址为××区××西路89号附1～7号1层、附15～17号2层，实际地址为××区××西路89号1～2层，未见到具体房号，但根据估价委托人现场指认，实地查勘标的物与登记标的物为同一估价对象，此次评估以《房屋所有权证》界定的标的物与估价委托人指认标的物一致为前提，提醒报告使用者注意。

5）合理使用评估价值：

本次评估目的是为确定房地产抵押贷款额度提供参考依据而评估房地产抵押价值，而抵押价值＝估价对象假定未设立法定优先受偿权下的价值－价值时点注册房地产估价师知悉的法定优先受偿款；报告使用人应合理使用评估价值确定贷款额度，而贷款成数的确定应充分考虑如下因素：

（1）估价对象可流通性、可处分性；

（2）房地产市场价格波动风险；

（3）短期强制处分的不确定性及变现费用；

（4）物业转让时应缴纳的各项税费；

（5）借款人的资信状况与还款能力。

同时，抵押物权益无瑕疵、抵押登记等抵押法律手续的齐备，对保障抵押物的合法处分和抵押权的完全实现有正面影响，因此抵押权利双方应按规定到有关管理部门完善相应的法律手续。

6）鉴于估价对象、相关产业和房地产市场、经济形势的特点，建议报告使用者应定期或者在有关情况变化较快时对房地产抵押价值进行再评估。

××市××区××西路89号附1～7号1层及附15～17号2层
商业房地产抵押价值评估技术报告（节选）

一、估价对象描述与分析

（一）估价对象区位状况描述与分析

1. 估价对象区位状况描述

1）位置状况描述

坐落：估价对象位于××市××区××西路89号；

方位：估价对象位于××市城市的西面，属于××商圈；

与重要场所（设施）的距离：距离××商服中心约800m；

临街（路）状况：估价对象所在建筑物所临道路为××西路，为交通主干道，双向六车道，中间无隔离栏；

朝向：估价对象所在建筑物坐东向西；

楼层：总层数为28含地下2层，估价对象所在楼层为第1、2层；

估价对象位置、方位、所在楼层、朝向较好，与重要场所（设施）的距离较近，临街（路）状况适宜，因此对房地产价值无负面影响。

2）交通状况描述

道路状况：估价对象所在区域有××西路、一环路、二环路等主次要交通贯穿其间，道路状况较好；

出入可利用交通工具：估价对象所在区域有30、54、43路公交车、出租车、客车等，出入可利用交通工具多，较方便；

交通管制情况：该区域位于××西路，位于××市一环路边，在工作时间，实行尾号限行管制；

停车方便程度：该区域车流量大，有地面停车位，但停车位紧张，因此停车方便程度一般；

估价对象道路状况较好、出入可利用交通工具较多、但有交通管制，停车不方便，综合来看，对估价对象价值有一定影响。

3）环境状况描述

自然环境：所在区域内无明显污染，绿化较好，空气质量状况良好；

人文环境：所在区域为住宅集中区，治安环境良好，人文环境较好；

景观：区域有街头绿地，景观较好；

商服繁华度氛围：估价对象区域内有××百货商场、××百货、×××便利店、××超市、××菜市场、××餐饮一条街等商业服务设施，商服繁华度较好。对估价对象价值有正面影响。

整体来看，估价对象所处环境状况较好，对房地产价值有正面影响。

4）外部配套设施状况

基础设施：区域基础设施完备度较好，达到"六通"（通供水、通排水、通电、通信、通气、通路），基础设施保障率较高，对估价对象的价值有正面影响。

公共服务设施：估价对象所在区域分布有××西区医院、××省妇幼保健院、自修大学、××市×××小学等医疗教育卫生机构，还分布有中国建设银行、××农商银行、中国民生银行等金融机构，区域公共服务配套设施较好，对估价对象房地产价值有正面影响。

2. 估价对象区位状况分析

综合分析，估价对象位置状况、环境状况、外部配套状况等较好，估价对象交通状况等一般，整体来看，估价对象处于成熟的中心城区，区域位置较好，对房地产价值有正面影响。

（二）估价对象实物状况描述与分析（略）

（三）估价对象权益状况描述与分析（略）

二、市场背景描述与分析（略）

三、估价对象最高最佳利用分析

由于房地产具有用途的多样性，不同的利用方式能为权利人带来不同的收益，房地产权利人都期望从其所占有的房地产上获取更多的收益。最高最佳利用，是能够使估价对象的价值达到最大化的一种最可能的使用，这种最可能的使用是法律上允许、技术上可能、财务上可行，经过充分合理的论证，并能给估价对象带来最高价值的使用。在最高最佳利用状况下的估价对象，应是：最佳规模（如建筑面积、建筑高度、层数等）；最佳内部组合，实现最佳经营和使用；最佳使用效果，包括最好的利用状况，最好的室内外环境条件，取得最高的经济效益和最理想的使用效果。

本估价报告认为估价对象保持现状继续使用最为有利，应以保持现状继续使用为前提条件，原因如下：

法律上允许：估价对象所在宗地登记地类（用途）为商业用地，参照周边规划，其地上建筑物可用作商业、办公以及酒店，因此估价对象目前作为商业用房，规划用途与实际用途一致，在法律上是允许的。

技术上可能：估价对象作为已建成物业，已经过相关部门竣工验收合格，且经过实际使用，区域内有同类型物业，其设计、施工与材料等都在市场上能够容易取得，无特殊设计及施工，在技术上有充分保障。

财务上可行：估价对象作为商业用房，区域内的临街商铺多为该小区周围的居民的日常生活作配套，商场类物业多为区域内的居民提供消费购物场所，辐射范围较大，其收益远大于支出，取得较高的经济效益和最理想的使用效果，因此在经济上是可行的。

价值最大化：估价对象位于××区××西路89号，属于××商圈，所在区域已形成了较成熟的商业和居住氛围，对此类物业的需求较大，按现状使用，可满足法定用途的要求，在技术上可行，达到最佳经营和使用，按照保持现状使用能够使价值最大化。

因此，本估价报告认为估价对象保持现状继续使用最为有利，估价对象的最高最佳利用方式为商业用房。

四、估价方法适用性分析

1. 估价方法的适用性分析

本次评估采用比较法、收益法对估价对象进估价，估价方法选用具体分析略。

2. 估价技术路线（略）

五、估价测算过程

（一）运用收益法估价

1. 收益法具体方法选择

估价对象为出租型的商业物业，根据实际情况选用报酬资本化法进行估价，且采用全剩余寿命模式。本次收益法所选用的公式为：

$$V = \frac{A}{Y-g}\left[1-\left(\frac{1+g}{1+Y}\right)^n\right]$$

式中　V——收益价值（元或元/m²）；

　　　A——未来第一年的净收益（元或元/m²）；

　　　Y——报酬率（%）；

　　　n——收益期（年）；

　　　g——年净收益递增率（%）。

2. 估价对象收益期测算

至价值时点，估价对象为（非生产性）框架结构，建筑物经济寿命为 60 年，估价对象建成年代为 2012 年，在此使用期间，维护保养正常，估价对象建筑剩余经济寿命为 53 年。估价对象所在宗地的《国有土地使用证》登记终止日期为 2050 年 12 月 18 日，估价对象剩余出让使用年限为 31.58 年。由于估价委托人未提供出让合同，无法确认建设用地使用权期间届满需要无偿收回建设用地使用权时，建筑物是否也无偿收回，但基于谨慎原则，本次评估以较短的土地剩余年期作为收益期，即设定估价对象收益期为 31.58 年。

3. 估算有效毛收入

估价对象有效毛收入 = 潜在毛收入 − 空置和收租损失

1）租金水平的确定及预测

采用比较法求取估价对象的正常客观租金。经过对周边房地产市场的调查，结合估价委托人提供的资料、估价对象的具体经营情况以及估价对象周边同类用房的租赁情况来综合确定估价对象的客观租金。选取了三个同类型物业的出租交易实例作为可比实例，将估价对象与各案例进行比较，对比较案例的交易情况、市场状况和房地产状况等方面进行比较和修正，具体比较案例与详细比较过程详见表 7-7～表 7-9。

（1）第 1 层商业租金水平确定（表 7-10）。

商业第 1 层估价对象与可比实例对比情况　　　　　　表 7-7

比较因素		可比实例 A	可比实例 B	可比实例 C	估价对象
楼盘名称		××小区	××庭	××岸	××××
物业类型		商业	商业	商业	商业
地址		××西路	××西路	××西路	××西路
楼层		第 1 层	第 1 层	第 1 层	第 1 层
租赁价格〔元/(m²·月)〕		230	225	228	待估
租金内涵	付款方式	季付	季付	季付	季付
	押金状况	三个月租金	三个月租金	三个月租金	三个月租金
	税费负担	租赁双方负担各自的税费	租赁双方负担各自的税费	租赁双方负担各自的税费	租赁双方负担各自的税费
区位状况		估价对象与可比实例位于同一供需圈的同一区域，区位状况基本一致，不作比较			
实物状况	建筑面积（m²）	80	85	90	1 298.28（有 11 个房号，可分割成 110m² 左右商铺使用）
	建筑结构	框架	框架	框架	框架
	装修状况	清水出租	清水出租	清水出租	普通装修，不考虑装饰装修
	利用情况	服装店，受众人群一般	服装店，受众人群一般	服装店，受众人群一般	服装店，受众人群一般
	层高（m）	3	3	3	3
	进深状况	进深比适宜	进深比适宜	进深比适宜	进深比适宜
	建成年代	1997 年	1997 年	1997 年	2007 年
权益状况	租约期长短	1 年期，基本无影响	1 年期，基本无影响	1 年期，基本无影响	设定无租约
数据来源		市场调查	市场调查	市场调查	市场调查

商业第 1 层估价对象与可比实例比较分析　　　　　　表 7-8

比较因素	可比实例 A	可比实例 B	可比实例 C	估价对象
租赁价格〔元/(m²·月)〕	230	225	228	待估
区位状况	相似	相似	相似	基准

续表

比较因素		可比实例 A	可比实例 B	可比实例 C	估价对象
实物状况	建筑面积	相似	相似	相似	基准
	建筑结构	相同	相同	相同	基准
	装修状况	相似	相似	相似	基准
	利用情况	相似	相似	相似	基准
	层高	相同	相同	相同	基准
	进深状况	相似	相似	相似	基准
	建成年代	稍差	稍差	稍差	基准
权益状况	租约期长短	相似	相似	相似	基准

比较因素条件指数表　　表 7-9

比较因素		可比实例 A	可比实例 B	可比实例 C	估价对象
租赁价格〔元/(m²·月)〕		230	225	228	待估
区位状况		100	100	100	100
实物状况	建筑面积	100	100	100	100
	建筑结构	100	100	100	100
	装修状况	100	100	100	100
	利用情况	100	100	100	100
	层高	100	100	100	100
	进深状况	100	100	100	100
	建成年代	98	98	98	100
	合计	98	98	98	100
权益状况	租约期长短	100	100	100	100

比较因素调整系数及计算结果　　表 7-10

比较因素	可比实例 A	可比实例 B	可比实例 C
租赁价格〔元/(m²·月)〕	230	225	228
区位状况	100/100	100/100	100/100
实物状况	100/98	100/98	100/98

续表

比较因素	可比实例 A	可比实例 B	可比实例 C
权益状况	100/100	100/100	100/100
租金比较价格 ［元/(m²·月)］	234.69	229.59	232.65
算术平均价格 ［元/(m²·月)］ （取整）	230		

（2）第 2 层商业租金水平确定（具体测算过程略）。

通过比较法测算二层市场租金为 95 元/m²。

2）租约限制

估价对象现已出租使用，但根据估价委托人陈述，《房屋租赁合同》未进行备案，所以未提供《房屋租赁合同》，因此无法确定具体租期和租金，但根据市场调查，其合同租金和市场租金水平相当，因此本次评估不考虑租赁对估价对象评估价值的限制性影响，评估采用客观市场租金进行测算。

3）租赁面积确定

根据估价人员对周边市场的调查，周边同类型物业的出租面积一般按其产权登记的建筑面积确定，估价对象《房屋所有权证》登记建筑面积为 1 层：1 298.28m²；2 层：1 544.01m²。因此估价对象租赁面积为 1 层：1 298.28m²；2 层：1 544.01m²。

4）空置和收租损失

空置和收租损失通常按照潜在毛收入的一定比例来估算。根据估价对象实际情况，在交易时一般要求缴纳 3～6 个月的押金，可以有效降低租金损失发生率，故本次评估仅考虑空置率的影响。根据估价人员对类似物业的调查和分析，该区域内租赁情况较好，但不可避免在换租期间发生空置，区域内的商业用房一般空置率为 2%～3%，根据估价对象实际情况本次评估取空置率为 2%。则：

估价对象 1 层有效毛收入 = 潜在毛收入 − 空置和收租损失

$$= 1\ 298.28 \times 230 \times 12 \times (1 - 2\%) = 3\ 511\ 587.74（元）$$

估价对象 2 层有效毛收入 = 潜在毛收入 − 空置和收租损失

$$= 1\ 544.01 \times 95 \times 12 \times (1 - 2\%) = 1\ 724\ 967.97（元）$$

4. 其他收入

本次评估中其他收入主要为押金利息收入，根据调查了解，在租赁此类房屋时，一般需要交纳押金为 3～6 个月的租金，根据估价对象实际情况及市场情况，缴纳押金为 3 个月的租金，利率取价值时点中国人民银行一年期定期存款利率

3%，一并考虑空置影响，则：

估价对象 1 层其他收入 $= 1\,298.28 \times 230 \times (1 - 2\%) \times 3 \times 3\% = 26\,336.91$（元）

估价对象 2 层其他收入 $= 1\,544.01 \times 95 \times (1 - 2\%) \times 3 \times 3\% = 12\,937.26$（元）

5. 估算运营费用

出租房地产的运营费用是指由出租人负担的费用，一般包括管理费、维修费、保险费、税费等。

1）管理费

结合估价对象的具体使用情况和利用方式，估价对象为出租型房屋，利用现状为服装店，其需要投入的管理费用一般，因此本次评估管理费按有效毛收入的 2%确定，即：

估价对象 1 层年管理费 $= 3\,511\,587.74 \times 2\% = 70\,231.75$（元）

估价对象 2 层年管理费 $= 1\,724\,967.97 \times 2\% = 34\,499.36$（元）

2）维修费（具体测算过程略）

估价对象 1 层年维修费为 23 369.04 元；

估价对象 2 层年维修费为 27 792.18 元。

3）保险费

参照现行的××财产保险公司关于房屋保险费率一般为 0.1%～0.2%，本次评估根据估价对象建筑结构简单，建成时间较短，选择 0.15%计，计算标准为房屋重置价格，根据调查和测算，估价对象房屋重置价为 1 200 元/m^2（具体过程略）。

估价对象 1 层年保险费 $= 1\,298.28 \times 1\,200 \times 0.15\% = 2\,336.90$（元）

估价对象 2 层年保险费 $= 1\,544.01 \times 1\,200 \times 0.15\% = 2\,779.22$（元）

4）综合税费

根据市场调查和相关规定，确定估价对象综合税率为 17.65%（具体过程略）。

估价对象 1 层综合税费 $= 3\,511\,587.74 \times 17.65\% = 619\,795.24$（元）

估价对象 2 层综合税费 $= 1\,724\,967.97 \times 17.65\% = 304\,456.85$（元）

5）其他相关费用

在租赁过程中，会发生中介代理、租约登记等其他相关费用，其中中介代理为主要费用，一般中介机构收取的费用为月总租金的 30%～100%，连同其他费用，约占年租金收入的 0.5%～1%，根据估价对象的情况，估价对象面积较大，发生的其他费用比例相对较低，因此本次评估确定相关费用为年租金收入的 0.5%计，则：

估价对象 1 层其他费用 $= 3\,511\,587.74 \times 0.5\% = 17\,557.94$（元）

估价对象 2 层其他费用 $= 1\,724\,967.97 \times 0.5\% = 8\,624.84$（元）

则：

估价对象 1 层年运营费用 = 管理费 + 维修费 + 保险费 + 综合税费 +

其他相关费用

= 70 231.75 + 23 369.04 + 2 336.90 + 619 795.24 +

17 557.94

= 733 290.87（元）

估价对象 2 层年运营费用 = 管理费 + 维修费 + 保险费 + 综合税费 +

其他相关费用

= 34 499.36 + 27 792.18 + 2 779.22 + 304 456.85 +

8 624.84

= 378 152.45（元）

6. 净收益确定

估价对象 1 层年净收益 = 有效毛收入 + 其他收入 − 年运营费用

= 3 511 587.74 + 26 336.91 − 733 290.87

= 2 804 633.78（元）

估价对象 2 层年净收益 = 有效毛收入 + 其他收入 − 年运营费用

= 1 724 967.97 + 12 937.26 − 378 152.45

= 1 359 752.78（元）

7. 净收益变化趋势分析

经估价人员市场调查及查询同类物业近年租赁合同的租金水平变化情况，估价类似物业在租赁期间的年租金增长率一般为 2%～5%，结合估价对象所在区域的同类物业供求状况，预计估价对象于价值时点起在可收益期里保持较稳定、幅度适中的年增长的租金水平，本次评估取租金年增长率为 4%。

据估价人员市场调查，现时市场上同类型物业的运营费用变化与租金变化大致成等比例，设定运营费用变化趋势与租金变化趋势一致，则可推算净租金增长率亦为 4%。

8. 报酬率确定

本次评估中，采用累加法来求取报酬率。

累加法是将报酬率视为包含无风险报酬率和风险报酬率两大部分，即为报酬率 = 安全利率 + 风险调整值（投资风险补偿率 + 管理负担补偿率 + 缺乏流动性补偿率 − 投资带来的优惠率）。

采用累加法求取报酬率为 7.0%（具体分析测算过程略）。

9. 收益价值计算

估价对象 1 层收益价格：

$$V_1 = 2\,804\,633.78 \div (7\% - 4\%) \times \left\{1 - [(1 + 4\%) \div (1 + 7\%)]^{31.58}\right\}$$
$$= 55\,405\,063.73\,(\text{元})$$

估价对象 2 层收益价格：

$$V_1 = 1\,359\,752.78 \div (7\% - 4\%) \times \left\{1 - [(1 + 4\%) \div (1 + 7\%)]^{31.58}\right\}$$
$$= 26\,861\,685.10\,(\text{元})$$

估价对象 1 层建筑面积为 1 298.28m^2，则：

估价对象收益价值单价 = 55 405 063.73 ÷ 1 298.28 = 42 676（元/m^2）（取整）

估价对象 2 层建筑面积为 1 544.01m^2，则：

估价对象收益价值单价 = 26 861 685.10 ÷ 1 544.01 = 17 397（元/m^2）（取整）

（二）运用比较法评估（具体测算过程略）

经比较法测算，估价对象 1 层评估单价为 43 092 元/m^2，估价对象 2 层评估单价为 18 375 元/m^2。

六、估价结果确定

1. 假定未设立法定优先受偿权下的价值

根据《房地产估价规范》GB/T 50291—2015 及估价对象的实际情况，我们采用比较法、收益法对估价对象价格进行测算，评估出估价对象的房地产价格见表 7-11。

两种方法评估价格一览表 表 7-11

估价方法	比较法（元/m^2）	收益法（元/m^2）
估价对象 1 层估价结果	43 092	42 676
估价对象 2 层估价结果	18 375	17 397

估价对象采用比较法、收益法两种方法测算出的估价结果差异不大。两种估价方法对估价对象均有一定适应性，且本次评估目的为抵押贷款，根据谨慎原则，本次选择比较法与收益法的简单算术平均值作为最终估价结果。

估价对象 1 层评估单价 = 43 092 × 0.5 + 42 676 × 0.5 = 42 884（元/m^2）

估价对象 2 层评估单价 = 18 375 × 0.5 + 17 397 × 0.5 = 17 886（元/m^2）

假定未设定法定优先受偿权下的价值 = (42 884 × 1 298.28) + (17 886 × 1 544.01) = 8 329.16（万元）

2. 注册房地产估价师知悉的法定优先受偿款

在价值时点，根据估价委托人陈述，估价对象已设定抵押权，抵押权人为××银行××分行，由于本次评估目的为同一抵押权人的续贷房地产抵押估价，续贷对应的已抵押担保的债权数额不作为法定优先受偿款，因此未考虑已设定抵押对其价值的影响，估价结果中不扣除已抵押担保的债权数额，除此之外无发包人拖欠承包人的建设工程价款及其他法定优先受偿款，因此设定估价对象在价值时点注册房地产估价师知悉的法定优先受偿款为 0 元，不考虑预期实现抵押权的费用和税金。

3. 房地产抵押价值

则抵押价值＝估价对象假定未设立法定优先受偿权下的价值－价值时点注册房地产估价师知悉的法定优先受偿款＝ 8 329.16 － 0 ＝ 8 329.16（万元）

评估结果汇总见表 7-12。

房地产抵押价值评估结果汇总表　　　　　表 7-12

币种：人民币

项目及结果		估价对象	
		估价对象 1 层	估价对象 2 层
1. 假定未设立法定优先受偿权下的价值	总价（万元）	5 567.54	2 761.62
	单价（元/m²）	42 884	17 886
2. 估价师知悉的法定优先受偿款	总额（元或万元）	0	0
2.1 已抵押担保的债权数额	总额（元或万元）	0	0
2.2 拖欠的建设工程价款	总额（元或万元）	0	0
2.3 其他法定优先受偿款	总额（元或万元）	0	0
3. 抵押价值	总价（元或万元）	5 567.54	2 761.62
	单价（元/m²）	42 884	17 886

第二节　房地产征收估价

房地产征收估价，应区分国有土地上房屋征收估价和集体土地征收估价。本节主要介绍国有土地上房屋征收及估价（以下简称房屋征收·房屋征收估价）相关内容。

一、房屋征收估价内涵及特点

（一）房屋征收补偿内涵

根据《国有土地上房屋征收与补偿条例》（中华人民共和国国务院令第 590 号）规定，为了公共利益的需要，征收国有土地上单位、个人的房屋，应当对被征收房屋所有权人（被征收人）给予公平补偿。

被征收人可以选择货币补偿，也可以选择房屋产权调换。

房屋征收补偿包括：

（1）被征收房屋价值的补偿；

（2）因征收房屋造成的搬迁、临时安置的补偿；

（3）因征收房屋造成的停产停业损失的补偿。

市、县级人民政府应当制定补助和奖励办法，对被征收人给予补助和奖励。

（二）房屋征收估价特点

房屋征收估价不同于一般房地产的市场价格估价，其估价特点主要表现在以下几个方面：

1. 估价数量大

房屋征收往往是由于旧城改造、新建和改建城市道路交通、新建大型基础设施等而引起，随着我国城市建设的不断加快，必不可少地发生大规模的房屋征收，导致征收数量大、待征收的户数多，由此带来的房屋征收估价数量很大，少则一两幢，多则成片乃至一个或多个小区。

2. 涉及面广，社会影响大

被征收房屋既有居民个人房屋，也有机关企事业单位房屋；既有住宅用房，也有商业用房、办公用房、生产用房；既有独立产权用房，也有共有产权用房。从企事业单位来说，征收不仅涉及企事业财产的补偿问题，而且涉及企事业单位的生存和职工家庭的生活问题。从居民个人来说，房屋仍是当今我国大多数城市居民的最大财产。因此，房屋征收估价涉及千家万户的切身利益，所产生的社会影响很大。

3. 估价对象复杂，需要协调各种关系

相对于其他目的的估价，征收估价的对象比较复杂，一个征收项目往往包括住宅、商铺、办公楼、车库、构筑物等不同类型物业，导致估价方法的选择存在较大难度。同时，一次估价中还会面对大量的房屋，面对征收人和众多的被征收人，由于各自对自身利益的维护，会出现不同的意见，导致估价的重要工作之一是协调各种利益关系。

4. 补偿价格关联性强

就同一城市而言，同一时期同一地段同种类型房屋的征收补偿价之间，同一时期同一地段不同类型房屋的征收补偿价之间，同一时期不同地段同种类型房屋的征收补偿价之间都具有价格相互关联性。如果忽视了这种关联性，就可能引发征收冲突。

二、房屋征收估价的相关规定

（一）房屋征收估价对象范围

征收估价对象范围包括合法的被征收建筑物及其占用范围内的建设用地使用权和其他不动产，不包括违法建筑和超过批准期限的临时建筑。被征收房屋价值评估不得遗漏、虚构评估对象。

房屋征收部门应当向受托的房地产价格评估机构提供征收范围内房屋情况，包括已经登记的房屋情况和未经登记建筑的认定、处理结果情况。调查结果应当在房屋征收范围内向被征收人公布。

对于已经登记的房屋，其性质、用途和建筑面积，一般以房屋权属证书和房屋登记簿的记载为准；房屋权属证书与房屋登记簿的记载不一致的，除有证据证明房屋登记簿确有错误外，以房屋登记簿为准。对于未经登记的建筑，应当按照市、县级人民政府的认定、处理结果进行评估。

（二）房屋征收估价的目的

根据《国有土地上房屋征收评估办法》规定，被征收房屋价值评估目的应当表述为"为房屋征收部门与被征收人确定被征收房屋价值的补偿提供依据，评估被征收房屋的价值"；产权调换房屋价值评估目的应当表述为"为房屋征收部门与被征收人计算被征收房屋价值与用于产权调换房屋价值的差价提供依据，评估用于产权调换房屋的价值"。

（三）房屋征收估价的价值时点

被征收房屋价值评估的时点为房屋征收决定公告之日。

产权调换房屋价值评估时点应当与被征收房屋价值评估时点一致。

（四）房屋征收估价的价值内涵

（1）房屋征收估价的价值内涵为：被征收房屋及其占用范围内的土地使用权在正常交易情况下，由熟悉情况的交易双方以公平交易方式在房屋征收决定公告之日自愿进行交易的金额，且假定被征收房屋没有租赁、抵押、查封等情况。

不考虑租赁因素的影响是评估无租约限制价值；不考虑抵押、查封因素的影响是评估价值中不扣除已抵押担保的债权数额、发包人拖欠承包人的建设工程价款和其他法定优先受偿款。但被征收房屋价值评估应当考虑被征收房屋的区位、用途、建筑结构、使用年限、装饰装修、新旧程度及占地面积大小等影响房地产价格的因素。

根据《国有土地上房屋征收与补偿条例》规定，对被征收房屋价值的补偿，不得低于房屋征收决定公告之日被征收房屋类似房地产的市场价格。类似房地产是指与对象房地产的区位、用途、权利性质、档次、规模、建筑结构、新旧程度等相同或相近的房地产。

（2）产权调换房屋估价的价值内涵为市场价值，即指评估对象由熟悉情况的交易双方以公平交易方式在评估时点自愿进行交易的金额，但政府对评估对象定价有特别规定的除外。

（五）被征收房屋的用途

被征收房屋的用途应当按照房屋权属证书和房屋登记簿记载的性质或者市、县级人民政府提供的认定、处理结果确定。

被征收范围内有未经依法登记的建筑，市、县级人民政府在作出征收决定前，应当组织有关部门依照法律、法规进行认定、处理，并将认定、处理结果书面提供给受托的房地产估价机构。

（六）房屋征收估价相关技术规定

1）房地产征收估价，应区分国有土地上房屋征收评估和集体土地征收评估。国有土地上房屋征收评估，应区分被征收房屋价值评估、被征收房屋室内装饰装修价值评估、被征收房屋类似房地产市场价格测算、用于产权调换房屋价值评估、因征收房屋造成的搬迁费用评估、因征收房屋造成的临时安置费用评估、因征收房屋造成的停产停业损失评估等。

2）被征收房屋价值评估，应符合下列规定：

（1）被征收房屋价值应包括被征收房屋及其占用范围内的土地使用权和其他不动产的价值；

（2）当被征收房屋室内装饰装修价值由征收当事人协商确定或房地产估价机构另行评估确定时，所评估的被征收房屋价值不应包括被征收房屋室内装饰装修的价值，并应在被征收房屋价值评估报告中作出特别说明；

（3）当被征收房地产为正常开发建设的待开发房地产或因征收已停建、缓建的未完工程且采用假设开发法估价时，应选择业主自行开发前提进行估价；

（4）当被征收房地产为非征收原因已停建、缓建的未完工程且采用假设开发法估价时，应选择自愿转让开发前提进行估价。

3）用于产权调换房屋价值评估，应符合下列规定：

（1）用于产权调换房屋价值应包括用于产权调换房屋及其占用范围内的土地使用权和其他不动产的价值；

（2）用于产权调换房屋价值应是在房屋征收决定公告之日的市场价值，当政府或其有关部门对用于产权调换房屋价格有规定的，应按其规定执行。

4）房地产征用估价，应评估被征用房地产的市场租金，为给予使用上的补偿提供参考依据。并可评估因征用造成的搬迁费用、临时安置费用、停产停业损失；当房地产被征用或征用后毁损的，还可评估被征用房地产的价值减损额；当房地产被征用或征用后灭失的，还可评估被征用房地产的市场价值，为相关补偿提供参考依据。

（七）房屋征收估价工作流程

1. 估价机构选定

房地产估价机构由被征收人在规定时间内协商选定；在规定时间内协商不成的，由房屋征收部门组织被征收人投票并以得票多的当选，或者采取摇号、抽签等随机方式确定。具体办法由省、自治区、直辖市制定。

房地产估价机构不得采取迎合征收当事人不当要求、虚假宣传、恶意低收费等不正当手段承揽房屋征收估价业务。

2. 估价机构业务承揽

房屋征收范围内的征收估价工作，原则上由一家房地产估价机构承担。房屋征收范围较大的，可以由两家以上房地产估价机构共同承担。

两家以上房地产估价机构承担的，应当明确一家房地产估价机构为牵头单位；牵头单位应当组织相关房地产估价机构就估价对象、估价时点、价值内涵、估价依据、估价假设、估价原则、估价技术路线、估价方法、重要参数选取、估价结果确定方式等进行沟通，统一标准。

3. 估价委托

房地产估价机构选定后，房屋征收部门应当在 10 日内向估价机构出具房屋征收估价委托书，并与估价机构签订房屋征收估价委托合同。

房屋征收估价委托书应当载明委托人的名称、委托的房地产估价机构的名称、估价目的、估价对象范围、估价要求以及委托日期等内容。

房屋征收估价委托合同应当载明下列事项：

（1）委托人和房地产估价机构的基本情况；

（2）负责本估价项目的注册房地产估价师；

（3）估价目的、估价对象、估价时点等估价基本事项；

（4）委托人应提供的估价所需资料；

（5）估价过程中双方的权利和义务；

（6）估价费用及收取方式；

（7）估价报告交付；

（8）违约责任；

（9）解决争议的方法；

（10）其他需要载明的事项。

4. 估价准备和业务开展

估价机构与房屋征收部门签订房屋征收估价委托合同后，应制订相应工作计划，指派本机构中与房屋征收估价项目工作量相适应的足够数量的注册房地产估价师开展估价工作。房地产估价机构不得转让或者变相转让受托的房屋征收估价业务。

5. 实地查勘

房地产估价机构应当对被征收房屋进行实地查勘，调查被征收房屋状况，拍摄反映被征收房屋内外部状况的照片等影像资料，做好实地查勘记录，并妥善保管。

征收房屋实地查勘时，需要分别查勘和记录房屋的结构、装修、设备等情况，具体内容包括：

（1）房屋位置：坐落、方位、门牌号、房屋幢号、在院落中的位置等。

（2）房屋权属：产权人、房屋产别、产权证号、用途、面积等。

（3）房屋建筑：朝向、间数、建成年代、结构、层数、层高、檐高、屋面、屋架、墙身、门窗等。

（4）房屋装修：门套、窗套、墙裙、灯槽、窗帘盒、挂镜线、隔断、石材、贴面等。

（5）设备情况：卫生间设备、厨房设备、上下水管、暖气、燃气、电子对讲、电话、有线电视、宽带、水池、渗井、化粪池等。

（6）附属设施：门楼、院墙、院地、简易棚、回水井、防盗门、外窗护栏等。

（7）树木：树木种类、直径等。

（8）其他需要记录的项目。

被征收人应当协助房地产估价机构对被征收房屋进行实地查勘，提供或者协助搜集被征收房屋价值估价所必需的情况和资料。

房屋征收部门、被征收人和房地产估价机构应当在实地查勘记录上签字或者盖章确认。被征收人拒绝在实地查勘记录上签字或者盖章的，应当由房屋征收部门、房地产估价机构和无利害关系的第三人见证，有关情况应当在估价报告中说明。

6. 初步估价结果公示

房地产估价机构应当按照房屋征收估价委托书或者委托合同的约定，向房屋征收部门提供分户的初步估价结果。分户的初步估价结果应当包括估价对象的构成及其基本情况和估价价值。房屋征收部门应当将分户的初步估价结果在征收范围内向被征收人公示。

公示期间，房地产估价机构应当安排注册房地产估价师对分户的初步估价结果进行现场说明解释。存在错误的，房地产估价机构应当修正。

7. 提交估价报告

分户初步估价结果公示期满后，房地产估价机构应当向房屋征收部门提供委托估价范围内被征收房屋的整体估价报告和分户估价报告。房屋征收部门应当及时将分户估价报告送达被征收人。

整体估价报告和分户估价报告应当由负责房屋征收估价项目的两名以上注册房地产估价师签字，并加盖房地产估价机构公章。不得以印章代替签字。

8. 解释说明

被征收人或者房屋征收部门对估价报告有疑问的，出具估价报告的房地产估价机构应当向其作出解释和说明。

9. 资料保管

房屋征收估价业务完成后，房地产估价机构应当将估价报告及相关资料立卷、归档保管，供房地产管理部门、房地产估价行业组织等查验。

三、房屋征收估价方法及技术路线

（一）房屋征收估价方法

被征收房屋价值应当根据估价对象和当地房地产市场状况，对比较法、收益法、成本法、假设开发法等估价方法进行适用性分析后，选用其中一种或多种估价方法进行估价。被征收房屋的类似房地产有交易的，应当选用比较法评估；被征收房屋或者其类似房地产有租金或者经营收入的，应当采用收益法评估；被征收房屋是在建工程的，应当采用假设开发法评估。

可以同时选用两种或者两种以上评估方法评估的，应当选用两种或者两种以上方法评估。

被征收房屋价值选用两种或者两种以上评估方法评估的，应当对各种评估方法的测算结果进行校核，确定被征收房屋价值评估结果。房屋征收评估价值应当以人民币为计价的货币单位，精确到元。

（二）房屋征收估价技术路线

1. 比较法估价技术路线

1）搜集类似房地产交易实例，选取可比实例。

搜集与被征收房屋的区位、用途、权利性质、档次、新旧程度、规模、建筑结构等相同或者相似的房地产。

2）对可比实例房地产交易价格进行修正调整。

对选取的可比实例，先对其成交价格的内涵和形式进行标准化处理，即建立比较基础；然后将被征收房屋与类似房地产进行交易情况、市场状况、房地产状况的比较和修正调整，确定比较价格。

3）确定被征收房屋价格。

对修正调整后的各可比实例比较价格，根据它们之间的差异程度、可比实例状况与估价对象状况的相似程度、可比实例资料的可靠程度等实际情况，恰当选择简单算术平均法、加权平均法、中位数法、众数法等方法得出最终比较价格。

2. 收益法估价技术路线

采用收益法估价的技术路线一般是通过比较法测算被征收房屋的租金，进而确定被征收房屋当前的净收益并预测其未来的净收益，然后将其折现来求取被征收房屋市场价值。

3. 成本法估价技术路线

首先求取假设在价值时点重新开发建设全新的被征收房屋的必要支出及应得利润或者重新购置全新状况的被征收房屋的必要支出，然后减去被征收房屋折旧求取被征收房屋的价格。

4. 假设开发法估价技术路线

1）选择开发前提

（1）当被征收房地产为正常开发建设的待开发房地产或因征收已停建，缓建的未完工程，选择业主自行开发前提；

（2）当被征收房地产为非征收原因已停建，缓建的未完工程，选择业主自愿转让开发前提。

2）测算续建完成后的价值

根据在建工程规划条件、现状,利用比较法和长期趋势法测算续建完成后的价值。

3）测算续建成本和费用

根据在建工程建设进度，测算后续建设成本、管理费用、销售费用、销售税费、投资利息、续建利润和购买在建工程的税费。

4）测算在建工程价值

将续建完成后价值扣除续建成本和费用，确定在建工程价值。

四、房屋征收估价案例分析

【案例 7-2】

××市××区路××号902住宅征收估价技术报告（节选）

一、估价对象描述与分析

（一）估价对象区位状况描述与分析

1. 位置状况

坐落：估价对象位于××市××区××路××号。

方位：估价对象位于××市××区中部，地处中心城区，区域位置较好。

与重要设施距离：估价对象距离××南客运站约 2.6km。

临街状况：估价对象两面临街，其余至邻地。

楼层：估价对象所在楼栋总层数为 33 层，所在楼层为第 9 层。

2. 交通状况

道路状况：估价对象区域内有××路、××中路、××路等主次干道，道路通达度较高。

出入可利用的交通工具：估价对象距离××南客运站约 2.6km，对外联系及方便程度好，距离公交车站较近，途经公交线路较多，公交便捷度较好。

交通管制情况：估价对象所在区域属于城市市区地带，附近主要为住宅小区，较少有交通管制措施。

停车方便程度：估价对象所在区域属于城市市区地带，周边小区停车位供应充足，停车方便程度较好。

3. 周围环境和景观状况描述与分析

自然环境：估价对象所在区域属于城市市区地带，现已大部分开发为商业区及住宅区，原始地貌及自然环境已城市化，自然环境一般。

人文环境：估价对象所在区域主要人群为附近的居民，治安状况较好，卫生条件较好。

景观：区域内主要为绿化景观。

4. 外部配套设施状况

基础设施：估价对象所在道路与周边主干道相接，供水、排水、供电、通信和有线电视与市政管网连接，可保证日常使用，基础设施完备度高。

公共配套设施：位于××市××区中心地带，区域内公共配套设施较完善。

5. 区位状况优劣分析

估价对象位置状况较好；区域内有多条主次干道，可利用的交通工具多样齐全，整体交通状况较优；自然环境一般，人文环境较好；基础设施完善。估价对象所处区域未来将成为××市的生态型中央创新区（CID），发展前景好。

（二）估价对象实物状况描述与分析

1. 估价对象土地实物状况描述

名称：××市××区××路××号 902 住宅房地产。

四至：估价对象所在宗地南至××路，东至××路，其余至邻地。

面积：共用土地面积约 16 923m²。

用途：住宅。

形状：估价对象土地形状呈较规则多边形。

地形地势：估价对象地势平坦，坡度小于5%。

开发程度：红线内外"六通"即：通上水、通下水、通电、通信、通路、通燃气，场地平整，其余地面道路水泥硬化。

2. 估价对象建筑物实物状况描述

名称：××市××区××路××号902住宅房地产。

规模：建筑面积为143.3343m²。

用途：估价对象规划用途为住宅。

层数：估价对象位于第9层。

建成时间：1999年建成。

建筑结构：钢筋混凝土结构。

层高：室内层高约为3m。

空间布局：布局实用合理。

设施设备：水电消防设施齐备。

装饰装修：估价对象客厅天花、墙面刷乳胶漆，地面铺抛光砖，厨房、卫生间天花铝扣板吊顶，墙面铺瓷砖，地面铺防滑砖，卧室天花、墙面刷乳胶漆，地面铺木地板，安装实木门、防盗门、铝合金窗，水电燃气采用暗装方式。

维护状况：建筑物维护保养状况良好。

3.估价对象实物状况分析

经现场实地查勘，综合分析认为估价对象开发程度能够满足使用需要，建筑物与周边楼宇相互配合，空间布局合理，设施设备齐全，维护保养良好，实物状况属于较优。

（三）估价对象权益状况描述与分析

1. 估价对象土地权益状况描述

土地所有权状况：国家所有。

土地使用权状况：估价对象房地产权属人为××中心。使用年限70年，截至价值时点，剩余土地使用年限约为51.74年。

他项权利设立情况：无。

土地使用管制：无。

其他特殊情况：无。

2. 建筑物权益状况描述

房屋所有权状况：估价对象房地产权属人为××中心。

他项权利设立情况：无。

出租或者占用情况：估价对象于价值时点未出租。

其他特殊情况：无。

3. 估价对象权益状况分析

估价对象权益状况清晰，无他项权利设立、出租或者占用以及其他特殊情况。

二、市场背景描述与分析（略）

三、最高最佳使用分析（略）

四、估价方法适用性分析

结合本次评估目的，考虑方法的适宜性和可操作性，对估价对象采用比较法和收益法进行评估（具体适用性分析过程和技术思路略）。

五、估价测算过程

（一）运用比较法测算

1. 公式选用

基本公式：

比较价值＝可比实例成交价格×交易情况调整系数×市场状况调整系数×房地产状况调整系数

房地产状况调整系数＝区位状况调整系数×实物状况调整系数×权益状况调整系数

估价对象比较价值＝可比实例1调整后单价×权重1＋可比实例2调整后单价×权重2＋可比实例3调整后单价×权重3

2. 可比实例选取与分析

经过对周边房地产市场的调查，结合估价对象的特点，选取了三个同类型住宅物业交易实例作为可比实例，将估价对象与上述各可比实例的交易情况、市场状况和房地产状况等方面进行比较和调整，求取待估房地产的价格。

3. 编制比较因素条件说明表

估价对象与比较实例的比较因素条件详述见表7-13。

比较因素条件说明表 表7-13

序号	项目		估价对象	可比实例1	可比实例2	可比实例3
1	可比实例名称		××区××路××号902	××区××路××号	××区××路××号	××区××路××号
2	成交价格	单价（元/m²）		45 454	49 980	43 932
		总价（万元）		650	385	628
3	成交日期		2022年7月22日	2022年7月5日	2022年7月17日	2022年4月30日

续表

序号	项目	估价对象	可比实例1	可比实例2	可比实例3
4	建立比较基准后价格		45 454	49 980	43 932
4.1	统一房地产范围	单套住宅	单套住宅	单套住宅	单套住宅
4.2	统一付款方式	一次性付款	一次性付款	一次性付款	一次性付款
4.3	统一价格单位	按建筑面积计价，人民币	按建筑面积计价，人民币	按建筑面积计价，人民币	按建筑面积计价，人民币
4.4	统一融资条件	正常融资条件下	正常融资条件下	正常融资条件下	正常融资条件下
4.5	统一税费负担情况	各付税费	各付税费	各付税费	各付税费
5	交易情况		正常交易	正常交易	正常交易

4. 估价对象与可比实例状况分析

估价对象与可比实例状况对比描述与分析见表7-14。

估价对象与可比实例状况描述与分析表　　　　　表 7-14

区位状况	住宅聚集度	位于××区××路，附近有××花园、××花园、××南苑等，住宅聚集度高	位于××区××路，附近有××花园、××花园、××南苑等，住宅聚集度高	位于××区××路，附近有××花园、××花园等，住宅聚集度高	位于××区××路，附近有××花园、××南苑等，住宅聚集度高
	对外联系和方便程度	距离××客运站约2km，对外联系和方便程度较好	距离××客运站约2km，对外联系和方便程度较好	距离芳村客运站约6km，对外联系和方便程度较好	距离××客运站约2km，对外联系和方便程度较好
	道路通达度	区域内有××路、××中路、××路等主次干道，道路通达度较高	区域内有××路、××中路、××路等主次干道，道路通达度较高	区域内有××大道、××路、××路等主次干道，道路通达度高	区域内有××路、××中路、××路等主次干道，道路通达度较高
	公用设施完善度	位于城市市中心成熟地带，该区域公建及城市基础配套设施完善	位于城市市中心成熟地带，该区域公建及城市基础配套设施完善	位于城市市中心成熟地带，该区域公建及城市基础配套设施完善	位于城市市中心成熟地带，该区域公建及城市基础配套设施完善
	公交便捷度	附近有多路公交线路途经，靠近公交车站，公交便捷度较好	附近有多路公交线路途经，靠近公交车站，公交便捷度较好	附近有多路公交线路途经，靠近公交车站，距离地铁广佛线出入口约550m，公交便捷度较好	附近有多路公交线路途经，靠近公交车站，公交便捷度较好
	环境质量优劣度	环境卫生较好，附近无重大污染源和无高压输电线路、无线电发射塔、垃圾站等有影响设施	环境卫生较好，附近无重大污染源和无高压输电线路、无线电发射塔、垃圾站等有影响设施	环境卫生较好，附近无重大污染源和无高压输电线路、无线电发射塔、垃圾站等有影响设施	环境卫生较好，附近无重大污染源和无高压输电线路、无线电发射塔、垃圾站等有影响设施

续表

区位状况	公用设施完善度	位于城市市中心成熟地带，该区域公建及城市基础配套设施完善	位于城市市中心成熟地带，该区域公建及城市基础配套设施完善	位于城市市中心成熟地带，该区域公建及城市基础配套设施完善	位于城市市中心成熟地带，该区域公建及城市基础配套设施完善
	公交便捷度	附近有多路公交线路途经，靠近公交车站，公交便捷度较好	附近有多路公交线路途经，靠近公交车站，公交便捷度较好	附近有多路公交线路途经，靠近公交车站，距离地铁广佛线出入口约550m，公交便捷度较好	附近有多路公交线路途经，靠近公交车站，公交便捷度较好
	环境质量优劣度	环境卫生较好，附近无重大污染源和无高压输电线路、无线电发射塔、垃圾站等有影响设施	环境卫生较好，附近无重大污染源和无高压输电线路、无线电发射塔、垃圾站等有影响设施	环境卫生较好，附近无重大污染源和无高压输电线路、无线电发射塔、垃圾站等有影响设施	环境卫生较好，附近无重大污染源和无高压输电线路、无线电发射塔、垃圾站等有影响设施
	外部基础设施状况	六通即：通上水、通下水、通电、通信、通路、通燃气	六通即：通上水、通下水、通电、通信、通路、通燃气	六通即：通上水、通下水、通电、通信、通路、通燃气	六通即：通上水、通下水、通电、通信、通路、通燃气
	规划限制	无特殊规划限制，规划前景较好	无特殊规划限制，规划前景较好	无特殊规划限制，规划前景较好	无特殊规划限制，规划前景较好
	其他特殊因素	无其他特殊因素	无其他特殊因素	无其他特殊因素	无其他特殊因素
	楼层	9	25	11	16
	朝向	西南	南	东南	西南
实物状况	建筑面积	143.334 3	143	77	143
	建筑结构	钢筋混凝土结构	钢筋混凝土结构	钢筋混凝土结构	钢筋混凝土结构
	总楼层	33层	33层	50层	33层
	层高	约3m	约3m	约3m	约3m
	采光通风	日照充足，通风性好	日照充足，通风性好	日照充足，通风性好	日照充足，通风性好
	外观	外墙为外墙砖，外观高档	外墙为外墙砖，外观高档	外墙为外墙砖，外观高档	外墙为外墙砖，外观高档
	室内装修	普通装修	精装修	精装修	精装修
	建筑年代	1999年	1998年	2000年	1999年
	新旧程度	维护保养和成新率好	维护保养和成新率好	维护保养和成新率好	维护保养和成新率好
	设备设施	供水、排水、供电设施齐备，电梯、楼梯上下	供水、排水、供电设施齐备，电梯、楼梯上下	供水、排水、供电设施齐备，电梯、楼梯上下	供水、排水、供电设施齐备，电梯、楼梯上下

续表

实物状况	物业管理	由专业物业管理公司管理	由专业物业管理公司管理	由专业物业管理公司管理	由专业物业管理公司管理
	空间布置	普通住宅布置	普通住宅布置	普通住宅布置	普通住宅布置
	工程质量	设定合格	设定合格	设定合格	设定合格
权益状况	规划条件	无特殊规划限制，规划条件较好	无特殊规划限制，规划条件较好	无特殊规划限制，规划条件较好	无特殊规划限制，规划条件较好
	土地使用年限	51.7	50.4	51.5	50.9
	共用情况	无共用情况	无共用情况	无共用情况	无共用情况
	用益物权设立情况	无用益物权设立情况	无用益物权设立情况	无用益物权设立情况	无用益物权设立情况
	担保物权设立情况	无担保物权设立情况	无担保物权设立情况	无担保物权设立情况	无担保物权设立情况
	租赁或占用情况	无租赁或占用情况	无租赁或占用情况	无租赁或占用情况	无租赁或占用情况
	拖欠税费情况	无拖欠税费情况	无拖欠税费情况	无拖欠税费情况	无拖欠税费情况
	查封等形式限制权力情况	无查封等形式限制权力情况	无查封等形式限制权力情况	无查封等形式限制权力情况	无查封等形式限制权力情况

5. 编制比较因素条件指数表

根据待估房地产与比较实例各种因素具体情况，编制比较因素条件指数表。比较因素指数确定如下：

（1）建立比较基准：一般分为统一房地产范围、统一付款方式和统一价格三个方面，经估价人员市场调查，三个实例均为单套住宅，按建筑面积计价，且设定为一次性付款交易方式，故可比实例价格不需要进行调整。

（2）交易情况：三个可比实例为正常成交价，故不需要进行修正。

（3）市场状况：根据 2022 年××市房地产市场价格变化指数，确定可比实例 1、2、3 增长幅度为 0%、0%、−2%，故可比实例 1、2、3 的调整系数为 100%、100%、98%。

（4）房地产状况：调整系数见表 7-15（具体分析过程略）。

比较因素条件指数表 表 7-15

序号	项目	估价对象	可比实例 1	可比实例 2	可比实例 3
1	可比实例名称	××区××路××号 902	××区××路××号	××区××路××号	××区××路××号

续表

序号	项目		估价对象	可比实例 1	可比实例 2	可比实例 3
2	成交价格	单价（元/m²）		45 454	49 980	43 932
		总价（万元）		650	385	628
4	建立比较基准后价格			45 454	49 980	43 932
5	交易情况		100	100	100	100
6	市场状况		100	100	100	98
7	房地产状况		100	105	108	103
7.1	区位状况		100	104	103	102
7.1.1	住宅聚集度		100	100	100	100
7.1.2	对外联系和方便程度		100	100	100	100
7.1.3	道路通达度		100	100	100	100
7.1.4	公用设施完善度		100	100	100	100
7.1.5	公交便捷度		100	100	100	100
7.1.6	环境质量优劣度		100	100	100	100
7.1.7	外部基础设施状况		100	100	100	100
7.1.8	规划限制		100	100	100	100
7.1.9	楼层		100	103	101	102
7.1.10	朝向		100	101	102	100
7.2	实物状况		100	101	105	101
7.2.1	建筑面积		100	100	102	100
7.2.2	建筑结构		100	100	100	100
7.2.3	总楼层		100	100	102.0	100
7.2.4	层高		100	100	100	100
7.2.5	采光通风		100	100	100	100
7.2.6	外观		100	100	100	100
7.2.7	室内装修		100	101	101	101
7.2.8	建筑年代		100	100	100	100
7.2.9	新旧程度		100	100	100	100
7.2.10	设备设施		100	100	100	100

续表

序号	项目	估价对象	可比实例1	可比实例2	可比实例3
7.2.11	物业管理	100	100	100	100
7.2.12	空间布置	100	100	100	100
7.2.13	工程质量	100	100	100	100
7.3	权益状况	100	100	100	100
7.3.1	规划条件	100	100	100	100
7.3.2	土地使用年限	100	100	100	100
7.3.3	共用情况	100	100	100	100
7.3.4	用益物权设立情况	100	100	100	100
7.3.5	担保物权设立情况	100	100	100	100
7.3.6	租赁或占用情况	100	100	100	100
7.3.7	拖欠税费情况	100	100	100	100
7.3.8	查封等形式限制权力情况	100	100	100	100

6. 求取可比实例比较价格及估价对象评估价格

根据比较因素指数表测算各调整系数,并测算可比实例比较价格及估价对象评估价格，详见表7-16。

可比实例比较价格及估价对象价格测算表 表 7-16

序号	项目		可比实例1	可比实例2	可比实例3
1	可比实例名称		××区××路××号	××区××路××号	××区××路××号
2	成交价格	单价（元/m²）	45 454	49 980	43 932
		总价（万元）	650	385	628
4	建立比较基准后价格		45 454	49 980	43 932
5	交易情况修正系数		100/100	100/100	100/100
6	市场状况调整系数		100/100	100/100	100/98
7	房地产状况调整系数		100/105	100/108	100/103
8	可比实例的比较价格		43 290	46 278	43 523

续表

序号	项目	可比实例 1	可比实例 2	可比实例 3
9	根据相似程度分别取权数	1/3	1/3	1/3
10	最终比较价格		44 364	

注：上表中三个比较单价相近，根据估价人员分析，可比实例与待估对象均位于××区，且比准单价与市场
价格接近，故取三个可比实例相同权重确定最终评估结果，具体如下：
估价对象比较价格 = 43 290 × 1/3 + 46 278 × 1/3 + 43 523 × 1/3 = 44 364（元/m²）
通过以上因素的比较调整，确定估价对象的比较价格为 44 364 元/m²。

（二）运用收益法测算××区××路××号 902 的评估价格

运用收益法测算××区××路××号 902 的收益价值为 43 176 元/m²（具体测算过程略）

六、估价结果确定

（一）合理性分析

比较法和收益法两种方法测算的评估结果差距较小，经估价人员对估价对象周边区域住宅物业市场的分析，认为比较法的评估结果可信度与收益法的评估价结果可信度一致，故本次评估取比较法、收益法两种方法的权重分别为 0.5、0.5，即：

估价对象市场价值（单价）= 44 364 × 0.5 + 43 176 × 0.5 = 43 770（元/m²）
估价对象市场价值（总价）= 43 770 × 143.334 3 = 627.37（万元）

（二）估价结果

估价人员根据估价目的，遵循估价原则，按照估价工作程序，运用科学的估价方法，仔细考察估价对象的特征及使用和维护情况，经过全面细致的测算，并结合估价经验和对影响项目价值因素的分析，确定估价对象在 2022 年 7 月 20 日估价结果见表 7-17。

估价结果汇总表   表 7-17

币种：人民币

相关结果		估价方法	
		比较法	收益法
测算结果	总价（万元）	635.89	618.86
	单价（元/m²）	44 364	43 176
评估价值	总价（万元）	627.37	
	单价（元/m²）	43 770	

第三节　房地产拍卖、变卖估价

一、房地产拍卖、变卖估价内涵及特点

（一）房地产拍卖、变卖估价内涵

房地产强制拍卖估价是为相关部门确定拍卖保留价提供服务，这里所说的拍卖特指强制处置的拍卖。以拍卖方式对房地产进行处置，是一种特殊的交易方式，在强制处置、清偿、司法执行房地产的交易中较为常见。

（二）房地产拍卖、变卖估价特点

处置房地产由于其清偿、抵债、罚没、司法执行等原因造成其除具有房地产估价的一般固有特点外，还有许多新的特点，因此在对房地产拍卖、变卖估价过程中，应根据这些不同点，确定其价格。

1. 强制处置

处置房地产的拍卖属于强制性的司法行为，原产权人没有权利讨价还价，处置行为也一定要在规定的时间内完成，如果拍卖不成，通常会由法院主持将拍卖标的物折价抵偿债务。

2. 快速变现

由于拍卖交易方式的特点，买受人（购得拍卖标的的竞买人）在较短的时间内决定购买，没有充分的考虑时间，也没有足够的时间对拍卖标的物作充分的了解，特别是需在较短的时间内支付全部款项，承担的风险较大，因此其价格一般较正常交易低。

3. 市场需求面窄、推广力度小

拍卖房地产多为单宗、部分、小规模物业，难以像房地产开发项目一样进行市场营销，仅以拍卖公告、网络拍卖的形式进行宣传，推广力度较小；再加之拍卖房地产是以已确定用途、规模、位置的现有状况进行销售，而不像房地产开发项目先进行市场定位、营销、策划，以销定产的方式进行，因此市场需求面窄，只会满足个别消费者的需求并在许多方面存在"先天不足"，在成交价格上不得不低于正常的房地产项目。

4. 消费者心理因素

购买者由于消费心理的影响，在购买前已先期认为被拍卖处置的房地产价格会低于正常房地产价格，使得拍卖房地产的价格较低。

5. 购买者的额外支出

由于竞买拍卖房地产要支付拍卖佣金和处置费用，成为购买者额外的成本，

使之希望得到较低的价格，以弥补该支出。

二、房地产拍卖、变卖估价的相关规定

1）房地产拍卖估价，应区分司法拍卖估价和普通拍卖估价。

2）房地产司法拍卖估价，应符合下列规定：

（1）应根据最高人民法院的有关规定和人民法院的委托要求，评估拍卖房地产的市场价值或市场价格、其他特定价值或价格；

（2）评估价值的影响因素应包括拍卖房地产的瑕疵，但不应包括拍卖房地产被查封及拍卖房地产上原有的担保物权和其他优先受偿权；

（3）人民法院书面说明依法将拍卖房地产上原有的租赁权和用益物权除去后进行拍卖的，评估价值的影响因素不应包括拍卖房地产上原有的租赁权和用益物权；并应在估价报告中作出特别说明；

（4）当拍卖房地产为待开发房地产且采用假设开发法的，应选择被迫转让开发前提进行估价。

3）房地产普通拍卖估价，可根据估价委托人的需要，评估市场价值或市场价格、快速变现价值，为确定拍卖标的的保留价提供参考依据。快速变现价值可根据变现时限短于正常销售期的时间长短，在市场价值或市场价格的基础上进行适当减价确定。

4）房地产变卖估价，宜评估市场价值。

三、房地产拍卖、变卖估价方法及技术路线

（一）房地产拍卖、变卖估价方法

房地产拍卖、变卖估价可采用比较法、成本法、收益法、假设开发法等评估其正常市场价格。

（二）房地产拍卖、变卖估价技术路线

1. 商品房

商品属于完全产权的房地产，估价时可采用比较法、成本法、收益法评估其正常市场价格，技术路线分别按照对应估价方法确定。

2. 划拨土地上房地产

划拨土地上房产的所有人只拥有房屋的所有权，按照相关的法律法规的规定，拍卖所得在支付处分工作费用后，须先补缴土地使用权出让金，因此对划拨土地上的房产进行估价时，可采取两种技术路线进行估价：

（1）以完全房产权进行估价，拍卖后从拍卖价款中扣除应补地价款及卖方税

费。估价时可采用比较法、成本法、收益法评估其正常市场价格。

（2）以房地产的权益价格，即完全产权价格减去应补地价进行评估，估价时可先采用比较法、成本法、收益法评估完全产权下的正常市场价格，再评估应补缴的地价。

以上两种技术路线，应根据估价目的及估价委托人处置房地产方案等实际情况具体作出选择。

3. 在建工程

对处于在建工程阶段的拍卖房地产的估价，应充分考虑后续工程需投入的成本、费用，交接带来的额外支出及不可预见费用。

四、房地产拍卖、变卖估价案例分析

【案例 7-3】

××市××区××路××号 106 房涉执房地产处置司法估价技术报告（节选）

一、估价对象描述与分析

（一）区位状况描述与分析

1. 位置状况

（1）坐落：××市××区××路 10 号；

（2）方位：位于××南部，××路东侧；

（3）与重要场所（设施）的距离：估价对象距离××区人民政府、广园客运站均约 1.5km，距××国际机场约 27km；

（4）临街（路）状况：一面临××西路，一面临××路，临街状况均较好。

2. 交通状况

（1）道路状况：临××路、××西路，附近有机场高速、环城高速，道路通达度好；

（2）出入可利用交通工具：附近设有××公交站，有 24 路、34 路等公交车途经，公共交通较便捷；

（3）交通管制情况：无交通管制；

（4）停车方便程度：配套有地下车库，基本满足停车需求。

3.周围环境状况

（1）自然环境：估价对象位于××区南部，自然环境一般；

（2）人文环境：附近为商住聚集区，人文环境一般；

（3）景观：附近为商住聚集区，无大型景观，景观一般。

4.外部配套设施状况

（1）基础设施：已达到宗地红线内外"五通"（即通路、通电、给水、排水、通信），基础设施完善；

（2）公共服务设施：区域内有多家银行、××中医药大学第一附属医院、××小学、××中学等，公共设施较完善。

5.区位状况优劣分析

估价对象所在区域公共设施较完善、公共交通较便捷、道路通达度好、基础设施完善。××区位今后五年发展的主要目标是围绕建设国际大都市的现代化中心城区的总目标，发展前景良好。

（二）估价对象实物状况描述与分析

1.土地实物状况描述

（1）名称：××市××区××路10号106房商业房地产；

（2）四至：估价对象东、北均至内街，南至西路××，西至××路；

（3）土地面积：共用地面积为2 319.293m²；

（4）土地形状：多边形，基本规则；

（5）地形地势：地势开阔，地形平坦，对土地利用较为有利；

（6）地基地质：地质情况良好，地基承载力适宜；

（7）土壤：土壤情况良好，地上、地下均无污染物污染；

（8）开发程度：已达到宗地红线内外"五通"（即通路、通电、给水、排水、通信）及红线内场地平整并已建成商住楼。

2.建筑物实物状况描述

（1）名称：××市××区××路10号106房商业房地产；

（2）建成时间：未见记载，根据调查，约建成于2010年；

（3）规模：估价对象建筑面积135.367 9m²；

（4）层数：楼宇总楼层20层，估价对象位于第1层；

（5）层高：层高约4m；

（6）平面布置：较合理；

（7）建筑结构：钢筋混凝土结构；

（8）装饰装修：估价对象物业外墙为瓷砖、部分玻璃幕墙；公共区域地面铺地砖，墙面瓷砖到顶，天花为石膏吊顶；临街商铺地面铺地砖，墙面部分贴瓷砖、部分刷乳胶漆，天花吊顶，装有玻璃门、卷闸门等；商场内铺室内装修基本一致：地面铺地砖，墙面为玻璃隔墙、部分刷乳胶漆或涂料，天花为吊顶，装有玻璃门；

（9）设施设备：估价对象已安装水、电、消防、电梯等，设施设备齐全；

（10）新旧程度：基本完好房，成新率约75%；

（11）物业管理：有商业物业管理；

（12）空间布局：平层；

（13）建筑功能：所在物业为商住楼，其设施设备齐全，建筑功能达到正常使用状况；

（14）使用及维护状况：经估价师实地查勘，估价对象建筑结构基本完好，估价对象多为空置（整体包租，但现状分租实际经营多为空置），设施设备维护保养情况一般。

3. 估价对象实物状况分析

地理位置优越，形状基本规则，地势开阔，地形平坦，土地承载力适宜，现状已开发建设成商住楼。估价对象建筑配套设施齐全，维护保养情况一般，建筑结构及空间布局适合用作商业用房。

（三）估价对象权益状况描述与分析

1. 估价对象权益状况描述

（1）用途：未记载土地用途，房屋用途为商业；

（2）规划条件：未见记载；

（3）所有权：土地所有人为国家，房屋所有权人均为×××；

（4）土地使用权：土地使用权人均为×××；

（5）共有情况：单独所有；

（6）用益物权设立情况：无；

（7）担保物权设立情况：估价对象均办理了抵押登记，抵押权人为××农村商业银行股份有限公司××支行，至价值时点，未见涂销抵押登记；

（8）租赁或占用情况：出租；

（9）拖欠税费情况：未见记载；

（10）查封等形式限制权利情况：估价对象已被××市××区人民法院查封，至价值时点，未见解除查封记录；

（11）权属清晰情况：清晰。

2. 估价对象权益状况分析

估价对象产权清晰，无产权纠纷、限制权利情况，现状已出租，物业存在抵押、查封情况。

二、市场背景描述与分析（略）

三、最高最佳利用分析（略）

四、估价方法适用性分析

（一）估价方法适用性分析

房地产估价中常用的估价方法有比较法、收益法、成本法、假设开发法等。

（1）比较法的适用性分析：比较法为替代原理，以市场成交价格为导向。估价对象所处区域的商业物业交易市场活跃且交易实例较多，具有采用比较法的基础条件，因此适宜采用比较法对估价对象进行估价。

（2）收益法的适用性分析：收益法以预期原理、预期未来收益为导向。估价对象周边同类型房地产租赁案例较多，未来收益和风险都能预测，因此适宜采用收益法对估价对象进行估价。

（3）成本法的适用性分析：成本法以生产费用价值论、重新开发建筑成本为导向，适用对象为独立开发建设项目进行重新开发建设的、很少发生交易的房地产、没有收益或没有潜在收益的房地产。房地产的价值取决于其效用，与其花费的成本关系不大，估价对象为单套商业房地产，其市场价值大于以各成本累加为基础的计算结果，因此不适宜采用成本法对单套商业进行估价。

（4）假设开发法的适用性分析：假开法是预期原理，预期未来收益为导向。适用于估价对象具有开发或再开发潜力，能够正常判断估价对象最佳开发利用方式、能够预测估价对象开发完成的价值。估价对象已建成，不具备再开发条件，因此不适宜采用假设开发法对估价对象进行估价。

综上分析，本次采用比较法与收益法进行估价。

（二）选用方法估价技术路线

1. 比较法

定义：比较法是选取一定数量的可比实例，将它们与估价对象进行比较，根据其间的差异对可比实例成交价格进行处理后得到估价对象价值或价格的方法。

基本公式：比较价格＝可比实例价格×交易情况修正系数×市场状况调整系数×区位状况调整系数×实物状况调整系数×权益状况调整系数

估价技术路线：选取三个可比实例，将其与估价对象进行比较，对其差异进行调整修正得出估价对象在价值时点的比较价格。

2. 收益法

定义：收益法是预测估价对象的未来收益，利用报酬率或资本化率、收益乘数将未来收益转换为价值得到估价对象价值或价格的方法。

本报告收益法计算公式：

$$V = \frac{A}{Y-g}\left[1-\left(\frac{1+g}{1+Y}\right)^n\right]$$

式中　V——收益价值（元或元/m²）；

　　　A——未来第 1 年净收益（元或元/m²）；

　　　Y——报酬率（%）；

　　　g——年净收益递增率（%）；

　　　n——收益期（年）。

估价技术路线：选取三个同类型的物业的租金可比实例，用比较法得出估价对象在价值时点正常合理的市场租金水平，扣除出租过程中的税、费后得出正常净收益，再选用适当的报酬率将其折现到价值时点后累加，以此得出估价对象在价值时点的价格。

五、估价测算的过程

（一）采用收益法测算

1.估算有效毛收入

1）租赁面积确定

估价对象的房屋建筑面积为 135.367 9m²。经调查市场上的同类型商业房地产，一般按建筑面积出租，其可出租面积比率符合客观市场情况，故本次租赁面积为建筑面积 135.367 9m²。

2）租约限制

估价对象已出租，根据委托人介绍，本次估价对象将不带租约拍卖，无需考虑租约限制情况，故本次采用市场客观租金进行测算。

3）客观租金的确定

估价对象的收益主要是租金的收入。由于所处区域类似商业物业出租经营实例较多，且租金收益较稳定，因此可以采用比较法确定估价对象的客观租金水平。

（1）测算公式：估价对象租赁价格 ＝ 可比实例租赁价格×交易情况修正系数×市场状况调整系数×区位状况调整系数×实物状况调整系数×权益状况调整系数

其中权益状况主要有容积率、土地剩余使用年期、限制权利情况、权属清晰情况等。本次为租金测算，估价对象与可比实例均为合法产权物业，且在租赁市场上，上述因素对租赁价格影响不大，故本次租金测算不进行考虑且不作单独列示。

（2）选择可比实例：经估价人员对估价对象所在区域的房地产市场进行调查，参照交易时间接近、用途相同、地段相似的原则，仔细筛选，分别确定与估价对象相类似的D、E、F三个可比租赁实例，见表7-18。

可比实例基本情况表　　　　　　　　　　　　　表7-18

实例编号	可比实例 D	可比实例 E	可比实例 F
实例名称	××区××西路 32 号首层商铺	××区××路 50 号首层商铺	××区××街 43 号首层商铺
坐落位置	××区××西路 32 号	××区××路 50 号	××区××街 43 号
规划用途	商业	商业	商业
所在楼层	首层	首层	首层
租赁面积	$95m^2$	$125m^2$	$90m^2$
单位租金 $[元/(m^2·月)]$	213.3	228.6	208.3
交易情况	正常租赁	正常租赁	正常租赁
交易范围	产权范围内房地产，未含非房地产资产	产权范围内房地产，未含非房地产资产	产权范围内房地产，未含非房地产资产
成交时间	2023 年 6 月	2023 年 6 月	2023 年 7 月
区位状况	商业氛围较浓厚；公共交通较便捷；公共设施较完善；基础设施完善；环境景观一般	商业氛围浓厚；公共交通便捷；公共设施完善；基础设施完善；环境景观一般	商业氛围较浓厚；公共交通较便捷；公共设施较完善；基础设施完善；环境景观一般
实物状况	位于第 1 层；面积小；普通装修；临街状况较好；人流量小；宽深比较合理；维护保养一般；可视性较好；出入便捷	位于第 1 层；面积较小；精装修；临街状况较好；人流量较大；宽深比较合理；维护保养一般；可视性较好；出入便捷	位于第 1 层；面积小；普通装修；临街状况较好；人流量一般；宽深比较合理；维护保养一般；可视性较好；出入便捷
可比实例的照片			

续表

实例编号	可比实例 D	可比实例 E	可比实例 F
地理位置图	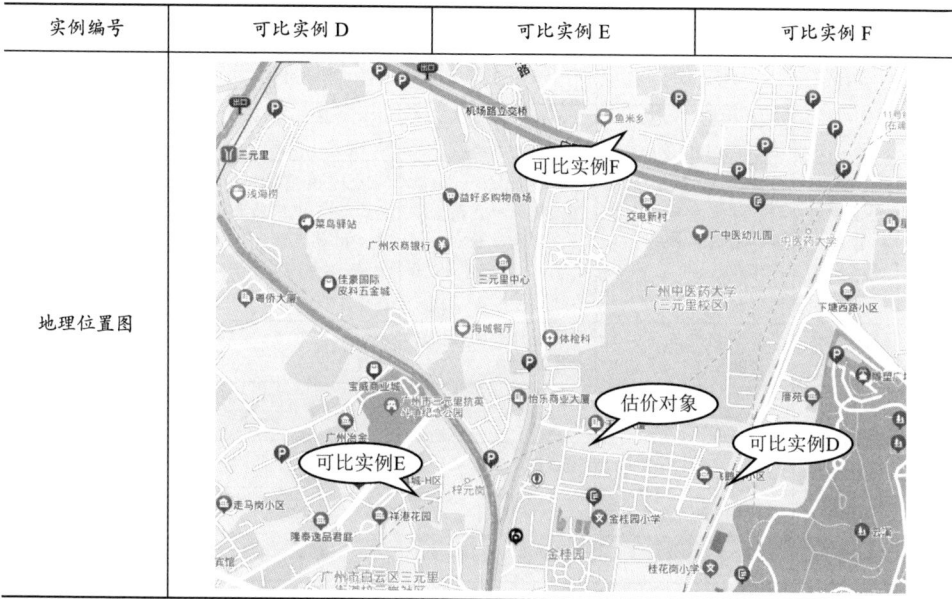		

（3）编制比较因素说明表：估价对象和可比实例比较因素说明见表 7-19。

比较因素情况说明表　　　　　　　　表 7-19

比较因素		估价对象与可比实例			
		估价对象	可比实例 D	可比实例 E	可比实例 F
		××区××区××路 10 号 106 房	××区××西路 32 号首层商铺	××区××路 50 号首层商铺	××区××街 43 号首层商铺
租赁单价〔元/(m²·月)〕		待估	213.3	228.6	208.3
用途		商业	商业	商业	商业
交易情况		正常	正常	正常	正常
市场状况		2023 年 7 月	2023 年 6 月	2023 年 6 月	2023 年 7 月
区位状况	商业氛围	附近有××皮具贸易中心、××国际皮具广场等皮具批发市场以及住宅底商，商业氛围浓厚	附近多为住宅底商，近皮具批发市场，商业氛围较浓厚	附近有××皮具贸易中心、××国际皮具广场等皮具批发市场以及住宅底商，商业氛围浓厚	周边多为住宅底商，商业氛围较浓厚
	公共交通便捷度	附近设有××公交站，有 24 路、34 路等公交车途经，公共交通较便捷	附近设有××公交站，有 24 路、34 路等公交车途经，公共交通较便捷	附近设××大道公交站，有 21 路、105 路等公交车途经，公共交通较便捷	附近设有××公交站，有 24 路、32 路等公交车途经，公共交通较便捷

比较因素		估价对象与可比实例			
		估价对象	估价对象	估价对象	估价对象
		××区××区××路10号106房	××区××区××路10号106房	××区××区××路10号106房	××区××区××路10号106房
	公共设施配套完善程度	区域内有××银行、××中医药大学第一附属医院、××小学、××中学等,公共设施较完善	区域内有××银行、××中医药大学第一附属医院、××小学、××中学等,公共设施较完善	区域内有××银行、××中医药大学第一附属医院、××小学、××中学等,公共设施较完善	区域内有××银行、××中医药大学第一附属医院、××小学、××中学等,公共设施较完善
	基础设施完善度	红线内外五通,基础设施完善	红线内外五通,基础设施完善	红线内外五通,基础设施完善	红线内外五通,基础设施完善
	环境景观优劣度	环境景观一般	环境景观一般	环境景观一般	环境景观一般
实物状况	楼层	位于第1层	位于第1层	位于第1层	位于第1层
	建筑面积	135.367 9m²	95m²	125m²	90m²
	装修情况	普通装修	普通装修	精装修	普通装修
	临街状况	一面临外街,较好	一面临外街,较好	一面临外街,较好	一面临外街,较好
	人流量	一般	小	较大	一般
	门面宽深比	宽深比较合理	宽深比较合理	宽深比较合理	宽深比较合理
	维护保养	一般	一般	一般	一般
	可视性	较好	较好	较好	较好
	出入便捷度	室外出入口,便捷	室外出入口,便捷	室外出入口,便捷	室外出入口,便捷

（4）编制比较因素条件指数表：估价对象和可比实例比较因素条件指数见表 7-20。

比较因素条件指数表　　　　　　　　　　　表 7-20

比较因素	估价对象与可比实例			
	估价对象	可比实例 D	可比实例 E	可比实例 F
	××区××区××路10号106房	××区××西路32号首层商铺	××区××路50号首层商铺	××区××街43号首层商铺
租赁单价［元/(m²·月)］	待估	213.3	228.6	208.3
交易情况修正系数	100	100	100	100
市场状况调整系数	100	100	100	100

续表

比较因素		估价对象与可比实例			
		估价对象	估价对象	估价对象	估价对象
		××区××区× ×路10号106房	××区××区× ×路10号106房	××区××区× ×路10号106房	××区××区× ×路10号106房
区位状况调整系数	商业氛围	100	95	100	95
	公共交通便捷度	100	100	100	100
	公共设施配套完善程度	100	100	100	100
	基础设施完善度	100	100	100	100
	环境景观优劣度	100	100	100	100
实物状况调整系数	楼层	100	100	100	100
	建筑面积	100	102	100	102
	装修情况	100	100	102	100
	临街状况	100	100	100	100
	人流量	100	95	105	100
	门面宽深比	100	100	100	100
	维护保养	100	100	100	100
	可视性	100	100	100	100
	出入便捷度	100	100	100	100

（5）比较租金测算：估价对象比较租金测算见表7-21。

估价对象比较租金测算表 表 7-21

比较因素		可比实例		
		可比实例 D	可比实例 E	可比实例 F
		××区××西路32号 首层商铺	××区××路50号首 层商铺	××区××街43号首 层商铺
租赁单价 〔元/(m²·月)〕		213.3	228.6	208.3
交易情况修正系数		100/100	100/100	100/100
市场状况修正系数		100/100	100/100	100/100
区位状况修正系数	商业氛围	100/95	100/100	100/95
	公共交通便捷度	100/100	100/100	100/100

续表

比较因素		可比实例		
		可比实例 D	可比实例 D	可比实例 D
		××区××西路 32 号首层商铺	××区××西路 32 号首层商铺	××区××西路 32 号首层商铺
区位状况修正系数	公共设施配套完善程度	100/100	100/100	100/100
	基础设施完善度	100/100	100/100	100/100
	环境景观优劣度	100/100	100/100	100/100
	小计	1.052 6	1.000 0	1.052 6
实物状况修正系数	楼层	100/100	100/100	100/100
	建筑面积	100/102	100/100	100/102
	装修情况	100/100	100/102	100/100
	临街状况	100/100	100/100	100/100
	人流量	100/95	100/105	100/100
	门面宽深比	100/100	100/100	100/100
	维护保养	100/100	100/100	100/100
	可视性	100/100	100/100	100/100
	出入便捷度	100/100	100/100	100/100
	小计	1.032 0	0.933 7	0.980 4
总修正系数		1.086 3	0.933 7	1.032 0
比较租金 [元/(m²·月)]		232	213	215

上述三个可比实例计算的估价对象平均租金相差不大，故取三者的算术平均值作为待估房地产的市场租金单价，即估价对象比较租金 = (232 + 213 + 215) ÷ 3 = 220 [元/(m²·月)，取整]。

4）其他收入

经调查，目前××市房地产市场上的收益性房地产在进行租赁时，所产生的其他收入主要以租金保证金带来的利息收入为主。根据××市政府颁布的房屋租赁相关条例及办法规定，结合区域内房地产租赁对租金保证金的一般要求，本次估价以 2 个月的潜在毛租金水平作为房地产租赁时的租金保证金，其产生的利息收入按中国人民银行公布的价值时点一年期定期存款利率 1.50% 计算，则有：

租金保证金年利息收入 = 220 × 2 × 1.50% = 6.6（元/m²）

5）空置率与租金损失

经调查，结合区域内类似物业历年来的租赁行情，综合分析考虑得出，估价对象收租损失合计约占潜在年毛租金收入的5%（即有效租金收入为95%）。

6）估算有效毛收入

年有效毛收入 = 客观租金 × (1 − 空置率) + 其他收入
$$= 220 × 12 × (1 − 5\%) + 6.6$$
$$= 2\,514.60（元/m²）$$

2. 估算年运营费用

1）年管理费用的确定

管理费用是指维持房地产正常使用或营业的必要费用，包括人员工资、办公费用以及为承租人提供服务的费用（如清洁、保安）等，根据估价对象实际情况结合周边同类商业房地产的管理费用情况，确定年管理费用率为年有效毛收入的3%。

年管理费用 = 2 514.60 × 3% = 75.44（元/m²）

2）保险费及维修费的确定

根据规定，房地产在出租时，保险费及维修费一般以建筑物重置成本的一定比率予以确定。具体测算如下：

（1）建筑物重置成本的确定（表7-22）。

建筑物重置成本计算表   表 7-22

序号	项目名称	依据或费率及公式		数量（元/m²）
一		开发成本	1+2+3+4+5+6	3 981.85
1	建筑安装工程费			3 500
2	专业费用	勘察设计和前期工程费（1.5%）	1.5%	52.50
3	基础设施建设费	五通一平	100	100
4	公共配套设施建设费	不考虑	0%	0.00
5	其他工程费	工程监理费及竣工验收费	2%	7 000
6	开发期间税费	市政配套设施建设费［计算公式：计缴基数（含地下共23层2 470）× 比率（10.5%）］	10.50%	259.35
		人防工程费（已建有地下室）	0	0
二	管理费用	开发成本 × 2%	2%	79.64
三	销售费用	销售费用：2%A（A为建筑物重置成本）	2%	2%A
四	投资利息	［开发成本 + 管理费用］ × ［(1+4.75%)^{建设周期÷2} − 1］，建设周期为2年	4.75%	192.92

序号	项目名称	依据或费率及公式		数量 （元/m²）
四	投资利息	[销售费用]×[(1＋4.75%)^{建设周期÷2}－1]	4.75%	0.000 95A
五	销售税费	增值税及附加税费：5.33%A（A 为建筑物价值）	5.33%	0.053 3A
		印花税：0.05%A	0.05%	0.000 5A
六	开发利润	开发成本×直接成本利润率20%	20%	796.37
七	重置成本	建筑物重新购建价格A	A＝一＋二＋ 三＋四＋五＋六	5 458.83

本次估价对象建筑物重置成本单价为 5 458.83 元/m²。

（2）保险费及维修费的确定。

保险费及维修费是指维持房地产正常使用或营业的必要费用和成本，根据对估价对象实际运行与维护情况结合估价人员经验，年保险费为重置成本的 0.1%，年维修费用为重置成本的 1%，则：

年保险费用 ＝ 5 458.83 × 0.1% ＝ 5.46（元/m²）

年维修费用 ＝ 5 458.83 × 1% ＝ 54.58（元/m²）

3）年综合税、印花税的确定。

根据《××市地方税务局关于调整我市个人出租房屋税收政策的公告》（××市地方税务局公告 2016 年第 8 号）规定："自 2016 年 5 月 1 日起，个人出租房屋营业税改征增值税，为了便于征管，我市继续对按月租金计算的增值税、城市维护建设税、教育费附加、地方教育附加、房产税和个人所得税合并按综合征收率进行计征"。根据《中华人民共和国印花税法》，出租房屋印花税为租金收入的 0.1%。

经咨询税务局了解，2023 年 1 月 1 日起，××市个人出租非住宅，月租金收入（不含增值税）在 2 000 元以上（含 2 000 元）、30 000 元以下（含 30 000 元）综合征收率为 8%。非住宅出租印花税减按 50%征收。

年综合税费 ＝ (2 514.60 － 6.6) ÷ (1 ＋ 5%) × 8%
　　　　　 ＝ 191.09（元/m²）

年印花税 ＝ (2 514.60 － 6.6) ÷ (1 ＋ 5%) × 0.1% × 50%
　　　　 ＝ 1.19（元/m²）

4）年运营费用。

年运营费用 ＝ 年管理费＋年保险费用＋年维修费用＋年综合税费＋年印花税
　　　　　 ＝ 75.44 ＋ 5.46 ＋ 54.58 ＋ 191.09 ＋ 1.19
　　　　　 ＝ 327.76（元/m²）

3. 计算净收益

将前述各数据代入纯收益测算公式（年净收益 A = 年有效毛收入−运营费用），得出待估物业未来第 1 年的年纯收益 A，则有：

A = 第一年有效毛收入−第一年运营费用

$$= 2\,514.60 - 327.76$$

$$= 2\,186.84\ (元/m^2)$$

4. 年净收益递增率确定

本次净收益递增率确定为 g = 5%。（具体分析过程略）

5. 报酬率的确定

报酬率采用安全利率加风险调整值法确定，安全利率加风险调整值法是以安全利率加上风险调整值作为资本化率，安全利率我们选用价值时点中国人民银行一年定期存款年利率，本次测算即为 1.50%；风险调整值应根据估价对象所在地区的经济现状及未来预测，估价对象的用途及新旧程度等确定。

本次测算风险系数取值考虑通货膨胀、片区房地产市场状况及估价对象所处位置确定，风险系数分低、中、高、投机四个档次，相应地赋予其风险调整值（表 7-23）。

报酬率测算表　　　　　　　　　　　　　　　　　表 7-23

风险系数	安全利率	风险调整值	资本化率
低	1.50%	0%～3.5%	1.5%～5.0%
中	1.50%	3.5%～6%	5.00%～7.50%
高	1.50%	6%～8.5%	7.50%～10.00%
投机	1.50%	＞8.5%	＞10%

系数取值考虑估价对象所处路段及片区的租赁情况以及××市房地产市场的行情，考虑此次估价对象所在区域较多批发市场，竞争较大，且估价对象所在商场较多为空置，故本次估价风险调整值取中级标准的上限 6%，则：

报酬率 = 安全利率 + 风险调整值 = 1.5% + 6% = 7.5%

6. 收益年限的确定

估价对象土地使用年限从 2006 年 06 月 23 日起至 2046 年 06 月 23 日止，则至价值时点，估价对象土地剩余使用年限为 22.91 年。委托人提供的资料未记载估价对象建成时间，根据调查，估价对象约建成于 2010 年，建筑结构为钢筋混凝土结构，耐用年限为 60 年，则至价值时点建筑物剩余寿命约为 47 年。结合《房地产估价规范》GB/T 50291—2015 相关规定，土地使用权剩余期限和建筑物剩余经济寿命不同时结束的,应选取其中较短者为收益期,故本次取土地剩余使用年限22.91年作为估价对象剩余收益年限。则有:$n = 22.91$ 年。由于未有相关资料记载土地使用权期间届满后土地使用权及地上建筑物的房地产回收情况,本次设定土地使用权期间届满后建筑物同时收回,即不考虑建筑物在收益期结束时的价值。

7. 估算房地产价值

综上,通过对估价对象未来第 1 年年纯收益(A)、年收益年增长率(g)、报酬率(Y)、剩余使用年限(n)等的测算,则将上述A、g、Y、n代入收益法公式中测算出评估单价,则有:

$$V = \frac{A}{Y-g}\left[1-\left(\frac{1+g}{1+Y}\right)^n\right]$$

$$V = \frac{2\,186.84}{7.5\%-5.0\%}\times\left[1-\frac{(1+5.0\%)^{22.91}}{(1+7.5\%)^{22.91}}\right]\approx 36\,500\,(\text{元/m}^2,\text{取整至百位})$$

8. 估价对象价格的确定

通过收益法计算得出估价对象的收益价格为 36 500 元/m²。

(二)运用比较法测算

运用比较法测算××区××路10号106房商业房地产的比较价格为45 000 元/m²(具体测算过程略)

六、估价结果确定

(一)估价结果合理性分析

根据估价人员对当地房地产市场的调查了解,分析了该区域房地产价格水平及估价方法的适宜性,选用了比较法和收益法进行测算,两种估价方法在不同方面体现了估价对象的价值。区域内商业市场交易较活跃,成交实例较多,比较法比准价格较能客观地反映估价对象的市场价值。收益法是反映估价对象的收益价格,商业房地产用于出租较为普遍,但由于未来潜在收益仍存在一些不确定因素,且其纯收益以及还原率准确度对收益价格有一定影响,收益法在一定程度上能反映估价对象价值。综上考虑以及结合两种方法测算结果的差异情况,本次采用加权平均值,即比较法权重为60%,收益法权重为40%作为最终估价结果。

估价对象市场价值(单价)= 45 000 × 0.6+36 500 × 0.4 = 41 600(元/m²)

估价对象市场价值(总价)= 41 600 × 135.367 9 = 563.13(万元)

(二)估价结果

估价人员根据估价目的,遵循估价原则,按照估价工作程序,运用科学的估价方法,仔细考察估价对象的特征及使用和维护情况,经过全面细致的测算,并结合估价经验和对影响项目价值因素的分析,确定估价对象在 2023 年 12 月 25 日估价结果见表7-24。

估价结果汇总表　　　　　　　　　　　　　**表 7-24**

币种：人民币

相关结果		估价方法	
		比较法	收益法
测算结果	总价（万元）	609.16	494.09
	单价（元/m²）	45 000	36 500
评估价值	总价（万元）	563.13	
	单价（元/m²）	41 600	

第四节　房地产转让估价

一、房地产转让估价内涵及特点

（一）房地产转让估价内涵

房地产市场转让非常普遍，主要涉及单纯土地的买卖、交换；土地及地上建筑物的整体买卖、交换；零星单套或多套商品房地产的买卖、交换、赠与等。通常，房地产转让估价是根据估价委托人的具体需要，对转让房地产的市场价值或投资价值等进行评估。

（二）房地产转让估价特点

房地产转让估价特点主要表现为：

（1）从价值时点上看，房地产转让估价多数是在转让前进行，但房地产转让行为通常在价值时点之后发生。

（2）从委托人和评估主体上讲，房地产转让估价可以委托社会上任何一家值得委托人信任的估价机构评估，委托人既可能是买方和卖方单独委托，也可能是买卖双方共同委托。

（3）从估价目的和要求上讲，房地产转让估价一般是了解房地产市场交易行情而进行的估价，其目的主要是为了在进行房地产交易时有一个参考价格，带有一定咨询性，如买方需要了解购买一宗房地产时可能实现的最低价格，而卖方则需要了解出售房地产时可能实现的最高价格。作为估价机构，对该宗房地产进行估价时，估价师只对估价信息和结论是否符合估价技术规范和职业规范负责，而对房地产转让定价决策不负直接责任。

二、房地产转让估价的相关规定

1）房地产转让估价，应区分转让人需要的估价和受让人需要的估价，并应根据估价委托人的具体需要，评估市场价值或投资价值、卖方要价、买方出价、买卖双方协议价等。

2）房地产转让估价应调查了解转让人、受让人对转让对象状况、转让价款支付方式、转让税费负担等转让条件的设定或约定，并应符合下列规定：

（1）当转让人、受让人对转让条件有书面设定或约定时，宜评估在其书面设定或约定的转让条件下的价值或价格；

（2）当转让人、受让人对转让条件无书面设定、约定或书面设定、约定不明确时，应评估转让对象在价值时点的状况、转让价款在价值时点一次性付清、转让税费各自正常负担下的价值或价格。

3）已出租的房地产转让估价，应评估出租人权益价值；转让人书面设定或转让人与受让人书面约定依法将原有的租赁关系解除后进行转让的，可另行评估无租约限制价值，并应在估价报告中同时说明出租人权益价值和无租约限制价值及无租约限制价值的使用条件。

4）以划拨方式取得建设用地使用权的房地产转让估价，估价对象应符合法律、法规规定的转让条件，并应根据国家和估价对象所在地的土地收益处理规定，给出需要缴纳的出让金等费用或转让价格中所含的土地收益。

5）保障性住房销售价格评估，应根据分享产权、独享产权等产权享有方式，评估市场价值或其他特定价值、价格。对采取分享产权的，宜评估市场价值；对采取独享产权的，宜根据类似商品住房的市场价格、保障性住房的成本价格、保障性住房供应对象的支付能力、政府补贴水平及每套住房所处楼幢、楼层、朝向等保障性住房价格影响因素，测算公平合理的销售价格水平。但国家和保障性住房所在地对保障性住房销售价格确定有特别规定的，应按其规定执行。

三、房地产转让估价方法及技术路线

（一）房地产转让估价方法

房地产转让估价可采用比较法、假设开发法、成本法、收益法、基准地价修正法等。

（二）房地产转让估价技术路线

1. 比较法技术路线

其技术路线是通过选取类似转让房地产可比实例，通过交易状况、房地产市场状况、房地产区位状况、房地产实物状况和房地产权属状况进行调整确定房地产转让价格。

2. 假设开发法技术路线

对单纯土地使用权转让和在建工程转让价格进行估价时，假设开发法往往是首选方法之一。运用假设开发法进行单纯土地或在建工程转让估价时，第一，要选择具体估价方法，即动态分析法或静态分析法；第二，选择估价前提，即属于业主自行开发前提？业主自愿转让开发前提？还是业主被迫转让开发前提？第三，测算后续开发经营期；第四，测算开发完成后的价值；第五，测算后续开发的必要支出；第六，确定折现率或测算后续开发的应得利润；第七，计算单纯土地或在建工程转让市场价值。

3. 成本法技术路线

成本法估价主要针对工业房地产转让。可恰当选择房地分估、房地合估或房地整估路线。房地分估路线一般适用同宗土地上有多个不同用途、建筑结构、建设年代的建筑，其技术路线是首先求取被征税房屋的土地重置成本、建筑物的重置成本和建筑物折旧，然后将土地和建筑物的重置成本之和减去建筑物折旧求取被征税房屋的价格。房地合估路线为模拟房地产开发过程，首先测算房地产的重置成本和建筑物折旧，然后将房地产的重置成本减去建筑物折旧求取被征收房屋的价格。房地整估路线为先求取与购置与估价对象类似的全新状况房地产的价格，然后根据估价对象与全新状况房地产因建筑物陈旧、土地使用期限缩短、小区环境和配套落后等造成的市场价格降低、予以减值确定被征收房屋的价格。

4. 收益法技术路线

对于有收益的房地产如商场、商铺、写字楼、酒店等转让价格估价时，常常采用收益法进行估价。技术路线：第一，利用比较法测算被转让房地产的租金和有效毛收益；第二，分析和测算经营费用；第三，测算剩余经营期；第四，计算转让房地产年净收益并预测其未来剩余使用年期的年净收益的变化趋势；第五，选择不同方法测算报酬率；第六，计算转让房地产市场价格。

四、房地产转让估价案例分析

【案例 7-4】

××市××区××路××大厦 805 室办公房地产转让估价技术报告（节选）

一、估价对象描述与分析

（一）估价对象区位状况描述与分析

1. 位置概况

坐落：××市××区××街道××路17号××大厦805室。

方位：××市××区××路以北、××路以东，位于××区中央商务区。

与重要场所的距离：距××区政府约1.1km。

临路状况：两面临路，其中南临××路，西临××路。

朝向：南。

楼层：总楼层23层（含地下2层），估价对象所在层次为8层。

2. 交通条件

1）区域道路状况

估价对象所在区域内交通路网发达，道路体系为网格状，区域内有××路、××路、××路、××大道等交通主干道，主次干道道路较通畅、状况良好，估价对象临××路、××路，道路通达度好。

2）区域交通便利度

估价对象所在区域内有多个公交站点和多条公交线路通过。估价对象距离地铁1号线××路站约2.1km，公共交通便捷度较优。区域内有多个写字楼综合大厦均配有地下停车场，停车便利度较好。综合分析区域交通便利度较优。

3. 外部配套设施

1）外部基础设施

区域内基础设施已达市政"五通"（通供水、通排水、通路、通电、通信）配套条件，区域水、电供应保证率高，基础设施完善。

道路：区域内多条主干道，与多条次干道纵横交错，路网发达，交通较便捷。

电力：估价对象所在区域供电来自市政供电，所用电网为华东电网，供电保障率高。

供水：估价对象所在区域供水来自市政供水，供水保障率高。

排水：估价对象所处区域内有市政统一铺设的排水管网，雨水、污水分流，排水保障率高。

通信：估价对象所在区域通信与市政通信网相连，通信条件较优。

2）外部公共服务设施

估价对象所在区域为××中央商务区，区域内有××大道步行街等商业综合体；有××区政府、××区行政服务中心、××区文化中心等公共服务机构；区域内有多家银行；区域商务写字楼聚集。

3）周边环境状况

估价对象所在区域毗邻××江，空气质量较优，自然环境较好。区域为中央商务区，人流量较大，商业、商务集聚程度较高，治安状况好、自然人文环境较好。

4. 区位状况分析

综上所述，估价对象位于区级中央商务区，区域内人流量较大，商业商务集聚程度较高，公共配套设施完善，交通便利度较优，周边自然人文环境好。经综合分析估价对象区位状况优，对估价对象价值产生有利影响，并且未来有较好的发展潜力。

（二）估价对象实物状况描述与分析

1. 土地实物状况

（1）使用权面积：分摊国有土地使用权面积为 $8.2m^2$。

（2）地类（用途）：综合（办公）用地。

（3）位置：××市××区××××路。

（4）四至：东至××轩，南临××路，西至××路，北临××路。

（5）形状：估价对象所属宗地形状呈较规则四边形。

（6）地形、地势：该宗地与周边高低落差较小，地势平坦。

（7）地质、土壤、水文状况：土壤没有受过污染，无不良地质现象，自然排水状况良好，洪水淹没的可能性较小。

（8）开发程度：宗地外基础设施达五通（即通供水、通电、通路、通信、通排水）条件，各项基础设施完备，宗地红线内已建成建筑物及道路、绿化等地上定着物。

2. 建筑物实物状况

（1）位置：××市××区××××路。

（2）建筑规模：建筑面积为 $131.81m^2$。

（3）建筑结构：钢筋混凝土结构。

（4）用途：设计用途为非住宅（办公），实际用途为办公。

（5）层数：建筑总层数为 23 层（含地下 2 层），估价对象所在层次为第 8 层。

（6）朝向：朝南。

（7）建成年份：房屋整体建成于 2011 年。

（8）空间布局：估价对象室内为 LOFT 结构，层高 4.78m，根据功能需求分隔为 2 层办公区域。

（9）装饰装修：室内中档装修，地面 1 层铺地板、2 层铺地毯，内墙、顶棚涂料粉饰。

（10）设施设备：内部安装电梯，配备闭路电视监视系统、门传感器监视系统、

24小时巡逻系统、智能自动火警检测系统、自动喷淋灭火系统等设施，消防、水电、卫生间设备齐全。

（11）使用及维护状况：使用及维护状况良好。

（12）完损状况：估价对象建筑物地基无不均匀沉降；房屋承重结构构件和围护墙完好；楼面平整；门窗开启灵活，油漆光泽度好；墙面平整；顶棚面层完好无脱落现象；设备、管道通畅；水、电照明齐全，房屋完损等级为完好房。

3. 实物状况分析

综上所述，估价对象土地形状呈较规则四边形，对土地布局利用无不良影响；地形地势和土壤地基状况对利用无不利影响；基础设施完备，土地利用现状较好，达到区域平均水平。估价对象建筑物建筑结构、设施设备、装饰装修等与区域内同类物业水平相当，估价对象建筑物地基无不均匀沉降，房屋承重结构构件和围护墙完好，楼面平整，门窗开启灵活，油漆光泽度好，墙面平整，顶棚面层完好无脱落现象，设备、管道通畅，水、电照明齐全，现状使用及维护状况整体好，建筑功能符合使用要求，建筑物以外无不利因素影响建筑物价值减损，无功能折旧和经济折旧，房屋属完好房。因此估价对象实物状况良好，对其实现市场价值无不利影响。

（三）估价对象权益状况描述与分析

1. 土地权益状况

根据估价委托人提供的《国有土地使用证》，估价对象土地权益状况如下：

（1）土地所有权：估价对象土地所有权为国家所有。

（2）土地使用权：估价对象土地使用权人为×××、×××，土地坐落为××市××区××街道××路××大厦805室，使用权类型为出让，土地用途为综合（办公）用地，土地使用权分摊面积为8.2m²，终止日期为2057年7月6日，土地剩余使用年限为40.39年。

（3）共有情况：土地使用权为×××、×××共同共有。

（4）他项权利设立状况：估价对象无抵押权、地役权及其他担保权。

（5）土地使用管制：土地使用权未受到任何管制。

估价对象土地使用权由×××、×××合法取得，来源合法。至价值时点，该地块进行正常经营，土地使用权未受到任何管制。其土地使用权产权明晰，四至界线清晰，无争议，无权属纠纷，无使用管制。

2. 建筑物权益状况

根据估价委托人提供的《房屋所有权证》，估价对象建筑物权益状况如下：

（1）房屋所有权人：×××、×××。

（2）共有情况：房屋所有权为×××、×××共同共有。

（3）他项权利设立状况：估价对象无抵押权及其他担保权。

（4）出租或占用状况：自用，无租赁。

3. 权益状况分析

估价对象的房屋所有权及土地使用权合法、完整、清晰。规划用途和实际用途一致，目前使用状况为办公，处于正常使用状态。因此，权利人可拥有估价对象的完全产权，依法享有占用、使用、收益、处分的权利，在权益上符合房地产使用和转让的条件。

二、市场背景描述与分析（略）

三、估价对象最高最佳利用分析（略）

四、估价方法适用性分析

根据《房地产估价规范》GB/T 50291—2015，主要的估价方法有比较法、收益法、成本法、假设开发法等。估价方法的选择应根据当地房地产市场发育情况并结合估价对象的具体特点及估价目的等，选择适当的估价方法。

1. 估价方法选用分析

估价人员在认真分析所掌握的资料，并对估价对象进行了实地查勘以及对周边房地产市场进行调查后，根据《房地产估价规范》GB/T 50291—2015，遵照国家有关法律、法规、估价技术标准，最终选取比较法、收益法对估价对象进行评估，具体分析见表 7-25。

估价方法选用分析表 表 7-25

可选估价方法	估价方法定义	估价方法是否选择理由	是否选取
比较法	选取一定数量的可比实例，将它们与估价对象进行比较，根据其间的差异对可比实例成交价格进行处理后得到估价对象价值或价格的方法	估价对象为成套办公用房，所在区域为××区中央商务区，区域有同类的房地产的交易实例，故可采用比较法进行评估	选取
收益法	预测估价对象的未来收益，利用报酬率或资本化率、收益乘数将未来收益转换为价值得到估价对象价值或价格的方法	收益法适用于具有收益性或潜在收益的房地产评估，估价对象为办公房地产，且位于××区 CBD 范围内，区域内办公用房租赁市场活跃，其预期收益具有可预测性和持续性，符合收益法的应用条件及适用范围，故可采用收益法进行评估	选取
假设开发法	求得估价对象后续开发的必要支出及折现率或后续开发的必要支出及应得利润和开发完成后的价值，将开发完成后的价值和后续开发的必要支出折现到价值时点后相减，或将开发完成后的价值和减去后续开发的必要支出及应得利润得到估价对象价值或价格的方法	假设开发法适用于具有投资开发或再开发潜力的房地产，估价对象为已建成办公房地产，就目前利用状况，已处于最佳适用，不存在重新开发利用可能，也无需改造或改变用途，故不适合采用假设开发法进行估价	不选取

续表

可选估价方法	估价方法定义	估价方法是否选择理由	是否选取
成本法	测算估价对象在价值时点的重置成本或重建成本和折旧，将重置成本或重建成本减去折旧得到估价对象价值或价格的方法	成本法适用于在无市场依据或市场依据不充分而不宜采用比较法、收益法、假设开发法进行估价情况下的估价，且办公房地产的价格大部分取决于效用，而非取决于其成本，采用成本法评估，其估价结果无法完全客观真实反映估价对象的市场价值，故不适合采用成本法进行估价	不选取

2. 估价方法定义及基本公式

（1）比较法。比较法是选取一定数量的可比实例，将它们与估价对象进行比较，根据其间的差异对可比实例成交价格进行处理后得到估价对象价值或价格的方法。基本公式如下：

比较价值＝可比实例成交价格×交易情况修正系数×市场状况调整系数×房地产状况调整系数

（2）收益法。收益法是预测估价对象的未来收益，利用报酬率将未来收益转换为价值得到估价对象价值或价格的方法。报酬资本化法又分为"全剩余寿命模式"和"持有加转售模式"，本次估价采用"全剩余寿命模式"，且每年净收益按一定比例递增，其计算公式为：

$$V = \frac{A}{Y-g}\left[1-\left(\frac{1+g}{1+Y}\right)^{n}\right]$$

式中　V——收益价值（元或元/m²）；

A——未来第1年净收益（元或元/m²）；

Y——报酬率（%）；

g——年净收益递增率（%）；

n——未来可获收益的年限。

3. 估价技术路线

（1）运用比较法求取估价对象比较价值；

（2）运用收益法求取估价对象收益价值；

（3）综合确定估价对象市场价值。

五、估价测算过程

（一）收益法

一）收益法具体方法选择

估价对象为出租型的商业物业，根据实际情况选用报酬资本化法进行评估，且采用全剩余寿命模式。本次收益法所选用的公式为：

$$V = A/(Y - g) \times \{1 - [(1 + g)/(1 + Y)]^n\}$$

式中　V——收益价值（元或元/m²）；

　　　A——未来第一年的净收益（元或元/m²）；

　　　Y——报酬率（%）；

　　　n——收益期（年）；

　　　g——年净收益递增率（%）。

二）估价对象收益期测算

估价对象土地使用权终止日期为 2057 年 7 月 6 日，价值时点剩余使用年限 40.39 年；建筑物均为钢混结构，耐用年限为 60 年，建成年份为 2011 年，有效使用年限为 6 年，且各建筑物保养情况正常，其建筑物剩余使用年限约为 54 年，建筑物剩余使用年限超过土地使用年限。估价委托人未提供国有土地使用权出让合同，由于本次估价是为确定房地产抵押贷款提供参考依据而评估房地产抵押价值，根据谨慎原则，未考虑对土地使用年限到期后回收建筑物予以补偿的情况对估价结果的影响，根据孰短原则确定收益年限为 40.39 年。

三）年有效毛收入

估价对象现状为 LOFT 办公楼，具有良好的租赁市场，且其无租约限制，可以用于出租，通过市场调查了解，该区域 LOFT 办公楼租赁市场比较成熟，类似出租较多，且近 3 个月内租金收益基本稳定，因此可采用比较法确定估价对象的客观租金水平。

1. 租金测算

1）可比实例选择

通过市场调查了解，估价人员按用途相同或相近，同一地区、同一供求范围，价值时点接近，交易情况正常的要求，根据估价对象的具体情况，选择了 3 个与估价对象类似的租金实例，可比实例单位租金以房屋所有权证记载的建筑面积测算，租金内涵为出租人负担租赁税费、承租人负担自主使用过程中产生的水电及物业管理费，付款方式均为一年一付，交易日期一次性付清，押金一般押三个月，租约到期一次性返还。

具体三个实例情况如下：

可比实例 A：××市××区××街道××路××大厦 717 室。建筑面积：47.35m²，LOFT 酒店式公寓。建成年份：2012 年，钢混结构，位于第 7 层。土地性质：综合（办公），租金单价为每日 3.4 元/m²，交易日期 2016 年 11 月 1 日。

可比实例 B：××市××区×××路××大厦 1008 室。建筑面积：50.66m²，

LOFT 酒店式公寓。建成年份：2012 年，钢混结构，位于第 10 层。土地性质：综合（办公），租金单价为每日 3.3 元/m²，交易日期 2016 年 12 月 1 日。

可比实例 C：××市××区××街道××轩 2206 室。建筑面积：84.95m²，LOFT 办公。建成年份：2010 年，钢混结构，位于第 22 层。土地性质：综合（办公），租金单价为每日 3.1 元/m²，交易日期 2017 年 1 月 1 日。

2）比较因素选择

根据影响房地产价格的主要因素，结合估价对象和可比实例的实际情况，所选择的比较因素主要有交易情况、市场状况、区位状况、实物状况及权益状况等。区位状况主要有位置状况、商业繁华度、楼层、交通便捷度、公用配套设施状况等，权益状况主要有规划限制条件、租赁期限、付款方式、押金等，实物状况主要有建筑结构、建筑面积、空间布局、停车位、装修状况、物业管理、建成年份等。

3）根据实地查勘情况，估价对象与可比实例的比较因素条件说明详见表 7-26。

比较因素条件说明表　　　　　　　　表 7-26

影响因素		估价对象	可比实例 A	可比实例 B	可比实例 C
			××大厦 717 室	××大厦 1008 室	××轩 2206 室
租赁单价［元/(m²·d)］		—	3.4	3.3	3.1
市场状况		2017 年 2 月 13 日	2016 年 11 月 1 日	2016 年 12 月 1 日	2017 年 1 月 1 日
交易情况		正常	正常	正常	正常
区位状况	位置状况	位于区域较中心位置	位于区域较中心位置	位于区域较中心位置	位于区域较中心位置
	商业繁华度	商业繁华度高	商业繁华度高	商业繁华度高	商业繁华度高
	楼层	8	7	10	22
	交通便捷度	周边有公交站，交通条件优	周边有公交站，交通条件优	周边有公交站，交通条件优	周边有公交站，交通条件优
	公用配套设施状况	齐全	齐全	齐全	齐全
实物状况	建筑结构	钢混	钢混	钢混	钢混
	建筑面积（m²）	131.81	47.35	50.66	84.95
	空间布局	良好	良好	良好	良好
	停车位	满足需求	满足需求	满足需求	满足需求
	装修状况	中档装修	高档装修	高档装修	中档装修
	建成年份	2011 年	2012 年	2012 年	2010 年

续表

影响因素		估价对象	可比实例 A	可比实例 B	可比实例 C
			××大厦 717 室	××大厦 1008 室	××轩 2206 室
权益状况	规划限制条件	无限制	无限制	无限制	无限制
	租赁期限	1 年	1 年	1 年	1 年
	付款方式	按年支付，先付后用	按年支付，先付后用	按年支付，先付后用	按年支付，先付后用
	押金	有，3 个月押金	有，3 个月押金	有，3 个月押金	有，3 个月押金

4）编制比较因素条件指数表

根据估价对象与可比实例各种因素具体情况，编制比较因素条件指数表，比较因素条件指数详见表 7-27（具体分析过程略）。

比较因素条件指数表　　　　　　表 7-27

影响因素		估价对象	可比实例 A	可比实例 B	可比实例 C
租赁单价［元/(m²·d)］		—	3.4	3.3	3.1
市场状况调整		100	100	100	100
交易情况修正		100	100	100	100
区位状况调整系数	位置状况	100	100	100	100
	商业繁华度	100	100	100	100
	楼层	100	99.5	101	107
	交通便捷度	100	100	100	100
	公用配套设施状况	100	100	100	100
	建筑结构	100	100	100	100
	建筑面积（m²）	100	102	102	101
	空间布局	100	100	100	100
实物状况调整系数	停车位	100	100	100	100
	装修状况	100	102	102	100
	建成年份	100	101	101	99
权益状况调整系数	规划限制条件	100	100	100	100
	租赁期限	100	100	100	100
	付款方式	100	100	100	100
	押金	100	100	100	100

5）编制因素比较修正调整系数

根据比较因素条件指数表，编制因素比较修正调整系数，见表7-28。

因素比较修正调整系数表　　　　表 7-28

影响因素		可比实例 A	可比实例 B	可比实例 C
租赁单价 [元/(m²·d)]		3.4	3.3	3.1
市场状况调整系数		100/100	100/100	100/100
交易情况修正系数		100/100	100/100	100/100
区位状况调整系数	位置状况	100/100	100/100	100/100
	商业繁华度	100/100	100/100	100/100
	楼层	100/99.5	100/101	100/107
	交通便捷度	100/100	100/100	100/100
	公用配套设施状况	100/100	100/100	100/100
实物状况调整系数	建筑结构	100/100	100/100	100/100
	建筑面积（m²）	100/102	100/102	100/101
	空间布局	100/100	100/100	100/100
	停车位	100/100	100/100	100/100
	装修状况	100/102	100/102	100/100
	建成年份	100/101	100/101	100/99
权益状况调整系数	规划限制条件	100/100	100/100	100/100
	租赁期限	100/100	100/100	100/100
	付款方式	100/100	100/100	100/100
	押金	100/100	100/100	100/100
租金比较租金 [元/(m²·d)]		3.25	3.11	2.90

根据估价对象的具体情况，并对影响估价对象租金价格的因素进行了具体修正调整。由于估价对象与可比实例可比性较好，且各比较租金相差不大，因此采用可比实例比较租金的简单算术平均数作为估价对象的租金：

$$估价对象比较租金 = (3.25 + 3.11 + 2.90) \div 3$$

$$= 3.09 \, [元/(m^2 \cdot d)]$$

2. 计算年潜在毛收入

通过上述的比较法将估价对象与可比实例的区位情况、权益情况和实物情况等因素综合进行分析测算，考虑本次估价目的，确定估价对象客观租金为 3.09 元/(m² · d)。

其他收入主要是租赁保证金或押金的利息收入。租赁保证金或押金通常为 3 个月的潜在毛租金，本次估价取 3 个月，按中国人民银行公布的一年期定期存款基准利率1.5%计算，平均每月按 30 日计，则：

$$年潜在毛收入 = 潜在毛租金收入 + 其他收入 = 3.09 \times 30 \times 12 + 3.09 \times$$
$$30 \times 3 \times 1.5\%$$
$$= 1\,116.57（元/m²）$$

3. 租约限制

根据估价委托人提供的资料，结合注册房地产估价师的调查情况，估价对象在价值时点为自用，未设定租赁权，无租约限制。

4. 有效出租率确定

估价对象为 LOFT 办公楼，可整体出租。根据市场同类房屋有效出租率分析，可出租面积占总建筑面积比例为 100%，因此，确定有效出租率为 100%。

5. 空置率及租金损失率确定

通过对该区域该类型房屋的空置率进行调查，总体来说该区域 LOFT 办公楼租赁需求比较旺盛，空置率较低，平均空置率为 3%，考虑到出租类房地产一般要缴纳押金且先付租金后使用情况，一般租金损失较少，本次年空置率及租金损失率取 3%。

6. 计算年有效毛收入

$$估价对象年有效毛收入 = 年潜在收入 \times 有效出租率 \times$$
$$(1 - 空置率及租金损失率)$$
$$= 1\,116.57 \times 100\% \times (1 - 3\%)$$
$$= 1\,083.07（元/m²）$$

（四）计算年运营费用

运营费用是维持估价对象房地产正常使用所必须支出的费用，包含年管理费、年维修费、年保险费以及年税金等。

（1）年管理费：根据目前××区与估价对象类似房地产采取出租方式经营的，其管理费一般占有效毛收入的3%左右，本估价报告取有效毛收入的3%计，则：

$$管理费 = 1\,083.07 \times 3\% = 32.49（元/m²）$$

（2）年维修费：××市房屋维修费一般为建筑物重置成本的 1%～2%，本次根据估价对象已取得《房地产权证》并缴纳房屋维修基金的实际情况，维护费按重置成本 1%计取，估价对象为钢混结构，平均重置成本为 3 900 元/m²，则：

维修费 = 3 900 × 1% = 39（元/m²）

（3）年保险费：根据当地现行标准，保险费按建筑物现值的 2‰计，估价对象整体成新率为 90%，则：

保险费 = 3 900 × 2‰ × 90% = 7.02（元/m²）

（4）年税金：根据《××市地方税务局个人出租房屋税收征收管理实施办法》及咨询××市地方税务局，个人非住宅出租用于经营且月收入低于 3 万元，免收增值税及附加，房产税税率为 12%，则：

税金 = 1 083.07 × 12% = 129.97（元/m²）

（5）年运营费用合计 = 管理费 + 维修费 + 保险费 + 税金

$$= 32.49 + 39 + 7.02 + 129.97 = 208.48（元/m²）$$

五）年净收益

年净收益 = 有效毛收入 − 运营费用 = 1 083.07 − 208.48

$$= 874.59（元/m²）$$

六）净收益变化趋势分析

根据调查及公司内部资料统计，××区 LOFT 办公房地产租赁市场的租金一直保持稳中有升态势，且××区内高新企业众多，区位优势较为明显，其租赁需求较为旺盛，因此预测估价对象净收益应该每年呈递增趋势。根据近几年来区域内租赁市场情况调查，其增长率在 2%～3%。

根据谨慎原则，经估价人员综合分析，确定估价对象的净收益逐年递增率为 2.2%（具体分析测算过程略）。

七）确定报酬率

确定报酬率的方法有：市场提取法、安全利率加风险调整值法、复合投资收益率法及投资收益排序法等，考虑到××市办公房地产市场的实际情况及估价师自身掌握的资料，本次估价采用安全利率加风险调整值法确定。

房地产报酬率实质上是房地产投资资产的收益率，根据《房地产估价规范》GB/T 50291—2015，报酬率可以按安全利率加风险调整值法确定，以安全利率加上风险调整值作为报酬率。无风险报酬率又称安全利率，一般选用一年期定期存款利率，风险报酬率按风险累加法进行测算，由投资风险补偿率、管理负担补偿率、缺乏流动性补偿率和投资带来的优惠率组成，具体见表 7-29。

房地产报酬率测算　　　　　　　　　　　表 7-29

项目	数值	说明
无风险报酬率	1.5%	无风险报酬率又称安全利率，是指没有风险的投资报酬率。本次估价选取 2015 年 10 月 21 日中国人民银行公布的一年期定期存款利率 1.5% 作为安全利率
投资风险补偿率	3%	投资风险补偿率是指投资者投资于不确定、具有一定风险性的房地产时，必然会要求对所承担的额外风险有所补偿。由于估价对象位于××县××镇，地理位置一般，取 3% 作为投资风险补偿率
管理负担补偿率	1.5%	管理负担补偿率是指一项投资所要求的操劳越多，其吸引力越少，从而投资者必然要求对所承担的额外管理有所补偿。房地产要求的管理工作一般超过存款、证券，取 1.5% 作为管理负担补偿率
缺乏流动性补偿率	1%	缺乏流动性补偿率是指投资者对所投入的资金由于确定流动性所要求的补偿。房地产与股票、证券、黄金相比，买卖更困难，变现能力弱，取 1% 作为确定流动性补偿率
投资带来的优惠率	0.5%	投资带来的优惠率是指投资房地产可能获得某些额外的好处，如易于获得融资，从而投资者会降低所要求的报酬率，取 0.5% 作为投资带来的优惠率

报酬率 = 无风险报酬率 + 投资风险补偿率 + 管理负担补偿率 +

缺乏流动性补偿率 − 投资带来的优惠率

$$= 1.5\% + 3\% + 1.5\% + 1\% - 0.5\% = 6.5\%$$

八）计算公式的选用

根据上述分析，净收益保持每年递增 2.2%，本次假定每年的报酬率保持不变，故收益价格测算公式为：

$$V = \frac{A}{Y - g}\left[1 - \left(\frac{1 + g}{1 + Y}\right)^n\right]$$

式中　V——收益价值；

　　　　A——房地产未来第一年净收益；

　　　　Y——报酬率；

　　　　g——净收益增长率；

　　　　n——收益年限。

九）收益价值计算

$$V = \frac{A}{Y - g}\left[1 - \left(\frac{1 + g}{1 + Y}\right)^n\right]$$

$$= 874.59 \div (6.5\% - 2.2\%) \times \left[1 - (1 + 2.2\%)^{40.39}/(1 + 6.5\%)^{40.39}\right]$$

$$= 16\ 490\ (元/m^2)$$

（二）比较法

采用比较法测算出估价对象单价为 16 892 元/m²（具体测算过程略）。

六、估价结果确定

根据《房地产估价规范》GB/T 50291—2015及估价对象的实际情况，我们采用比较法、收益法对估价对象价格进行测算，评估出估价对象的房地产价格见表7-30。

两种方法评估价格一览表 表7-30

估价方法	比较法（元/m²）	收益法（元/m²）
估价对象估价结果	16 892	16 490

本次估价运用了比较法和收益法测算了估价对象房地产市场价值，用比较法测算的房地产单价为16 892元/m²，用收益法测算的房地产单价为16 490元/m²，两者相差不大。根据估价师对当地房地产市场的分析和对估价对象周边市场的了解，区域内有与估价对象类似的房地产交易可比实例，比较法测算结果较符合价值时点市场价值水平；同时，房屋租赁也是同类项目目前普遍经营方式，收益法测算的结果也可以反映估价对象的客观合理价值，故本次评估结果取两种评估方法测算结果的简单算术平均值作为估价对象的最终评估结果，即：

房地产单价 = (16 892 + 16 490) ÷ 2 = 16 691（元/m²）（取整）

房地产总价 = 16 691 × 131.81 = 220（万元）（取整）

第五节 房地产损害赔偿估价

一、房地产损害赔偿估价内涵及特点

（一）房地产损害赔偿估价内涵

房地产损害估价是房屋本身损害贬值和房屋贬值引起占用土地经济价值贬值的共同体贬值估价。房地产损害估价主要有赔偿性房地产损害估价、房地产价值减损估价、各种类型的房屋质量缺陷损失估价等。

房地产损害估价采用市场价值标准。商品房质量缺陷估价的价值定义应当是价值时点的商品房实体状况缺陷、权利状况缺陷、区位状况缺陷造成的商品房价值减损的市场值。

（二）损害赔偿估价特点

损害赔偿估价与一般价值评估相比，其估价的不同点主要体现在以下几点：

（1）损害赔偿估价包括正价值估价与负价值估价；

（2）损害赔偿估价不仅包括负价值估价，通常还包括相关经济损失估价；

（3）损害赔偿估价的独一无二性更强，难以寻找到类似损害的赔偿实例；

（4）损害赔偿估价对建筑等专业知识要求更高，需要大量专业帮助，需要损害程度鉴定；

（5）损害当事人双方对估价结果都很关注，要求估价更加精准，说服力强。通常需要出庭作证（专家证人），要求有较强的语言表达能力。

二、房地产损害赔偿估价的相关规定

1）房地产损害赔偿估价，应区分被损害房地产价值减损评估、因房地产损害造成的其他财产损失评估，以及房地产损害造成的搬迁费用、临时安置费用、停产停业损失等评估。

2）被损害房地产价值减损评估，应符合下列规定：

（1）应调查了解并在估价报告中说明被损害房地产在损害发生前后的状况；

（2）应区分并分析、测算、判断可修复和不可修复的被损害房地产价值减损及房地产损害中可修复和不可修复的部分；

（3）对可修复的被损害房地产价值减损和房地产损害中可修复的部分，宜采用修复成本法测算其修复成本作为价值减损额；

（4）对不可修复的被损害房地产价值减损，应根据估价对象及其所在地的房地产市场状况，分析损失资本化法、价差法等方法的适用性，从中选用适用的方法进行评估。

三、房地产损害赔偿估价方法及技术路线

（一）房地产损害赔偿估价方法

损害赔偿估价通常采用修复成本法、损失资本化法、价差法。

1. 修复成本法

修复成本法是通过设定规划许可、采取其他工程措施、采用最合理的修复方案进行修缮以排除房屋缺陷所发生的各项费用，主要包括拆除工程费用、修缮工程费用、恢复工程费用、由于修复活动造成的直接经济损失而支出的补偿费用。修复成本法适用于可修复的因被损害房地产价值减损和房地产损害中可修复的部分。

$$V = C_1 + C_2 + C_3 + C_4 - C_5$$

式中　V——房地产损害估价值；

　　　C_1——拆除工程费用；

　　　C_2——修缮工程费用；

C_3——恢复工程费用；

C_4——直接经济损失；

C_5——被拆除物残值（归被损害方）。

拆除、修缮、恢复工程费用应当参照房屋修缮工程预算定额，并通过广泛搜集价值时点的建筑工程市场价格水平确定。

拆除、修缮、恢复工程费用包括直接费、间接费、利润和税金等。

直接费包括人工费、材料费、机械设备使用费和措施费，间接费包括规费和企业管理费。直接费应当参照房屋修缮工程预算定额中相关规则进行测算，间接费、利润和税金以定额规定的基数按照合理的费率测算。

直接经济损失是指修复施工期间或修复后所造成的经济损失，包括：

（1）房屋使用人周转安置费用；

（2）房屋空置的收益损失；

（3）房屋使用面积减少的损失；

（4）房屋室内净高降低的损失；

（5）房屋采光条件降低的损失；

（6）房屋耐久性降低的损失；

（7）邻近房屋损坏的补偿；

（8）施工影响的补偿；

（9）其他直接经济损失。

被拆除物残值应当根据价值时点的回收市场价格合理确定。

2. 损失资本化法

损失资本化法是通过测算房地产效益的减损值与费用的增加值在净收益损失年限的现值和/或无质量缺陷经济耐用年限正常净收益现值之和与有质量缺陷经济耐用年限正常净收益现值之和的差评估房地产的价值损失。该法可分为三种类型，即净收益减少收益期不变型、净收益不变收益期减少型、净收益及收益期减少型。以净收益减少额或净收益每年不变，收益期为有限年为例，给出公式。

1）净收益减少收益期不变型

$$P = \frac{\Delta A}{Y}\left[1 - \frac{1}{(1+Y)^n}\right]$$

式中　P——商品房价值减损值；

n——净收益损失年限；

ΔA——净收益减少额每年不变为ΔA；

Y——报酬率。

2）净收益不变收益期减少型

$$P = \frac{b}{Y}\left[1 - \frac{1}{(1+Y)^m}\right] - \frac{b}{Y}\left[1 - \frac{1}{(1+Y)^n}\right]$$

式中　P——商品房价值减损值；

m——无质量缺陷经济耐用年限；

n——有质量缺陷经济耐用年限；

B——净收益每年不变为A；

Y——报酬率。

3）净收益及收益年期减少型

$$P = \frac{A}{Y}\left[1 - \frac{1}{(1+Y)^t}\right] + \frac{b}{Y}\left[1 - \frac{1}{(1+Y)^m}\right] - \frac{b}{Y}\left[1 - \frac{1}{(1+Y)^n}\right]$$

式中　P——商品房价值减损值；

t——净收益损失年限；

A——年净收益减少额每年不变为ΔA；

m——无质量缺陷经济耐用年限；

n——有质量缺陷经济耐用年限；

A——净收益每年不变为A；

Y——报酬率。

3. 价差法

价差法是通过测算损害前的房地产状况的市场价值与损害后的房地产状况的市场价值之差，将其作为房地产价值减损的方法。而损害前后的房地产市场价值可采用比较法或收益法等方法进行估价。即：

房地产价值减损值 = 损害前的房地产市场价值 - 损害后的房地产市场价值

（二）房地产损害赔偿估价技术路线

1. 规划变更导致房地产价值损失的估价技术路线及难点处理

因规划变更所致的房地产损失估价，既要计算直接损失，也要考虑间接损失；既要计算有形损失，也要考虑无形损失；既要计算当前损失，必要时也要考虑未来预期损失。同时，为了客观确定估价结果，应当把损失和收益加以综合考虑。在测算过程中，各类损失的量化，是估价测算的关键。

2. 商品房质量缺陷导致价值减损的估价技术路线及难点处理

商品房质量缺陷价值减损的经济意义是效益的减少、费用的增加与经济寿命的减少，因此，导致效益的减少和费用的增加的商品房质量缺陷估价可采用损失资本化法来估价；对可修复的商品房质量缺陷可采用重置成本法估价；对不可修复的商品房质量缺陷可考虑采用影子工程投资法进行估价；对有类似商品房质量缺陷价值减损实例的，可采用比较法进行估价，也可以将存在质量缺陷的商品房价值与不存在质量缺陷的类似商品房价格比较采用价差法进行估价，也可根据缺陷程度的影响程度分析，在不存在质量缺陷的类似商品房价格的基础上进行缺陷影响程度的修正求取商品房质量缺陷的减损值，缺陷影响程度的修正值可采用特尔菲技术进行意愿调查确定。

第六节　房地产税收估价

一、房地产税收估价内涵及特点

（一）房地产税收估价内涵

房地产税收不是一个独立的税种，而是房地产业务所涉及的诸多相关税种的总称。其中，销售环节主要包括增值税、城市维护建设税、教育费附加、土地增值税、印花税、所得税、契税等；持有和经营环节主要包括房产税、增值税、城市维护建设税、教育费附加、城镇土地使用税。房地产税收应纳税额主要由课税依据（即课税基数）和税率确定，课税基数分两种情况：一是从价计征，二是从量计征。房地产税收估价是对应纳税房地产的课税依据（即课税基数）进行评估，通常针对从价计征方式，因此，房地产税收估价一般是对应纳税房地产市场价值价格（买卖价值价格、租赁价值价格）进行客观、公正、合理评估。

房地产税收估价分房地产持有环节税收估价、房地产交易环节税收估价和房地产开发环节税收估价。

1. 房地产持有环节税收估价

目前房地产持有环节税收主要针对经营性房地产进行征收，如对商业房地产、出租工业房地产和出租住房等进行征收，税收种类主要包括房产税、增值税、城镇土地使用税、城市维护建设税、教育费附加等。房地产持有环节税收估价主要针对以上税种的课税基数进行估价，包括应纳税房地产的市场买卖价值价格和租赁价格的估价，目前主要以应纳税房地产的租赁价格为主，但随着国家对非出租住房征收房产税的推进，未来将伴随大量以应纳税房地产的市场价值价格为主的税收估价。

2. 房地产交易环节税收估价

目前房地产交易环节税收主要针对各种可以买卖交易的房地产进行征收，如商业房地产、工业房地产和居住房地产等，税收种类主要包括增值税、城市维护建设税、教育费附加、土地增值税、印花税、契税等。税收估价主要针对以上税种的课税基数进行估价，即应纳税房地产的市场价格评估及其重置成本价评估。

由于房地产交易环节的房地产包括新建商品房和存量商品房，新建商品房一般由开发企业与购买人达成协议后签订商品房买卖合同，通常按照实际成交价格作为课税基数，无需进行估价，应纳税房地产市场价格评估主要针对存量商品房进行。当税务征收部门需要确定土地增值税扣除金额时，需对重置成本价进行评估。

3. 房地产开发环节税收估价

房地产开发环节税收主要有城镇土地使用税、印花税等，城镇土地使用权按占地面积实行从量定额征收不需要估价服务。其他税种需要估价服务的，应按照有关税法规定进行。

（二）房地产税收估价特点

1. 存量住房交易数量大，一般采用批量估价

存量房转让是房地产市场主要交易行为之一，由于数量众多，为降低征税成本，提高征税效率，目前我国大部分地区建立了存量房交易纳税评估系统，采取批量评估方式对交易存量房进行评估。但对个别复杂、数量稀少的存量房，如大型商业房地产的交易征税，一般需要进行个案评估。

2. 涉及面广，社会影响大

房地产税收的纳税人既有居民个人，也有机关企事业单位；纳税房屋按使用性质有商品住宅、商业用房、办公用房、生产用房；按产权性质有独立产权用房、共有产权用房。对企事业单位而言，房地产税收涉及企事业的经营成本，对居民个人而言，房地产税收涉及千家万户的切身利益，所产生的社会影响很大。

二、房地产税收估价的相关规定

（1）房地产税收估价，应区分房地产持有环节税收估价、房地产交易环节税收估价和房地产开发环节税收估价。并应按相应税种为核定其计税依据进行估价。

（2）房地产税收估价，应兼顾公平、精准、效率和成本。对同类房地产数量较多、相互间具有可比性的房地产，宜优先选用批量估价的方法进行估价。对同类房地产数量较少、相互间可比性差、难以采用批量估价的方法进行估价的房地产，应采用个案估价的方法进行估价。

（3）房地产持有环节税收估价，各宗房地产的价值时点应相同。房地产交易环节税收估价，各宗房地产的价值时点应为各自的成交日期。

三、房地产税收估价方法及技术路线

（一）房地产税收估价方法

房地产税收估价可采用批量估价和个案估价。个案估价可采用比较法、收益

法、成本法、假设开发法等。

（二）房地产税收估价技术路线

1. 批量估价技术路线

收集被征税房屋的区位、用途、权利性质、档次、新旧程度、规模、建筑结构等信息资料，选择基准房屋，采用比较法、成本法、收益法等对基准房屋价值价格进行估价，利用相关数学模型建立修正体系，利用修正体系评估其他类似房屋价格。

2. 比较法估价技术路线

比较法技术路线是通过选取类似成交房地产，通过交易状况、房地产市场状况、房地产区位状况、房地产实物状况和房地产权益状况调整确定待估房地产价格。

3. 收益法估价技术路线

当被征税房屋为商业用途房地产、出租住房时，可采用收益法。其技术路线是通过比较法测算被征税房屋的租金，进而确定被征税房屋当前的净收益并预测其未来的净收益，然后将其折现来求取被征税房屋市场价格。

4. 成本法估价技术路线

房地产税收估价应充分分析成本法的适用性，特别是为房地产交易环节税收的估价服务中，一般成本法不宜作为唯一的一种估价方法。适宜采用成本法的，应根据估价对象状况、房地产市场发育程度等，合理选择房地合估、分估或整估的技术路线进行估价。

5. 假设开发法估价技术路线

假设开发法估价主要针对被征税房地产为土地或在建工程。其技术路线是首先选择开发前提，其次测算续建完成后的价值、续建成本、费用利息、利润，最后测算被征税房地产价值。

四、房地产税收估价案例分析

【案例 7-5】

××区××路××号住房税收（征收增值税）估价技术报告（节选）

一、估价对象状况描述与分析

（一）区位状况描述与分析

1. 位置状况描述

（1）名称：××区××路××居住小区××号××栋。

（2）方位：估价对象所在居住区东至××大道，南至××快速路，西至××大道，北临××大道。

（3）与重要场所（设施）的距离：估价对象1000m半径范围内有××小学、××中英文学校、××中学、××医院、××大型购物广场、超市、便利店、肉菜市场等。

（4）临街（路）状况：所在居住区临××大道。

（5）朝向：东南向。

（6）楼层：整栋，共3层。

2. 交通状况描述

（1）道路状况：临市政××大道。

（2）出入可利用交通工具：附近有372路、375路、379路等公交车及出租车经过，小区有楼巴穿梭，交通较便利。

（3）交通管制情况：无。

（4）停车方便程度：设露天停车位，停车位较充足，停车较方便。

3. 外部配套设施状况描述

（1）基础设施：估价对象共用地块开发红线内外"六通"（通供水、通排水、通电、通路、通信、通气），宗地红线内土地平整，基础设施完善。

（2）公共服务设施：居住区附近有××小学、××中英文学校、××中学、××医院、大型购物广场、超市、便利店、肉菜市场等，基础及公共服务设施完善，居住氛围浓厚。

4. 周围环境状况描述

（1）自然环境：自然环境优。

（2）人文环境：人文环境优。

（3）景观：望花园，景观优。

5. 区位状况分析

估价对象所处区域基础及公共服务设施完善，居住氛围浓厚。随着经济不断发展和周边配套规划等不断完善，该区域集聚效应将进一步扩大，有利于住宅类物业房地产价值平稳，综合区位状况为优。

（二）实物状况描述与分析

1. 土地实物状况与分析

1）土地实物状况描述

（1）名称：××区××路××号。

（2）四至：东至××大道，南至××快速路，西至××大道，北临××大道。

（3）面积：共用地面积为792.23m²。

（4）形状：较规则。

（5）地形：位于平原地形。

（6）地势：所处地势平缓。

（7）地质：所处地质条件良好，地基承载力较好。

（8）土壤：所处土壤条件一般。

（9）开发程度：红线内外"六通"（通供水、通排水、通电、通路、通信、通气），宗地红线内土地平整，地上建有建筑物。

2）土地实物状况分析

估价对象所在土地形状较规则，土地条件较好，开发利用合理，周边同类型住宅用地较多，适宜进行住宅物业房地产开发，与周边土地利用相协调，土地基础配套设施完善，整体土地实物状况属于优。

2. 建筑物实物状况描述与分析

1）建筑物实物状况描述

（1）名称：××区××路××号。

（2）建筑规模：建筑面积252.93m²。

（3）建筑结构及层数：钢筋混凝土结构共3层。

（4）设施设备：分体空调、水电暗装、消火栓、资讯系统、24小时保安、露天车位等配套设施。

（5）装饰装修（普通装修）：外墙为涂料；室内地面铺抛光砖、木地板，内墙及天花刷乳胶漆，入室门为实木门，装铝合金窗。

（6）层高：约3m。

（7）平面布置：联排别墅，5房2厅1厨5卫3阳台（带约40m²花园）。

（8）建筑功能：住宅楼。

（9）外观：估价对象外立面维护情况较差，外墙有渗水，外观较差。

（10）建成年份：约2006年。

（11）新旧程度：现场勘查房屋结构基本完好，属基本完好房。

（12）物业管理：小区管理。

2）建筑物实物状况分析

估价对象建筑构造较完整，平面布置规则，建筑物实物状况与其用途相匹配，具有良好的通用性和独立使用性，估价对象外墙有渗水，维护保养较差，整体建筑物实物状况一般。

（三）权益状况描述与分析

1. 权益状况描述

根据委托方提供的《不动产权证书》（××市不动产权第××号）等资料记载显示：

（1）房屋用途：住宅。

（2）规划条件：估价对象所处规划为住宅区。

（3）所有权：房屋所有权人为×××。

（4）土地使用权：国有土地使用权，使用年限为 70 年，从 2002 年 6 月 27 日到 2072 年 6 月 26 日止，使用权人为×××。

（5）共有情况：单独所有。

（6）租赁或占用情况：根据现场查勘和委托人介绍，估价对象现自住。

（7）居住权设立情况：未设立居住权。

（8）权属清晰情况：估价对象产权资料完整，权属清晰。

2. 权益状况分析

截至价值时点，估价对象产权清晰，业权人拥有物业完整权益，土地权益状况、建筑物权利状况、其他相关权益状况等明确。总体而言，估价对象权益状况良好，对估价对象的价值实现无不利影响。

二、市场背景描述与分析（略）

三、估价对象最高最佳利用分析（略）

四、估价方法适用性分析

（一）各种估价方法的适用性分析（略）

（二）估价方法选用分析

估价人员认真分析所掌握的资料，结合周边同类房地产市场状况，结合估价对象的具体特点及估价目的，选取适当的估价方法对估价对象进行评估。

1. 不适用的估价方法（略）

2. 适用的估价方法

（1）鉴于估价对象为住宅用途房地产，周边房地产市场信息丰富齐全，房地产市场发展成熟，同一供需范围内的同类型房地产成交记录和放盘个案较多，因此估价人员选用比较法进行评估。

（2）考虑到估价对象为土地使用权及建筑物的合一体，可从成本的角度测算估价对象的价格，且成本构成资料较易获取，可以采用成本法进行评估。

综上所述，估价对象采用比较法和成本法进行评估。

（三）估价技术路线（略）

五、估价测算过程

（一）运用比较法进行测算估价对象的价值

1. 收集交易实例

我们对估价对象实地查勘的同时也调查了解了估价对象区域内同类型的物业，通过中介公司、查阅房地产报刊信息等途径，针对性地收集了若干交易实例进行分析和筛选。

2. 选取可比实例

经分析估价对象各方面情况，结合其特点，选取了在此区域内三个成交个案作为可比案例。经过对各可比实例全面调查了解，估价对象与各可比实例的有关状况详见表7-31。

估价对象与可比实例状况描述表　　　　　表 7-31

项目	估价对象	可比实例 A	可比实例 B	可比实例 C
地址	××区××街××号	××区十二街6号	××区十四街5号	××区十九街18号
外观照片				
建筑面积（m²）	252.93	177.19	345.95	186.93
用途	住宅	住宅	住宅	住宅
交易情况	—	正常市场成交	正常市场成交	正常市场成交
价值时点/交易时间	2021年9月9日	2021年5月	2020年12月	2021年6月
成交总价（元）	—	314.28	668.38	397.51
成交单价（元/m²）	待估	17 737	19 320	21 265
税费负担情况	各付各税	各付各税	各付各税	各付各税
实例来源	—	市场调查	市场调查	市场调查

3. 建立比较基础，进行标准化调整（略）

4. 估价对象和可比实例比较因素条件说明

估价对象和可比实例比较因素条件说明见表7-32。

估价对象和可比实例比较因素条件说明 表 7-32

项目		估价对象	可比实例 A	可比实例 B	可比实例 C
地址		××区××街××号	××区十二街6号	××区十四街5号	××区十九街18号
交易情况		—	正常市场成交	正常市场成交	正常市场成交
价值时点/交易时间		2021年9月9日	2021年5月	2020年12月	2021年6月
区位状况	居住氛围	居住氛围较浓厚	居住氛围较浓厚	居住氛围较浓厚	居住氛围较浓厚
	交通条件	交通较便利	交通较便利	交通较便利	交通较便利
	基础设施	区域市政供水保证率较高，排水状况好，供电保障率较高，供气及电信设施完备度较高	区域市政供水保证率较高，排水状况好，供电保障率较高，供气及电信设施完备度较高	区域市政供水保证率较高，排水状况好，供电保障率较高，供气及电信设施完备度较高	区域市政供水保证率较高，排水状况好，供电保障率较高，供气及电信设施完备度较高
	公共服务设施	完善程度较高	完善程度较高	完善程度较高	完善程度较高
	人口状况	人口密集较高	人口密集较高	人口密集较高	人口密集较高
	区域规划	规划前景较好	规划前景较好	规划前景较好	规划前景较好
	环境条件	环境条件较好	环境条件较好	环境条件较好	环境条件较好
	景观条件	景观条件好	景观条件好	景观条件好	景观条件好
	所在楼层	整栋	整栋	整栋	整栋
	朝向	南	南	西南	西南
实物状况	建筑规模	建筑规模较大	建筑规模适中	建筑规模较大	建筑规模适中
	设施设备	设施设备较完善	设施设备较完善	设施设备较完善	设施设备较完善
	总楼层	3	3	3	3
	装饰装修	普通装修	普通装修	普通装修	普通装修
	层高	3m	3m	3m	3m
	花园面积大小	花园面积一般	花园面积一般	花园面积一般	花园面积一般
	建成年份	2006	2002	2008	2006
	维护保养	较差	一般	较好	较好
	物业管理	管理水平较高	管理水平较高	管理水平较高	管理水平较高
权益状况	权利限制情况	无共有权、未设立用益物权、担保权，无拖欠税费、查封等情况	无共有权、未设立用益物权、担保权，无拖欠税费、查封等情况	无共有权、未设立用益物权、担保权，无拖欠税费、查封等情况	无共有权、未设立用益物权、担保权，无拖欠税费、查封等情况
	权属清晰情况	清晰	清晰	清晰	清晰

5. 进行交易情况修正

根据市场调查，各可比实例均为正常市场交易，因此取各交易情况修正系数为±0%。

6. 进行市场状况调整

市场状况调整见表 7-33（具体分析测算过程略）。

市场状况调整指数表　　　　　　　　　　表 7-33

项目	估价对象	可比实例A	可比实例B	可比实例C
市场状况调整	100.00	103.00	105.00	103.00

7. 进行房地产状况调整

1）房地产状况调整取值说明

房地产状况调整取值说明见表 7-34。

房地产状况调整取值说明　　　　　　　　　表 7-34

	居住氛围	指标说明	居住氛围浓厚	居住氛围较浓厚	居住氛围一般	居住氛围较差	居住氛围差
		调整	4.0	2.0	0.0	−2.0	−4.0
	交通条件	指标说明	交通便利	交通较便利	交通条件一般	交通条件较差	交通条件差
		调整	6.0	3.0	0.0	−3.0	−6.0
区位状况调整	基础设施	指标说明	区域市政供水保证率高，排水状况好，供电保障率高，供气及电信设施完备度高	区域市政供水保证率较高，排水状况好，供电保障率较高，供气及电信设施完备度较高	区域市政供水保证率一般，排水状况好，供电保障率一般，供气及电信设施完备度一般	区域市政供水保证率较低，排水状况好，供电保障率较低，供气及电信设施完备度较低	区域市政供水保证率低，排水状况好，供电保障率低，供气及电信设施完备度低
		调整	4.0	2.0	0.0	−2.0	−4.0
	公共服务设施	指标说明	配套设施完善程度高	配套设施完善程度较高	配套设施完善程度一般	配套设施完善程度较低	配套设施完善程度低
		调整	2.0	1.0	0.0	−1.0	−2.0
	人口状况	指标说明	区域人口密集程度高	区域人口密集程度较高	区域人口密集程度一般	区域人口密集程度较低	区域人口密集程度低
		调整	2.0	1.0	0.0	−1.0	−2.0
	区域规划	指标说明	区域规划前景好	区域规划前景较好	区域规划前景一般	区域规划前景较差	区域规划前景差
		调整	2.0	1.0	0.0	−1.0	−2.0
	环境条件	指标说明	区域内环境条件好	区域内环境条件较好	区域内环境条件一般	区域内环境条件较差	区域内环境条件差
		调整	2.0	1.0	0.0	−1.0	−2.0

续表

区位状况调整	景观条件	指标说明	景观条件好，对房地产价值极为有利	景观条件良好，对房地产价值较为有利	景观条件一般，对房地产价值无不良影响	景观条件较差，对房地产价值有一定影响	景观条件差，对房地产价值有严重影响
		调整	2.0	1.0	0.0	−1.0	−2.0
	所在楼层	指标说明及调整	估价对象与可比实例均为整栋别墅，故不作楼层修正				
	朝向	指标说明	东	南	西	北	东南
		调整	2.0	3.0	0.0	1.0	8.0
		指标说明	东北	西南	西北	东西	南北
		调整	5.0	6.0	3.0	6.0	9.0
实物状况调整	建筑规模	指标说明	建筑规模适中，较利于房地产空间布局要求	建筑规模过大，不利于房屋变现	建筑规模较大，较不利于房屋变现	建筑规模较小，较不利于房屋空间布局要求	建筑规模过小，不利于房屋空间布局要求
		调整	0.0	−4.0	−2.0	−2.0	−4.0
	设施设备	指标说明	设施设备完善，对房屋利用极为有利	设施设备较完善，对房屋利用较为有利	设施设备完善度一般，对房屋利用无不良影响	设施设备欠缺，对房屋利用有一定影响	设施设备欠缺，对房屋利用产生严重影响
		调整	4.0	2.0	0.0	−2.0	−4.0
	总楼层	指标说明及调整	总楼层越高，价值越高，估价对象与可比实例每差一层向上或向下修正0.1%				
	装饰装修	指标说明	豪华装修	精装修	普通装修	一般装修	毛坯
		调整	6.0	3.0	0.0	−3.0	−6.0
	层高	指标说明	层高高	层高较高	一般层高	层高较低	层高低
		调整	6.0	3.0	0.0	−3.0	−6.0
	花园面积大小	指标说明	花园面积大	花园面积较大	花园面积一般	花园面积较小	花园面积小
		调整	6.0	3.0	0.0	−3.0	−6.0
	建成年份	指标说明及调整	建成年份越新，价值越高，估价对象与可比实例每差一年向上或向下修正0.2%				
	维护保养	指标说明	维护保养情况好	维护保养情况较好	维护保养情况一般	维护保养情况较差	维护保养情况较差
		调整	8.0	4.0	0.0	−4.0	−8.0
	物业管理	指标说明	物业管理水平高	物业管理水平较高	物业管理水平一般	物业管理水平较低	物业管理水平低
		调整	4.0	2.0	0.0	−2.0	−4.0

续表

实物状况调整	权利限制情况	指标说明	用途、规划条件、所有权、土地使用权情况明确，无共有权、未设立用益物权、担保权，无拖欠税费、查封等情况	用途、规划条件、所有权、土地使用权情况明确，有共有权、未设立用益物权、担保权，无拖欠税费、查封等情况	用途、规划条件、所有权、土地使用权情况明确，无共有权、有设立用益物权、担保权，无拖欠税费、查封等情况	用途、规划条件、所有权、土地使用权情况明确，有共有权、有设立用益物权、担保权，无拖欠税费、查封等情况	用途、规划条件、所有权、土地使用权情况明确，有共有权、有设立用益物权、担保权，有拖欠税费、查封等情况
		调整	4.0	2.0	0.0	-2.0	-4.0
	权属清晰情况	指标说明	权属情况清晰		权属情况较清晰	权属情况较不清晰	权属情况不清晰
		调整	0.0		-2.0	-4.0	-6.0

注：以估价对象为基准"0"，根据估价对象及比较实例各项因素的相应等级进行修正调整。

2）房地产状况调整

根据估价对象与可比实例的各项可比因素情况，结合可比因素调整体系进行调整，调整过程详见表7-35、表7-36。

比较因素条件指数表　　　　　　　　　　表7-35

项目		估价对象	可比实例A	可比实例B	可比实例C
地址		××区××街××号	××区十二街6号	××区十四街5号	××区十九街18号
成交单价（元/m²）		待估	17 737	19 320	21 265
建立价格可比基础	统一房地产范围	0	0	0	0
	统一付款方式	0	0	0	0
	统一币种和货币单位	0	0	0	0
	统一面积内涵	0	0	0	0
	价格可比基础修正系数	100.0	100.0	100.0	100.0
交易情况修正		100.0	100.0	100.0	100.0
市场状况调整系数		100.00	103.00	105.00	103.00
区位状况调整	居住氛围	100.0	100.0	100.0	100.0
	交通条件	100.0	100.0	100.0	100.0
	基础设施	100.0	100.0	100.0	100.0
	公共服务设施	100.0	100.0	100.0	100.0

续表

	项目	估价对象	可比实例A	可比实例B	可比实例C
区位状况调整	人口状况	100.0	100.0	100.0	100.0
	区域规划	100.0	100.0	100.0	100.0
	环境条件	100.0	100.0	100.0	100.0
	景观条件	100.0	100.0	100.0	100.0
	所在楼层	100.0	100.0	100.0	100.0
	朝向	100.0	100.0	103.0	103.0
	区域状况调整	100.0	100.0	103.0	103.0
实物状况调整	建筑规模	100.0	102.0	100.0	102.0
	设施设备	100.0	100.0	100.0	100.0
	总楼层	100.0	100.0	100.0	100.0
	装饰装修	100.0	100.0	100.0	100.0
	层高	100.0	100.0	100.0	100.0
	花园面积大小	100.0	100.0	100.0	100.0
	建成年份	100.0	99.2	100.4	100.0
	维护保养	100.0	104.0	108.0	108.0
	物业管理	100.0	100.0	100.0	100.0
	个别因素调整	100.0	105.2	108.4	110.0
权益状况调整	权利限制情况	100.0	100.0	100.0	100.0
	权属清晰情况	100.0	100.0	100.0	100.0
	权益状况调整系数	100.0	100.0	100.0	100.0

比较因素调整系数及估价结果 表 7-36

项目	比较实例A	比较实例B	比较实例C
位置	××区十二街6号	××区十四街5号	××区十九街18号
成交单价（元/m²）	17 737	19 320	21 265
价格可比基础修正	100.0/100.0	100.0/100.0	100.0/100.0
交易情况修正系数	100.0/100.0	100.0/100.0	100.0/100.0
市场状况调整系数	100.0/103.0	100.0/105.0	100.0/103.0

续表

项目	比较实例 A	比较实例 B	比较实例 C
区域状况调整系数	100.0/100.0	100.0/103.0	100.0/103.0
实物状况调整系数	100.0/105.2	100.0/108.4	100.0/110.0
权益状况调整系数	100.0/100.0	100.0/100.0	100.0/100.0
比准价格（元/m²）	16 370	16 480	18 220

据上表的调整系数，可计算得到各可比实例调整后的单价，由于调整后的可比实例比较价格较为接近（约 11%），且三个可比实例与估价对象的可比性均较强，因此取三个案例比准价格的算术平均值为比较价值，则：

$$估价对象比较价值单价 = (16\ 370 + 16\ 480 + 18\ 220) \div 3$$

$$= 17\ 020（元/m^2）（取整至十位）$$

（二）运用成本法进行测算估价对象的价值

运用成本法测算的成本价值为 15 560 元/m²（具体测算过程略）。

六、估价结果确定

1. 合理性分析

本次评估选择了比较法和成本法两种估价方法进行评估，我们认为，比较法采用周边区域同类型物业的可比实例，较充分地考虑了估价对象市场价值；成本法测算结果是以开发或建造与估价对象相同或类似房地产所需的各项必要费用之和为基础，加上正常利润得出全新状态下的重置成本，再考虑评估对象的实际成新度，得出估价对象评估值的一种估价方法，我们认为两种方法的估价结果均具备合理性和可信性。

2. 权重选择

比较法测算结果为 17 020 元/m²，成本法测算结果为 15 560 元/m²，两种方法测算结果差异约 10%。考虑本次估价目的是为委托人办理课税手续的需要而提供房地产市场价值参考，确定采用算术平均值作为最终结果。

$$估计对象市场价值 = 17\ 020 \times 0.5 + 15\ 560 \times 0.5 = 16\ 290（元/m^2）$$

$$估价对象市场价值 = 评估单价 \times 建筑面积$$

$$= 16\ 290 \times 252.93 = 412.02（万元）（取整至百位）$$

3. 估价结果

估价人员根据估价目的，遵循估价原则，按照估价工作程序，运用科学的估价方法，仔细考察估价对象的特征及使用和维护情况，经过全面细致的测算，并结合估价经验和对影响项目价值因素的分析，确定估价对象在 2021 年 9 月 9 日估价结果为：

评估市场单价：16 290（元/m²）

评估市场总价：¥412.02（万元）（人民币肆佰壹拾贰万零贰佰元整）

注：估价结果内涵为各自支付税费下的正常市场价值，使用估价结果时应关注征税依据的内涵要求。

第七节 房地产租赁估价

一、房地产租赁估价内涵及特点

（一）房地产租赁估价内涵

房地产租赁估价一般是根据估价委托人的具体需要，对房地产的市场租金或其他特定租金（如保障性租赁住房租金）以及租赁活动涉及衍生的承租人权益价值等进行客观、公正、合理评估的行为。

（二）房地产租赁估价类型

1. 房地产租赁市场价格评估

房地产租赁市场价格评估，主要包括为租赁双方提供市场租金水平参考依据，为处理租赁纠纷、查处违规违法租赁案件提供市场租金鉴证服务。

2. 新建和改建租赁住房中的估价

新建和改建租赁住房中的估价主要包括政府出让建设租赁住房用地中的估价，利用集体建设用地建设租赁住房中的估价，将闲置和低效利用的商业、办公、工业等用房改建为租赁住房中的估价。

3. 租赁住房运营管理中的估价

租赁住房运营管理中的估价主要涉及两大环节，一是获取租赁房源时租金水平的确定；二是向外出租时租金水平的确定，特别是大量分散式转租型租赁住房，住房状况各不相同、差异很大，每套或每间住房的租金都不一样，需要科学合理地确定租金。

4. 保障性住房租赁中的估价

保障性住房租赁中的估价主要涉及两方面，一是公共租赁住房等租赁型保障性住房租金的确定；二是货币化的租赁保障（即发放住房租金补贴），租金补贴金额的确定。

5. 住房租赁市场监测和调控中的估价

随着住房租赁市场的发展，政府会越来越关注和重视住房租赁市场，特别是租金的监测和调控，包括租金动态监测、市场租金水平测算、制定市场指导租金、编制租赁价格或租金指数、预测未来市场租金变化，以及如何应对有可能出现的租金过快上涨，怎么对租金进行调控等，都需要房地产估价服务。

6. 其他租赁估价

其他租赁估价包括住房租赁企业融资发展中的估价，如住房租赁资产证券化中的估价、住房租赁收益权质押估价等；衍生的租赁估价，如租金高低与空置期、空置率(或出租率)的关系统计分析,承租人将租赁权转让时的租赁权价格估价等。

(三)房地产租赁估价特点

1. 估价类型较复杂

住房租赁估价涉及租赁住房运营管理、新建和改建租赁住房租金、保障性住房租赁、住房租赁市场监测和调控等各个领域,不同领域对租赁估价的要求不同,估价类型较复杂。

2. 估价目的较多、难度较大

住房租赁估价涉及面广泛,包括市场租金估价,保障性住房租赁租金定价;市场租金估价还涉及出租人权益、承租人权益、租赁收益权、企业价值等估价。因此估价的要求较高、难度较大,需要金融、财务会计、企业经营管理等专业知识。

3. 租赁价格名称多样、内涵复杂

房地产租赁价格分市场租金和其他特定租金,租金内涵涉及租金对应的价值时点、支付方式、税费负担情况、未来租金变化幅度、租赁装饰装修处理等,从租赁市场资料收集、整理、租赁价格评估,都需要理清租赁价格的名称和内涵。

二、房地产租赁估价的相关规定

(1)房地产租赁估价,应区分出租人需要的估价和承租人需要的估价,并应根据估价委托人的具体需要,评估市场租金或其他待定租金、承租人权益价值等。

(2)以营利为目的出租划拨建设用地使用权上的房屋租赁估价,应根据国家和估价对象所在地的土地收益处理规定,给出租金中所含的土地收益。

(3)保障性住房租赁价格评估,应根据货币补贴、实物补贴等租金补贴方式,评估市场租金或其他特定租金。对采用货币补贴的,宜评估市场租金;对采用实物补贴的,宜根据类似商品住房的市场租金,保障性住房的成本租金,保障性住房供应对象的支付能力,政府补贴水平及每套住房所处楼栋、楼层、朝向等保障性住房租金影响因素,测算公平合理的租金水平。但国家和保障性所在地对保障性住房租赁价格确定有特别规定的,应按其规定执行。

三、房地产租赁估价方法及技术路线

(一)房地产租赁估价方法
房地产租赁估价可采用比较法、剩余法、成本法、价值折算法等。
(二)房地产租赁估价技术路线
1. 比较法技术路线
比较法是选取一定数量的可比实例,将它们与估价对象进行比较,根据其间的差异对可比实例租赁价格进行处理后得到估价对象租赁价格的方法。比较法是根据类似不动产的租赁价格来求取估价对象租赁价格的方法，其经济学依据是替代原理。

采用比较法评估租金需要注意，选取可比实例时一定要看到租赁合同关注约束条件和租金内涵。有时相邻商位的租金差异很大，其原因就在于此，如由谁装修、是否包含电费和物业管理费等。另外，有的项目处于市场培育期，而有的项目在成熟期，收集的案例必须经过调查和修正才能使用。

2. 剩余法技术路线

剩余法是以经营承租房地产所能获得的收入扣除必要的经营费用以及承租者要求的合理利润，以其余额作为估价对象租赁价格的方法。剩余法是站在承租方的角度测算其所能支付的租金水平的方法。其理论依据是地租原理。例如，某块土地，假设在投入资金使其达到最佳利用后可以获得某一地租，则这一地租减去投入资金的利息等之后为该土地现时的地租。

3. 成本法技术路线

成本法是在对租赁价格成本构成因素进行分解的基础上，采用适当的方法确定各成本构成因素价格水平以及应得利润，然后累加各成本费用及应得利润，以其之和作为估价对象租赁价格的方法。采用成本法评估房地产租赁价格时，通常将租赁价格分解为房屋折旧费、维修费、管理费、利息、税金、保险费、地租和利润等。实际情况中房租的成本构成因素可能还包含除上述以外的其他费用，也有可能不包含上述费用中的一些项目。

4. 价值折算法技术路线

价值折算法，是选取收益法以外适宜的房地产价值评估方法求得估价对象的价值或价格，然后确定估价对象报酬率或资本化率，年净收益的变化趋势，最后选用适当的收益法计算公式求取估价对象年净收益，进而调整得到房地产的租赁价格的方法。价值折算法是以不动产价值为基础，反算其租赁价格的方法，是不动产价值评估收益法的倒算形式，其经济学依据同样是收益原理。

四、房地产租赁估价案例分析

【案例 7-6】

××区××路××号办公房地产租赁估价技术报告（节选）

一、房地产状况描述与分析

（一）区位状况描述与分析（略）

（二）实物状况描述与分析

1. 土地实物状况描述与分析

1）土地实物状况描述

名称：××区××大道中××号××房。

四至：东面为××路，南面为××大道中，西面为××楼宇，北面为××花园。

面积：共用宗地面积为 1 220.66m²。

用途：未记载。

形状：呈矩形，形状较规则。

地形地势：所处土地地形平坦，地势平缓，地质条件较好。

开发程度：红线内外"五通"（通供水、通排水、通电、通路、通信），宗地红线内土地平整。

2）土地实物状况分析

估价对象所在土地面积规模适中，形状规则，地形地势平坦，土地开发利用合理，周边同类型办公用地较多，适宜进行办公物业房地产开发，与周边土地利用相协调，土地基础配套设施完善，整体土地实物状况属于优。

2. 建筑物实物状况描述与分析

1）建筑物实物状况描述

名称：××区××大道中××号××房。

规模：建筑面积104.53m²。

用途：办公。

建筑结构及层数：钢筋混凝土结构25层。

设施设备：2台电梯、分体空调、水电暗装、消防系统、资讯系统、电子防盗门、24小时保安、地下停车库等配套设施齐全。

装饰装修：普通装修，外墙贴条形锦砖；室内地面铺抛光砖，内墙及天花为乳胶漆；卫生间地面铺防滑砖，内墙贴瓷片，天花为铝扣板吊顶，设有蹲厕、洗手盆；入室门为夹板门配不锈钢门，装铝合金窗。

层高：约3m。

空间布局：较规则。

建成时间：约2004年。

使用及维护情况：目前出租，维护情况良好。

完损状况：现场查勘房屋结构完好，属完好房，综合成新率约80%。

2）建筑物实物状况分析

估价对象建筑构造完整，平面布置规则，建筑物实物状况与其用途相匹配，具有良好的通用性和独立使用性，并有正常维护保养，令楼宇的建筑功能得到正常发挥，整体建筑物实物状况属于较优。

（三）权益状况描述与分析（略）

二、市场背景状况描述与分析（略）

三、估价对象最高最佳利用分析（略）

四、估价方法适用性分析

（一）各种估价方法的适用性分析（略）

（二）估价方法选用分析

估价人员认真分析所掌握的资料，结合周边同类房地产市场状况，结合估价对象的具体特点及估价目的，选取比较法与价值折算法进行评估（具体分析过程略）。

（三）估价技术路线（略）

五、估价测算过程

（一）运用比较法测算估价对象的租金

运用比较法测算的估价对象市场租金为 86 元/(m² · 月)（具体测算过程略）。

（二）运用价值折算法测算估价对象的租金

收益法计算公式：$V = A/(Y - g) \times \{1 - [(1 + g)/(1 + Y)]^n\}$

式中　V——收益价值（元或元/m²）；

$\quad\quad A$——未来第 1 年净收益（元或元/m²）；

$\quad\quad Y$——报酬率（%）；

$\quad\quad g$——净收益每年递增比率（%）；

$\quad\quad n$——收益年限（年）。

月租金单价推算公式：

$$I = (A - B)/12 = \frac{\dfrac{A}{Y - g}\left[1 - \left(\dfrac{1 + g}{1 + Y}\right)^n\right] - B}{12}$$

式中　I——月租金单价（元/m² · 月）；

$\quad\quad A$——年净收益（元或元/m²）；

$\quad\quad V$——收益价值（元或元/m²）；

$\quad\quad B$——年运营费用（元或元/m²）；

$\quad\quad Y$——报酬率（%）；

$\quad\quad g$——净收益每年递增比率（%）；

$\quad\quad n$——收益年限（年）。

1. 年净收益的确定

（1）确定估价对象客观市场价值。

比较法测算估价对象市场价值为 17 444 元/m²（具体测算过程略）。

（2）确定报酬率。

采用市场提取法、累加法确定报酬率（具体测算过程略）。经估价人员综合分析确定报酬率定为 5.50%。

（3）确定年净收益递增率。

估价对象为建成约 14 年的写字楼，已进入稳定增长经营期。目前，城区一般写字楼的租金变动率相对稳定，租金的年增长幅度大致为 3%～8%，主要集中在 3%～6%的区间，参考上述租赁实例的情况，经分析确定估价对象在剩余使用年限内平均租金递增率约为每年 3.00%，租赁运营费用递增率约为每年 3.00%，估价对象平均收益递增率约为每年 3.00%

（4）确定收益年限。

根据委托人提供的产权资料，估价对象使用年限至 2051 年 12 月 6 日止，至价值时点（2018 年 5 月 15 日）土地使用权剩余使用年限为 33.56 年；建筑物建成时间为 2004 年，钢筋混凝土结构，经济耐用年限 60 年，至价值时点剩余 46 年，因未提供出让土地使用权期限届满允许续期的相关资料，根据孰短原则设定估价对象的剩余收益年限 n 为 33.56 年。

（5）年净收益计算。

根据估价人员的市场调查，目前与估价对象同类型物业存在较多的出售案例，市场价格水平比较稳定，且净收益有逐期增长趋势，因此本次估价采用收益法计算公式为：

$$V = \frac{A}{Y-g}\left[1-\left(\frac{1+g}{1+Y}\right)^n\right]$$

则：年净收益 $A = \dfrac{V \times (Y-g)}{1-\left(\dfrac{1+g}{1+Y}\right)^n}$

$A = 17\,444 \times (5.50\% - 3.00\%) \div \{1 - [(1+3.00\%) \div (1+5.50\%)]^{33.56}\}$

$= 789$（元/m²）

2. 年运营费用的确定

根据估价委托的评估租金内涵，并且与比较法估算的租金内涵一致，确定由承租人承担的运营费用包括增值税及附加、房产税、管理费、房屋维修费、房屋保险费、城镇土地使用税、租赁中介服务费。

1）增值税及附加

根据调查，企业应按规定缴纳增值税（按租金收入 5%）、城市维护建设税（增值税税额 7%）、教育费附加（增值税税额 3%）、地方教育附加（增值税税额 2%），则（设年租金收入为 E）：

$$增值税及附加 = E \times [1 \div (1 + 5\%) \times 5\% \times (1 + 7\% + 3\% + 2\%)]$$
$$= 5.33\% \times E$$

2）房产税

根据《中华人民共和国房产税暂行条例》，依照房产租金收入计算缴纳的税率为 12%，计征房产税的租金收入不含增值税，则：

$$房产税 = E \div (1 + 5\%) \times 12\% = 11.43\% \times E$$

3）经营管理费

对出租的房地产进行管理，一般会发生交通费、人员工资、通信费等经营管理费用，视经营规模、场地使用性质的不同而不同，经营管理费的费率大约为年租金收入的 1.0%～3.0%，经综合分析估价对象的自身特点，本次评估确定经营管理费为年租金收入的 2.0%，则：

$$经营管理费 = E \times 2.0\%$$

4）房屋维修费

房屋维修费一般以提取维修基金的方式处理，以房屋的造价为基数按比例每年提取，在实施修缮和维护更新时投入使用，视不同房屋的实际情况，一般提取比例为 0.5%～2.0%。根据估价人员对估价对象建筑结构、新旧程度、设备设施及已缴纳维修资金等各方面情况分析，对比同类型房屋的造价信息，确定估价对象的维修费费率为 0.5%。参考《××市房屋建筑工程 2017 年参考造价的通知》及估价对象当地造价管理站发布的相关造价资料，结合估价对象的具体状况确定估价对象造价为 2 800 元/m²。

$$房屋维修费 = 2\,800 \times 0.5\% = 14（元/m^2）$$

5）房屋保险费

房屋保险一般由屋主或住户投保，保险费率为 0.1%～0.3%，为简化处理，估价人员确定估价对象的保险费为估价对象造价 0.2%，不考虑房屋成新价值的变动情况，则：

$$房屋保险费 = 2\,800 \times 0.2\% = 6（元/m^2）$$

6）其他相关费用

包括城镇土地使用税、中介费等其他相关费用按年租金收入 0.5%～1.0%计，根据估价对象状况，本次估价取其他费率为 0.5%，则：

其他相关费用 $= E \times 0.5\%$

7）年运营费用

$$
\begin{aligned}
年运营费用 &= ① + ② + ③ + ④ + ⑤ + ⑥ \\
&= 5.33\% \times E + 11.43\% \times E + 2.0\% \times E + 14 + 6 + 0.5\% \times E \\
&= 20 + 19.26\% \times E（元/m^2）
\end{aligned}
$$

3. 月租金价格的确定

1）计算年有效毛收入

$$
\begin{aligned}
年有效毛收入 &= 年净收益 + 年运营费用 \\
&= 789 + 20 + 19.26\% \times E \\
&= 809 + 19.26\% \times E
\end{aligned}
$$

2）计算其他收入

其他收入包括押金利息收入等，除利息收入以外的其他收入涉及复杂的核算条件，且受经营状况变动所影响，难以全面准确考虑，因此本次估价仅分析押金利息收入。目前市场上一般按 2 个月租金收取押金，利率取价值时点人民银行公布的一年期整存整取定期存款利率 1.5%。

$$
\begin{aligned}
其他收入 &= 月租金 \times 2 \times 利率 \\
&= F \times 1.5\% \times 2 = 3\% \times F
\end{aligned}
$$

3）年有效毛租金收入

$$
\begin{aligned}
年租金收入 E &= 年有效毛收入 - 其他收入 \\
&= 809 + 19.26\% \times E - 3\% \times F \\
&= (809 - 3.0\% \times F)/(1 - 19.26\%) \\
&= (809 - 3.0\% \times F)/80.74\%
\end{aligned}
$$

4）空置和租金损失

通过调查周边同类型物业空置及免租期情况，确定空置和租金损失率为租金收入的 5%，则：

$$
空置和租金损失 = 5.0\% \times F
$$

5）月潜在毛租金收入

$$
\begin{aligned}
月租金市场价值 F &= 年租金收入 \div 12 + 空置和租金损失 \\
&= (809 - 3.0\% \times F)/80.74\% \div 12 + 5.0\% \times F \\
&= 88（元/m^2取整）
\end{aligned}
$$

六、估价结果的确定

（一）合理性分析

本次租赁价格评估选择了比较法和价值折算法两种估价方法进行评估，我们认为，比较法测算结果采用近期同类物业的市场出租案例作比较，经过合理的修正，能客观、真实反映估价对象市场租赁价格水平；价值折算法根据估价对象的市场价值，利用收益法原理折算出了估价对象的租金水平。两种估价方法测算结果均真实反映了估价对象在当前的市场价值状况，且不同方法估价结果均具备合理性和可信性。

（二）权重选择

比较法测算月租金单价为 86 元/(m²·月)，价值折算法测算月租金单价为 88 元/(m²·月)，两种方法的结果相差较小（小于 3%）。综合考虑当前××市房地产市场状况及评估方法的适用性及运用难度等因素，结合本次估价目的，确定取两种方法结果的算术平均值为最终评估结果。

估价对象评估月租金单价 = $(86 + 88) \div 2 = 87$ [元/(m²·月)]（取整）

估价对象评估月租金总价 = 评估月租金单价 × 建筑面积

$= 87 \times 104.53$

$= 9\,094$（元/月）

（三）估价结果

估价人员根据估价目的，遵循估价原则，按照估价工作程序，运用科学的估价方法，仔细考察估价对象的特征及使用和维护情况，经过全面细致的测算，并结合估价经验和对影响项目价值因素的分析，确定估价对象在 2018 年 5 月 15 日估价结果为：

月租金评估单价：87 元/m²；

月租金评估总价：¥9 094 元（人民币玖仟零玖拾肆元整）。

第八节　企业各种经济活动涉及的房地产估价

一、企业各种经济活动涉及的房地产估价类型

房地产估价是企业各种经济活动中不可缺少的一个环节。在这种目的下的房地产估价可以分为房地产权属发生转移和房地产权属不发生转移两种类型。

（一）房地产权属发生转移

企业各种经济活动中所涉及的房地产估价，大多涉及房地产权属的转移。企业合资、合作、股份制改组、合并、分立等活动，均涉及房地产权属向新设立公司转

移的行为；此外，企业的出售、兼并、破产清算，通常也伴随房地产权属的转移。例如，某企业将其厂房设备及相应的土地使用权作价，作为该企业与其他企业或投资者合资、合作的条件，并在新设立的股份公司中占有相应的股份，则该企业的房地产权益实际上已经转移到新设立的公司。按照《中华人民共和国民法典》的有关规定，对作为出资的实物、工业产权、非专利技术或者土地使用权，必须进行估价作价。因此，类似这种经济活动中的房地产估价就属于权属发生转移这一类型。

（二）房地产权属不发生转移

企业联营中涉及的房地产估价，通常不伴随着房地产权属的转移。例如，某国有轻工企业拟利用其闲置的部分厂房和场地使用权，与另一愿提供生产技术、设备和流动资金的企业组成联营公司，共同生产市场急需的某一轻工产品，则该国有轻工企业的房地产权属虽然没有发生转移，但为确定其在联营公司中的利润分配比例，同样需要估价其投入的房地产价值。

二、企业各种经济活动涉及的房地产估价的相关规定

（1）企业各种经济活动涉及的房地产估价，应区分用房地产作价出资设立企业，企业改制、上市、资产重组、资产置换、收购资产、出售资产、产权转让、对外投资、合资、合作、租赁、合并、分立、清算、抵债等经济活动涉及的房地产估价。

（2）企业各种经济活动涉及的房地产估价，应在界定房地产和其他资产范围的基础上，明确估价对象的财产范围。

（3）企业各种经济活动涉及的房地产估价，应根据企业经济活动的类型，按相应房地产估价目的进行。对房地产权属发生转移的，应按相应的房地产转让行为进行估价。

（4）企业各种经济活动涉及的房地产估价，应调查了解估价对象合法改变用途的可能性，并应分析、判断以"维持现状前提"或"改变用途前提"进行估价。

（5）企业破产清算等强制处分涉及的房地产估价，评估价值的影响因素应包括估价对象的通用性、可分割转让性，改变用途、更新改造等的合法性和可能性，并应根据具体估价目的以及估价委托，合理确定是否考虑变现时限、对潜在购买者范围的限制等因素的影响。

三、企业各种经济活动涉及的房地产估价方法及技术路线

（一）房地产权属发生转移的估价

房地产权属发生转移，在估价时均按照房地产转让方式处理。企业在合资、

合作时，一般应根据新设立公司的有关合资、合作协议，以及相应的可行性研究报告，来分析房地产用途是否发生转变。如发生用途转变，则在符合城市规划要求的前提下，分析考察项目的未来发展和经济效益情况，同时综合考虑更新改造的费用成本（含可能有的土地用途变更而需调整的土地出让金等），可采用假设开发法和收益法进行估价；如果继续使用，即不转变用途，则在充分考虑项目的预期发展的可行性前提下，可采用比较法、收益法和成本法进行估价。

破产清算的房地产估价与抵押物处置类似，属于强制处分。由于是出于迅速变现的需要，购买者的选择范围受到限制，其交易情况属非正常的公开市场交易，属于非正常市场交易，因此可实现的价值较正常市场价值可能低很多。

（二）房地产权属不发生转移的估价

这一类房地产估价主要用于企业在联营活动中，确定以房地产作为出资的出资方的分配比例。因此，估价时要充分考虑联营各方协议的具体条件，结合房地产的未来使用方式进行估价。估价方法视具体情况一般可用比较法、成本法和收益法。

四、企业各种经济活动涉及的房地产估价案例分析

【案例 7-7】

房地产估价结果报告（节选）

一、估价委托人：×××房地产开发有限公司

二、房地产估价机构：×××房地产评估有限公司

三、估价目的

为确定×××房地产开发有限公司全体股东涉及的房地产权益转让价格提供参考依据。

四、估价对象

估价对象为×××房地产开发有限公司会计报表中列示的产成品，实物表现为"×××小区一期项目"开发完成的房地产。该公司于 2008 年 6 月以毛地摘牌方式取得"×××小区一期项目"土地使用权，项目分为 A、B、C、D 四个区域，土地使用权面积 44 029.8m²。根据确定的股权转让涉及资产范围及估价委托，纳入本次评估范围内为已完成开发建设的 A、B 区土地及地上已建成房地产。其中，土地使用权面积 23 062.1m²，房屋总建筑面积 6 736.57m²。根据现场查勘，房屋物业类型为住宅、商业、车库及储藏用房。具体明细见表 7-37。

估价对象房屋基本状况一览表
表 7-37

类型	房号	销售状态	物业类型	建筑面积（m²）
商业	1-16	未售	公建	198.27
	1-17	未售	公建	217.39
	2-2	未售	公建	194.42
	2-3	未售，已签订协议	公建	112.32
	2-4	未售，已签订协议	公建	130.47
	2-5	未售，已签订协议	公建	160.25
	2-6	未售	公建	90.06
	3-4	未售	公建	213.18
	3-5	未售	公建	234.72
	3-6	未售，已查封	公建	208.93
	3-8	未售	公建	407.1
	4-3	未售	公建	222.64
	4-4	未售	公建	234.62
	4-6	未售	公建	211.12
	4-7	未售	公建	235.56
	5-4	未售	公建	286.37
商业	1-2	未售	公建	23.49
	1-4	未售	公建	31.74
	1-5	未售	公建	32.35
	1-6	未售	公建	25.62
	1-8	未售	公建	14.12
	1-9	未售	公建	12.56
	1-10	未售	公建	23.56
	1-12	未售	公建	32.09
	7-3	未售	公建	131.17
	7-4	未售	公建	218.86
	4-15	未售，已签订协议	公建	232.06
	4-16	未售，已签订协议	公建	232.06
	4-17	未售	公建	232.06
	4-18	未售	公建	237.86

续表

类型	房号	销售状态	物业类型	建筑面积（m²）
车库	7-D1-1	未售	车库	88.75
	7-D1-2	未售	车库	117.88
	7-D1-3	未售	车库	110.14
	4-D1-2	未售	车库	118.68
	4-D1-3	未售	车库	115.59
	4-D1-4	未售	车库	115.59
	4-D1-5	未售	车库	115.59
	4-D1-6	未售	车库	115.59
	4-D1-7	未售	车库	118.68
	4-D1-1	未售	车库	147.78
	5-1-1	未售	车库	25.05
	5-1-2	未售	车库	29.06
	5-1-3	未售	车库	19.47
	5-1-5	未售	车库	42.68
储藏间	5-1-4	未售	储藏间	30.09
合计				6 147.64

五、价值时点

根据财务会计报表审计需要，与财务报告日保持一致，本报告将价值时点确定为 2019 年 12 月 31 日。

六、价值类型

本报告采用市场价值标准。根据估价目的及《企业会计准则》《企业会计准则——应用指南》以及《资产评估执业准则——企业价值》等相关准则要求，本报告评估的估价对象市场价值是在市价的基础上扣除各种税金和利润后的余额。其中市价是采用比较法评估出的含有增值税的最可能成交价格。

七、估价原则（略）

八、估价依据（略）

九、估价方法（略，见技术报告）

十、估价结果

经测算分析，最终确定估价对象于价值时点 2019 年 12 月 31 日在资产负债表列示的产成品总价评估值为 3 619.68 万元（人民币叁仟陆佰壹拾玖万陆仟捌佰元整）。有关详细结果详见表 7-38。

房地产估价结果明细表 　　　　表 7-38

序号	房号	建筑面积（m²）	销售收入	销售费用	销售税费	土地增值税	所得税	扣减适当利润	评估值（万元）
1	1-16	198.27	188.83	5.66	1.23	15.11	14.03	14.16	138.64
2	1-17	217.39	207.04	6.21	1.35	16.56	15.41	15.53	151.98
3	2-2	194.42	185.16	5.55	1.21	14.81	13.78	13.89	135.92
4	2-3	112.32	96.27	0.29	0.63	7.70	6.25	1.44	79.96
5	2-4	130.47	111.83	0.34	0.73	8.95	7.26	1.68	92.87
6	2-5	160.25	137.36	0.41	0.90	10.99	8.91	2.06	114.09
7	2-6	90.06	85.77	2.57	0.56	6.86	6.38	6.43	62.97
8	3-4	213.18	203.03	6.09	1.32	16.24	15.11	15.23	149.04
9	3-5	234.72	223.54	6.71	1.46	17.88	16.63	16.77	164.09
10	3-6	208.93	179.08	0.54	1.17	14.33	11.62	2.69	148.73
11	3-8	407.10	348.94	10.47	2.28	27.92	20.28	26.17	261.82
12	4-3	222.64	212.04	6.36	1.38	16.96	15.78	15.90	155.66
13	4-4	234.62	223.45	6.70	1.46	17.88	16.63	16.76	164.02
14	4-6	211.12	201.07	6.03	1.31	16.09	14.96	15.08	147.60
15	4-7	235.56	224.34	6.73	1.46	17.95	16.69	16.83	164.68
16	5-4	286.37	272.73	8.18	1.78	21.82	20.30	20.45	200.20
17	1-2	23.49	15.66	0.47	0.10	1.25	0.18	1.17	12.49
18	1-4	31.74	21.16	0.63	0.14	1.69	0.25	1.59	16.86
19	1-5	32.35	21.57	0.65	0.14	1.73	0.25	1.62	17.18
20	1-6	25.62	17.08	0.51	0.11	1.37	0.20	1.28	13.61
21	1-8	14.12	9.41	0.28	0.06	0.75	0.11	0.71	7.50
22	1-9	12.56	8.37	0.25	0.05	0.67	0.10	0.63	6.67
23	1-10	23.56	15.71	0.47	0.10	1.26	0.18	1.18	12.52
24	1-12	32.09	21.39	0.64	0.14	1.71	0.25	1.60	17.05
25	7-3	131.17	106.18	3.19	0.69	8.49	5.15	7.96	80.7
26	7-4	218.86	166.75	5.00	1.09	13.34	6.30	12.51	128.51

续表

序号	房号	建筑面积 （m²）	销售 收入	销售 费用	销售 税费	土地增值税	所得税	扣减适当 利润	评估值 （万元）
27	4-15	232.06	199.47	0.60	1.30	15.96	13.03	2.99	165.59
28	4-16	232.06	199.47	0.60	1.30	15.96	13.03	2.99	165.59
29	4-17	232.06	187.86	5.64	1.23	15.03	9.12	14.09	142.75
30	4-18	237.86	192.55	5.78	1.26	15.40	9.35	14.44	146.32
31	4-D1-1	147.78	56.30	1.69	0.37	0.00	13.57	4.22	36.45
32	5-1-1	25.05	12.17	0.37	0.08	0.00	2.93	0.91	7.88
33	5-1-2	29.06	14.11	0.42	0.09	0.00	3.40	1.06	9.14
34	5-1-3	19.47	9.46	0.28	0.06	0.00	2.28	0.71	6.13
35	5-1-4	30.09	14.62	0.44	0.10	0.00	3.52	1.10	9.46
36	5-1-5	42.68	20.73	0.62	0.14	0.00	5.00	1.55	14.42
37	4-D1-2	118.68	48.60	1.46	0.32	0.00	11.71	3.65	31.46
38	4-D1-3	115.59	47.33	1.42	0.31	0.00	11.41	3.55	30.64
39	4-D1-4	115.59	47.33	1.42	0.31	0.00	11.41	3.55	30.64
40	4-D1-5	115.59	47.33	1.42	0.31	0.00	11.41	3.55	30.64
41	4-D1-6	115.59	47.33	1.42	0.31	0.00	11.41	3.55	30.64
42	4-D1-7	118.68	48.60	1.46	0.32	0.00	11.71	3.65	31.46
43	7-D1-1	88.75	38.04	1.14	0.25	0.00	9.17	2.85	24.63
44	7-D1-2	117.88	48.28	1.45	0.32	0.00	11.63	3.62	31.26
45	7-D1-3	110.14	45.11	1.35	0.29	0.00	10.87	3.38	29.22
合计									3 619.68

十一、注册房地产估价师（略）

十二、实地查勘期（略）

十三、估价作业期（略）

房地产估价技术报告（节选）

一、估价对象描述与分析（略）

二、市场背景描述与分析（略）

三、估价对象最高最佳利用分析（略）

四、估价方法适用性分析

（一）估价方法适用性分析

选用比较法评估待估房地产价格（具体分析过程略）。

（二）估价技术路线

房地产开发企业开发建设的房地产，用于出售目的，在会计核算时计入"存货—开发产品"科目中，并且根据历史成本原则，按实际成本确认账面价值。但这些作为存货的房地产具有明显的交易属性，其在不同时间点上实际价值价格会因市场状况不同而发生变化，因此在转让企业股权时，应根据其实际市场价格表现作价，并结合企业已有的其他会计科目确定企业净资产价值，进而确定转让的股权价值价格。根据《企业会计准则》《企业会计准则——应用指南》以及《资产评估执业准则——企业价值》等相关准则要求，采用市场法评估产成品价格时，现行市场价格中包含了成本、税金和利润等因素，应根据估价目的决定其中利润和税金的取舍。其中，在对企业以投资目的进行产成品评估时，由于产成品在新的企业中按市价销售后，流转税金和所得税等要流出企业，追加的销售费用也应得到补偿，因此以产成品评估值折价后作为投资者权益，具有分配收益依据的作用，在这种情况下，市价中扣除各种税金和利润后，才能作为产成品评估值。根据上述原理，因转让企业股权评估产成品价值价格时，对开发产品一般以其实际成本为基础，根据该产品市场销售情况好坏决定是否加上适当的利润，或是要低于成本。对于十分畅销的产品，根据其销售价格减去销售费用和全部税金确定评估值；对于正常销售的产品，根据其出厂销售价格减去销售费用、全部税金和适当数额的税后净利润确定评估值；对于勉强能销售出去的产品，根据其出厂销售价格减去销售费用、全部税金和税后净利润确定。根据估价对象实际状况、估价师市场调查，征询审计机构注册会计师意见，界定本报告评估对象属于正常销售的产品，因此本报告评估的财务报表列示的产成品评估值应按其估计售价减去估计的销售费用、相关税费以及购买方出售类似产成品或商品估计可能实现的利润来确定。计算式如下：

$$评估价值 = 销售收入(市价) - 销售费用 - 销售税费 - 土地增值税 -$$
$$所得税 - 销售利润 \times (1 - 25\%) \times r$$

其中：

（1）销售收入：在正常市场条件下，开发企业销售商品房屋，买房以常规方式融资或一次性付款方式购买，交易双方各自依法承担税费等常规条件的最可能成交金额。

（2）销售费用、销售税费：以开发企业正常销售过程中需要缴纳的费用比例测算。

（3）土地增值税：参照开发企业于价值时点的情况以及结合税务部门的有关标准测算。

（4）所得税：参照预测的销售收入扣减成本费用，并根据企业适用的所得税率测算项目负担的应缴所得税。

（5）r，利润调整系数。

五、估价测算过程

本报告以房号 1-16 商业用房为例，详细说明价格测算过程。

（一）估算销售收入

估价对象所在的区域类似的业态类型的房地产销售案例较多，市场较为活跃，在企业持续平稳经营的前提下，适宜采用市场法估算估价对象可实现的销售价格。

1. 基本公式

$$P_D = P_b \times A \times B \times C \times D \times E$$

式中　P_D——待估房地产价格（元或元/m²）；

　　　P_b——可比实例房地产成交价格（元或元/m²）；

　　　A——交易情况修正系数；

　　　B——市场状况调整系数；

　　　C——区位状况调整系数；

　　　D——实物状况调整系数；

　　　E——权益状况调整系数。

2. 搜集交易实例、选取可比实例

根据替代原则，本次在评估对象周边搜集了多个用途相同、规模相当的交易实例。并通过与评估对象对比分析，选取了近期交易实例作为可比实例进行比较，可比实例选择原则如下：

可比实例应从交易实例中选取且不得少于 3 个；

可比实例的交易类型适用于评估目的；

可比实例房地产与估价对象房地产相似；

可比实例的成交日期接近价值时点，不宜超过一年；

可比实例的成交价格为正常价格或可修正为正常价格。

选取的三个可比实例具体情况见表 7-39。

可比实例与估价对象基本情况表　　　　　　表 7-39

因素名称	待估房地产	可比实例 1	可比实例 2	可比实例 3
交易情况	—	正常交易	正常交易	正常交易
成交日期	—	2019 年 7 月	2019 年 4 月	2019 年 6 月
财产范围	房地产	房地产	房地产	房地产
付款方式	—	一次性支付	一次性支付	一次性支付
税费负担	—	交易双方各自缴纳其应交的税费	交易双方各自缴纳其应交的税费	交易双方各自缴纳其应交的税费
计量单位	元/m²（建筑面积）	元/m²（建筑面积）	元/m²（建筑面积）	元/m²（建筑面积）
建筑面积（m²）	198.27	216.00	140.00	176.00
总价（万元）	待估	258.00	165.00	220.00
单价（元/m²）	待估	11 944.00	11 786.00	12 500.00
物业名称	××园	××园里	××印象	××里
市（镇）	××市	××市	××市	××市
区（县）	××区	××区	××区	××区
街（路）号码	××路	××西二路	××中二路	××路
周边环境	周围主要为居住区，配套底层商业网点	周围主要为居住区，配套底层商业网点	周围主要为居住区，配套底层商业网点	周围主要为居住区，配套底层商业网点
建筑物总层数	多层	多层	多层	多层
用途	公建	公建	公建	公建

3. 建立比较基础

选取可比实例后，应建立比较基础，对各个可比实例的成交价格进行标准化处理，统一其内涵和形式。标准化处理包括统一财产范围、统一付款方式、统一融资条件、统一税费负担和统一计价单位（表 7-40）。

（1）统一财产范围应对可比实例与估价对象的财产范围进行对比，并应消除因财产范围不相同造成的价格差异。

（2）统一付款方式应将可比实例不是成交日期或一次性付清的价格，调整为成交日期且一次性付清的价格。

（3）统一融资条件应将可比实例在非常规融资条件下的价格，调整为在常规融资条件下的价格。

（4）统一税费负担应将可比实例在实际税费负担下的价格，调整为估价对象评估价格税费内涵下的价格。

（5）统一计价单位应包括统一为总价或单价、楼面地价，统一币种和货币单位，统一面积或体积内涵及计量单位等。

可比实例标准化处理结果表　　　　　　表 7-40

因素名称	待估房地产	可比实例 1	可比实例 2	可比实例 3
成交价格（元/m²）	—	11 944.00	11 786.00	12 500.00
统一财产范围后的价格	房地产	11 944.00	11 786.00	12 500.00
统一付款方式后的价格	一次性付款	11 944.00	11 786.00	12 500.00
统一融资条件后的价格	无融资	11 944.00	11 786.00	12 500.00
统一税费负担后的价格	交易双方各自缴纳其应缴的税费	11 944.00	11 786.00	12 500.00
统一计价单位后的价格	元/m²（建筑面积）	11 944.00	11 786.00	12 500.00
建立可比基础后的价格	—	11 944.00	11 786.00	12 500.00

4. 交易情况修正

经调查，本次评估选用可比实例的均为正常情况下的市场交易，因此交易情况修正系数均为 1。

5. 市场状况调整

本次评估选用可比实例成交日期距价值时点时间很短，经调查在此期间同类房地产市场比较稳定，房地产交易价格基本无波动，因此市场状况调整系数均为 1。

6. 房地产状况调整

房地产状况调整是使可比实例在自身状况下的价格成为在评估对象状况下的价格的处理，包括区位状况调整（C）、实物状况调整（D）和权益状况调整（E）。

1）确定影响价格的主要因素

根据本次估价对象的用途及特点，并经过现场查勘，确定影响房地产价格的主要区域状况因素、实物状况因素和权益状况因素见表 7-41。

（1）区域状况调整因素：包括商业集聚规模，距商业中心距离，人口密度及客流量，道路交通状况，公交便捷程度，距地铁出口距离，距火车站、客运站距离等。

（2）实物状况调整因素：包括临路状况、停车方便程度、房屋新旧程度及保养情况、装修状况、设施设备、房屋内部格局、建筑结构、建筑面积、所在楼层数等。

（3）权益状况调整因素：包括用途、土地使用权类型及年限、规划条件、用益物权设立情况、担保物权设立情况、权属清晰情况。

估价对象与可比实例相关因素对照表　　　　　表 7-41

因素名称		待估房地产	可比实例 1	可比实例 2	可比实例 3
区域状况	商业集聚规模	周围主要为住宅底层商业网点，小规模商业场所集聚程度较高	周围主要为住宅底层商业网点，小规模商业场所集聚程度较高	周围主要为住宅底层商业网点，小规模商业场所集聚程度较高	周围主要为住宅底层商业网点，小规模商业场所集聚程度较高
	距商业中心距离	距商业中心较近	距商业中心较近	距商业中心较近	距商业中心较近
	人口密度及客流量	周围居住人流较密集，客流量一般	周围居住人流较密集，客流量一般	周围居住人流较密集，客流量一般	周围居住人流较密集，客流量一般
	道路交通状况	周围路网密集	周围路网密集	周围路网密集	周围路网密集
	公交便捷程度	公交车有开发区 10 路、开发区 2 路	公交车有开发区 12 路、开发区 7 路	公交车有开发区 1 路、开发区 2 路	公交车有开发区 4 路、开发区 11 路
	距地铁出口距离	距地铁 3 号线距离一般	距地铁 3 号线距离一般	距地铁 3 号线距离一般	距地铁 3 号线距离一般
	距火车站、客运站距离	距开发区客运站距离一般	距开发区客运站距离一般	距开发区客运站距离一般	距开发区客运站距离一般
实物状况	临路状况	临支路	临主路	临主路	临主路
	停车方便程度	周围停车位较多，停车方便	周围停车位较多，停车方便	周围停车位较多，停车方便	周围停车位较多，停车方便
	房屋新旧程度	较新	较新	较新	较新
	房屋内部装修状况	毛坯	普通装修	普通装修	普通装修
	房屋内设施设备	完善	完善	完善	完善
	房屋内部格局	内部格局好，空间可充分利用	内部格局好，空间可充分利用	内部格局好，空间可充分利用	内部格局好，空间可充分利用
	建筑结构	钢混	钢混	钢混	钢混
	建筑面积（m²）	198.27	216	140	176
	层数	第 1～2 层	第 1～2 层	第 1～2 层，有夹层	第 1 层
权益状况	用途	住宅底层小规模商业网点	住宅底层小规模商业网点	住宅底层小规模商业网点	住宅底层小规模商业网点
	土地使用权类型及年限	土地使用权类型为出让，剩余年限基本相当	土地使用权类型为出让，剩余年限基本相当	土地使用权类型为出让，剩余年限基本相当	土地使用权类型为出让，剩余年限基本相当

续表

	因素名称	待估房地产	可比实例1	可比实例2	可比实例3
权益状况	规划条件	已经建成房屋，无特殊规划限制	已经建成房屋，无特殊规划限制	已经建成房屋，无特殊规划限制	已经建成房屋，无特殊规划限制
	用益物权设立情况	无	无	无	无
	担保物权设立情况	无	无	无	无
	权属是否清晰	权属清晰	权属清晰	权属清晰	权属清晰

根据估价对象与可比实例的具体因素差异进行调整：

将可比实例与估价对象进行比较，如果比估价对象状况好，分值大于 100，如果比估价对象状况差，分值小于100（表7-42）。本次采用直接比较法进行调整，假设估价对象的分值为100，即分子为100，分母为可比实例相对于估价对象的得分值，比较因素调整系数见表7-43（具体分析过程略）。

比较因素条件指数表　　　　　　　　　表7-42

	比较因素	待估房地产	可比实例1	可比实例2	可比实例3
区域状况调整系数	商业集聚规模	100	100	100	100
	距商业中心距离	100	100	100	100
	人口密度及客流量	100	100	100	100
	道路交通状况	100	100	100	100
	公交便捷程度	100	100	100	100
	距地铁出口距离	100	100	100	100
	距火车站、客运站距离	100	100	100	100
	临路状况	100	110	110	110
	停车方便程度	100	100	100	100
	房屋新旧程度	100	100	100	100
	房屋内部装修状况	100	105	105	105
	房屋内设施设备	100	100	100	100
	房屋内部格局	100	100	100	100
	建筑结构	100	100	100	100
	建筑面积（m²）	100	100	100	100
	层数	100	100	105	108

续表

	比较因素	待估房地产	可比实例1	可比实例2	可比实例3
权益状况调整系数	用途	100	100	100	100
	土地使用权类型及年限	100	100	100	100
	规划条件	100	100	100	100
	用益物权设立情况	100	100	100	100
	担保物权设立情况	100	100	100	100
	权属是否清晰	100	100	100	100

比较因素调整系数表　　　　　　　　表 7-43

	比较因素	可比实例1	可比实例2	可比实例3
区域状况调整系数	商业集聚规模	100/100	100/100	100/100
	距商业中心距离	100/100	100/100	100/100
	人口密度及客流量	100/100	100/100	100/100
	道路交通状况	100/100	100/100	100/100
	公交便捷程度	100/100	100/100	100/100
	距地铁出口距离	100/100	100/100	100/100
	距火车站、客运站距离	100/100	100/100	100/100
实物状况调整系数	临路状况	100/110	100/110	100/110
	停车方便程度	100/100	100/100	100/100
	房屋新旧程度	100/100	100/100	100/100
	房屋内部装修状况	100/105	100/105	100/105
	房屋内设施设备	100/100	100/100	100/100
	房屋内部格局	100/100	100/100	100/100
	建筑结构	100/100	100/100	100/100
	建筑面积（m²）	100/100	100/100	100/100
	层数	100/100	100/105	100/108
权益状况调整系数	用途	100/100	100/100	100/100
	土地使用权类型及年限	100/100	100/100	100/100
	规划条件	100/100	100/100	100/100
	用益物权设立情况	100/100	100/100	100/100

比较因素		可比实例1	可比实例2	可比实例3
权益状况调整系数	担保物权设立情况	100/100	100/100	100/100
	查封情况	100/100	100/100	100/100
	权属是否清晰	100/100	100/100	100/100

2）计算调整系数

各项调整系数见表7-44，计算公式为：

$$调整系数 = \frac{100}{(\ )} \times \frac{100}{(\ )} \times **** \times \frac{100}{(\ )}$$

各项调整系数计算结果表　　　　　　　　表7-44

因素说明	可比实例1	可比实例2	可比实例3
区域状况调整系数（C）	1.000 0	1.000 0	1.000 0
实物状况调整系数（D）	0.865 8	0.824 6	0.801 7
权益状况调整系数（E）	1.000 0	1.000 0	1.000 0
综合调整系数	0.865 8	0.824 6	0.801 7

3）计算比较价格

根据公式，计算出可比实例修正、调整后的价格为：

$V1 = 11\ 944 \times 1 \times 1 \times 1.000\ 0 \times 0.865\ 8 \times 1.000\ 0 = 10\ 341$（元/m²）

$V2 = 11\ 786 \times 1 \times 1 \times 1.000\ 0 \times 0.824\ 6 \times 1.000\ 0 = 9\ 719$（元/m²）

$V3 = 12\ 500 \times 1 \times 1 \times 1.000\ 0 \times 0.801\ 7 \times 1.000\ 0 = 10\ 021$（元/m²）

可比实例修正、调整后的单价差距在合理的范围内，且三个可比实例的可比性均较强、可行度高，因此，对评估单价的确定采用简单算术平均法，计算结果为：

评估单价 =（10 341 + 9 719 + 10 021）÷ 3 = 10 000（元/m²）（取整）

评估总价 = 评估单价 × 建筑面积 = 10 000 × 198.27 = 1 982 700（元）

即估算的房号1-16商业用房的开发产品销售收入为1 982 700元。

上述价格为含增值税价格，根据增值税法有关规定，本项目为老项目，增值税按销售价格的5%确定，因此不含增值税价格为：

1 982 700/（1 + 5%）= 1 888 290（元）（取整至十位）

按照上述相同的方式可估算其他各套房屋的销售收入（过程略）。其中，对于已签订销售协议等已售未结转部分，本次评估按照协议价格确定销售收入。

（二）估算销售费用

参照有关房地产企业近年来的统计数据，结合本项目及企业实际情况，对于尚未销售的部分，销售费率取销售收入（不含税）的3%，已销售尚未结转的部分，销售费用率取销售收入（不含税）的0.3%。按上述规则，房号1-16商业用房销售费用率取3%，销售费用为：

$$销售费用 = 1\,888\,290 \times 3\% = 56\,648.70（元）$$

（三）估算销售税费

根据有关规定，房地产销售环节转让方应缴纳税费及标准见表7-45。

销售税费种类及税费率标准一览表　　　　　　　　表 7-45

税项	计税依据	税率
城建税	增值税	7%
教育费附加	增值税	3%
地方教育附加	增值税	2%
印花税	销售收入	0.05%

经计算，房号1-16商业用房销售税费见表7-46。

房号 1-16 商业用房销售税费估算结果表　　　　表 7-46

税项	计税依据	税率	金额（元）
城建税	增值税	7%	6 608.7
教育费附加	增值税	3%	2 832.3
地方教育附加	增值税	2%	1 888.2
印花税	销售收入（含增值税）	0.05%	991.35
合计			12 320.55

（四）估算土地增值税

对于土地增值税，根据当地税务部门规定，土地增值税以销售收入（不含税）为基础按核定征收率确定，其中核定征收率商业用房8%、住宅用房5%、公寓用房6%。经计算，房号1-16号商业用房土地增值税 = 1 888 290 × 8% = 151 063.20（元）。

（五）所得税的确定

本次估价对象所属企业适用所得税率为 25%。根据审计机构审计确认的有关产成品账面成本数据，以及上述测算有关结果，测算房号 1-16 号商业用房涉及应交企业所得税见表 7-47。

企业所得税测算表　　　　　　　　　　　　　表 7-47

项目	金额（元）	备注
产成品销售收入（不含税）	1 888 290	
产成品账面成本	1 107 179.70	审计后结果
销售费用	56 648.70	
销售税费	12 320.55	
土地增值税	151 063.20	
所得税前利润	561 077.85	
所得税（25%）	140 269.46	

（六）应扣减适当净利润的确定

根据估价对象所属项目及企业实际情况，结合房地产市场状况，以及税务部门有关核定要求，本次评估综合确定销售利润率为 20%。对于截至价值时点 2019 年 12 月 31 日尚未销售的部分，利润调整系数 r 取 50%；对于价值时点前已销售和认购的部分，利润调整系数 r 取 10%。

经计算，房号 1-16 号商业用房应扣减适当净利润 = 销售收入（不含税）× $(1-25\%) \times r$ = 1 888 290 × 20% × $(1-25\%)$ × 50% = 141 621.75（元）。

（七）确定评估值

根据确定的评估值计算式，计算房号 1-16 号商业用房的评估价值。

评估值 = 销售收入(不含税) − 销售费用 − 销售税费 − 土地增值税 −

　　　　所得税 − 销售利润 × $(1 - 25\%) \times r$

= 1 888 290 − 56 648.70 − 12 320.55 − 151 063.2 −

　　140 269.47 − 141 621.75

= 1 386 400.00（元）（取整至百元）

根据上述相同的思路及有关已说明参数取值规则，对其他各套房屋价值价格、相关费用进行测算（具体测算过程略），最终确定估价对象于价值时点 2019 年 12 月 31 日在资产负债表列示的产成品总价评估值为 3 619.68 万元（人民币叁仟陆佰壹拾玖万陆仟捌佰元整)。

复 习 思 考 题

1. 现实房地产估价中常见的估价目的有哪些?

2. 什么是房地产抵押、房地产抵押估价、房地产抵押价值、抵押净值、法定优先受偿权?

3. 房地产抵押估价有什么特点?

4. 房地产抵押估价有哪些相关规定?

5. 房地产抵押估价为什么要遵循谨慎原则?

6. 如何对待开发房地产、已出租房地产和以划拨方式取得建设用地使用权的房地产进行抵押估价?

7. 房地产抵押估价方法和技术路线有哪些?

8. 房屋征收补偿包括哪些内容?

9. 房屋征收估价有哪些特点?

10. 房屋征收估价有哪些相关规定?

11. 房屋征收估价方法和技术路线如何确定?

12. 房地产拍卖、变卖估价有什么特点?

13. 房地产拍卖、变卖估价有哪些相关规定?

14. 房地产拍卖、变卖估价方法和技术路线如何确定?

15. 房地产转让估价有哪些特点?

16. 房地产转让估价有哪些相关规定?

17. 房地产转让估价方法和技术路线如何确定?

18. 什么是房地产损害赔偿? 有哪些特点?

19. 房地产损害赔偿估价有哪些相关规定?

20. 房地产损害赔偿估价方法和技术路线如何确定?

21. 房地产税收估价内涵是什么? 有哪些类型?

22. 房地产税收估价有什么特点?

23. 房地产税收估价有哪些相关规定?

24. 房地产税收估价可采用哪些估价方法?

25. 房地产税收估价方法和技术路线如何确定?

26. 什么是房地产租赁估价? 基本特征有哪些?

27. 房地产租赁估价方法和技术路线如何确定?

28. 企业各种经济活动涉及的房地产估价包括哪些类型?

29. 企业各种经济活动涉及的房地产估价有哪些规定?

30. 企业各种经济活动涉及的房地产估价方法和技术路线如何确定?

第八章　房地产估价文书写作

本章介绍房地产估价文书的种类及作用，特别详细介绍房地产估价报告的形式、构成要素、写作要求，并以某具体估价报告为例介绍如何写作估价报告。在此基础上介绍其他主要房地产估价文书的写作，主要包括：估价委托合同、估价所需资料清单、估价作业方案、估价对象实地查勘记录、估价报告内部审核表、专业帮助情况和相关专业意见说明等。

第一节　房地产估价文书概述

一、房地产估价文书的种类及作用

完成一个房地产估价项目，需要经历：①受理估价委托；②确定估价基本事项；③编制估价作业方案；④搜集估价所需资料；⑤实地查勘估价对象；⑥选用估价方法进行测算；⑦确定估价结果；⑧撰写估价报告；⑨审核估价报告；⑩交付估价报告；⑪保存估价资料等主要环节和过程。不同的环节需要完成相应的估价文书，概括起来房地产估价的文书主要有以下几种：

（一）估价委托书

估价委托书是指估价委托人出具的委托房地产估价机构为其提供估价服务的约定性文件，主要涉及估价专业技术问题。估价机构在受理一项估价业务时，需要与估价需求方进行充分沟通、协商，以便后续明确估价目的、估价对象、价值时点和价值类型等估价基本事项，因此，在接受估价委托时，应要求估价委托人出具估价委托书，并且作为估价的重要依据之一放入估价报告的附件中。

（二）估价委托合同

估价委托合同是由房地产估价机构和估价委托人之间就估价服务事宜订立的

协议。当房地产估价机构决定受理估价委托时，应与估价委托人订立书面估价委托合同。估价委托合同的作用表现在：①建立受法律保护的正式委托与受托关系；②约定估价委托人和房地产估价机构的权利和义务；③载明估价的有关事项。因此，一般而言，只有签订了估价委托合同后，才能提供服务。

（三）估价项目来源和接洽情况记录

一个估价机构的估价业务来源可能会有多种渠道，如来源于银行、企业、政府以及个人等，所接触的估价需求方的情况各不相同，因此，估价机构往往需要将每个估价项目的来源和接洽情况进行记录并存档，以便估价机构掌握公司主要客户的变化情况及要求，有助于估价机构开拓业务和更好地提供服务。

（四）估价作业方案

估价作业方案是指房地产估价机构为保质按时完成某个特定估价项目而预先制定的用于指导未来估价工作的计划。其内容一般包括：工作的主要内容、质量要求、实施步骤、时间进度、人员安排和费用预算等。估价作业方案应在确定了估价基本事项、估价报告交付期限或完成期限等有关事项的基础上编制。

（五）估价所需资料清单

估价资料清单是指完成一项估价业务必须具备且详细列明的各种估价资料名称与种类的单子。估价资料清单形式上有证书、证明、文件、合同、报表、数据、图纸、照片和图像等，内容上主要包括4类：①反映估价对象状况的资料；②反映估价对象及其同类房地产交易、收益、成本等资料；③影响估价对象所在地区的房地产价值价格的资料；④普遍影响估价对象价值价格的资料。因此，为保证估价依据的充分性，房地产估价师在进行估价前，需要根据估价对象状况、估价目的、估价方法列出所有需要资料的清单，以便全面且有针对性地确定估价依据，顺利、准确地评估估价对象的价值价格。

（六）估价对象实地查勘记录

估价对象实地查勘记录是记载实地查勘的估价对象状况、内容、结果、人员、时间以及特殊情况或事项等内容的材料。估价师在完成任何估价项目时，都需要亲自到估价对象现场检查、观察估价对象的实物状况、区位状况、历史状况以及周边房地产市场状况并且进行记录，拍摄反映估价对象外观、内部状况及其周边环境及临路状况的影像资料，并将这些资料放入估价报告附件中，以便估价有据可查。估价对象实地查勘记录是否真实、完整、翔实、准确和清晰直接影响估价对象的价值确定。

（七）估价报告

估价报告是房地产估价机构和注册房地产估价师向估价委托人所作的关于估

价情况和结果的正式陈述，是估价机构出具的关于估价对象价值及相关问题的专业意见，是履行估价委托合同、给予估价委托人关于估价对象价值及相关问题的正式答复，也是记述估价过程、反映估价成果的文件及关于估价对象价值及相关问题的研究报告。

估价报告理论上有口头形式和书面形式。为了估价报告的严肃性、规范性，估价报告应采用书面形式。书面报告按照格式分为叙述式估价报告和表格式估价报告；按照内容分为估价结果报告和估价技术报告；按照作用分为鉴证性估价报告和咨询性估价报告；按照范围分为整体评估报告和分户评估报告；按照介质分为纸质估价报告和电子估价报告；按照使用文字分为中文估价报告和外文估价报告。

（八）估价报告内部审核表

为确保出具的估价报告质量，客观、真实、合理反映估价对象价值，估价机构应依法建立健全估价报告内部审核制度，实行审核和评估分离。估价报告内部审核制度主要包括制定内部审核标准、流程，明确不同层级审核人员的职责分工和审核重点。为了规范完成估价报告的内部审核，需要制定估价报告内部审核表，以便不同层级审核人员按照审核表标准逐一对估价报告进行审核，以保证审核标准的一致性、完整性和规范性。

（九）估价中的主要不同意见和估价结果重大修改意见记录

房地产估价机构在对一些复杂、价值大、难度大的估价对象进行估价时，不同估价师会就估价技术路线的确定、估价方法的选择等问题产生不同的意见，估价审核人员会对估价结果提出重大修改意见，而这些不同的意见应进行及时地记录并存入估价档案，因为估价中的主要不同意见和估价结果重大修改意见记录有助于估价机构以及估价师今后遇到同样问题时采取相应的解决办法，同时也有利于估价机构和估价师总结估价经验、促进相互学习、提高估价水平和质量。

（十）估价报告交接单

估价报告交接单是估价机构完成估价报告向估价委托人出具估价报告或估价师完成估价工作后进行存档而签署的文书，估价报告交接单主要载明签收日期、报告数量、交接人等，估价报告交接单可以作为估价机构已向估价委托人提交估价报告的凭据和内部存档管理的凭据。

二、房地产估价报告写作的文字要求

房地产估价是一项实操性很强的业务，其最终成果是通过估价报告体现。估价报告是估价机构履行估价委托合同、记述估价过程、反映估价成果的文件，是估价机构提供给委托人的"产品"，是给予委托人关于估价对象价值及相关问题的正式答复，是关于估价对象价值及相关问题的专业意见和研究报告。因此，房地产估价师必须能够写作估价报告。

房地产估价报告写作，是房地产估价师必须熟练掌握的专业技能。写好房地产估价报告，不仅要求房地产估价师具备房地产估价的专业知识，以及与房地产估价有关的各类知识，能够了解和分析房地产市场的运行规律，同时还要掌握房地产估价报告的体裁特点，灵活运用其写作技巧。学习和掌握房地产估价报告的写作，是房地产估价师一项很重要的专业训练，能否成为一名合格的房地产估价师，达到执业要求，估价报告的写作能力是必不可少的检验标准。

房地产估价报告是一种指向性非常明确的专业性与职业性的报告文体，也有其特定的语言文字要求，主要包括对词义、语句的要求，防止错字漏字等，另外还有段落、结构安排，文字说明、图表的结合使用，专业术语规范表述等要求。

总而言之，房地产估价报告的写作、用语、用词要规范，文字要简洁、通顺，逻辑性要强，估价报告各部分不能出现顺序错误，报告各部分描述不能相互矛盾，不能出现不必要的重复。

（一）对词义的要求

1. 用词准确

这是对词义的基本要求。首先，凡估价报告中的专业术语应该使用《房地产估价基本术语标准》GB/T 50899—2013 中规定的规范术语，且前后要表述一致，要杜绝使用非规范专业术语。其次，要善于根据内容表达的需要，在众多同义词、近义词中选用最确切的用词，以准确地表现事物的特征和作者要表达的意图。

例如，下面这三种表达方式中的用词："这里有可能成为繁华商业区""预计这里将成为繁华商业区"和"这里必然会成为繁华商业区"，用词的强度不同，表达的意思也不同。又如，同样是对房地产开发企业的销售业绩做出判断，可以在短期内的销售率数据的基础上采用"比较理想"这几个字，也可根据实际情况选择最能准确表达实际情况的其他用词。但估价报告中不应使用"好得不得了"等口语化的词句。

2. 语义鲜明，不能含混不清、模棱两可

表达分寸的词语，比如估价对象财产范围、建筑物新旧程度、区域基础设施条件等，在房地产估价报告中都会经常使用，要有客观恰当的把握。不能使用"大概""可能"等字样，特别是估价结论，更不能模棱两可。

例如，"估价对象房地产每平方米建筑面积的价格在 20 000 元左右。""大约"这样的词出现在市场分析中是可以的，但在估价结论中是不妥当的。有时估价人员确实不能确定估价结论的具体数额，不妨说："估价对象房地产每平方米建筑面积的价格在 19 000～21 000 元之间。"这样的表述比"大约"要确定得多，毕竟可以确定价格的变动范围。

3. 用词简练、标准，不堆砌、不生造

例如，有的估价报告连用几个"最高级"来形容估价对象，有的估价报告采用一些非标准的用语。比如将"素质"写为"质素"（中国香港地区的习惯用法），或是用动词作形容词："这个居住区的价位比附近同档次的居住区低，非常吸引。"（应为："非常有吸引力。"）

（二）对语句的要求

1. 句子简洁，概括性强

估价报告应使用简洁的文字对估价所涉及的内容进行高度概括，句子成分该省的一定要省，不能出现杂糅、赘余等毛病，同时注意句子的完整性以清楚表达所表述的内容。

2. 搭配得当

语义上要符合情理，符合语法规则，同时要注意衔接。语句与语句之间，意思也要衔接、连贯，不能脱节。

3. 逻辑严密

不能出现自相矛盾的现象，造成逻辑混乱。逻辑混乱的情况主要有：一是前后没有照应，如前面说了出租率 70%，后面计算时又没有考虑进去；前面定下的报酬率是 13%，后面又采用 15%。二是数据来源没有出处或是有错，如有的估价报告中的房地产税、增值税的税率错误。三是判断推理没有充足的理由，如简单地下结论，却没有充足的理由支持该结论。

（三）要防止错别字和错漏

特别是一些容易混淆的字不能错，例如，坐落（不是"座落"）、坐标（不是"座标"）、签订（不是"签定"）、订货（不是"定货"）、好像（不是"好象"）、想象（不是"想像"）、图像（不是"图象"）、其他（不是"其它"）、部分（不是"部份"）、身份（不是"身分"）、成分（不是"成份"）、内涵（不是"内含"）、账目（不是"帐目"）、撤销（不是"撤消"）、抵消（不是"抵销"）等。

另外不要漏字，特别是数字不要缺漏，如估价对象最终结果本应为 300 000 万元却写成了 30 000 万元。还有，在内地不应使用繁体字，通用的外文译名不要自己另造译名。

第二节 房地产估价报告写作

一、房地产估价报告的形式

房地产估价报告一般应采取书面形式。书面报告按照格式可分为叙述式报告和表格式报告。叙述式报告和表格式报告主要是表现形式上的不同，并不意味着表格式报告可以省略必要的内容。单套住宅抵押估价报告、住宅房屋征收分户估价报告，可以采用表格式报告。

二、房地产估价报告的构成要素

一份完整的叙述式书面估价报告通常由以下八个部分构成：

（1）封面；

（2）致估价委托人函；

（3）目录；

（4）估价师声明；

（5）估价假设和限制条件；

（6）估价结果报告；

（7）估价技术报告；

（8）附件。

对特定目的的房地产估价报告如房地产抵押估价报告，还应包括估价对象变现能力分析与风险提示。此外，房地产估价报告根据估价委托人的需要或有关要求，还可在完整的估价报告的基础上形成估价报告摘要。

三、房地产估价报告写作要求

房地产估价报告写作应做到下列几点：

（1）真实。应按事物的本来面目陈述事实、描述状况、说明情况，没有虚假记载。

（2）客观。应不加个人偏见、好恶和情感进行叙述、分析和评论，得出的结论应有充分的依据，没有误导性陈述。

（3）合理。应有依据、合乎事理、符合实际等得出估价结果等结论，没有重大差错。

（4）准确。估价基础数据应正确，用语应明确肯定、避免产生误解，对未予以核实的事项不得轻率写入，对难以确定的事项及其对估价结果的影响应予以说明，没有含糊其辞，不会产生歧义，不易引起误解。

（5）完整。应全面反映估价情况、过程和结果，包括向估价报告使用人所需的且与其知识水平相适应的必要信息。正文内容和附件资料应齐全、配套，不得隐瞒事实，没有重大遗漏。

（6）清晰。应层次分明，逻辑性强，简洁明了，文字表达通俗易懂，避免不必要的重复。用简洁的文字和图表对有关情况和结果进行归纳总结，便于估价报告使用者理解和使用。

（7）规范。估价报告的制作应符合规定的基本格式，文字和图表等的使用应符合相应的标准，房地产估价术语和其他专业术语应符合《房地产估价基本术语标准》GB/T 50899—2013等有关规定。

四、房地产估价报告的写作

（一）封面的写作

房地产估价报告的封面应写明估价报告名称、估价报告编号、估价项目名称、估价委托人、房地产估价机构（名称）、注册房地产估价师（姓名）、估价报告出具日期。这里所讲的封面特指估价报告的首页，对于各估价机构为了自身企业形象的推广，对估价报告进行包装设计，印制精美的封面不在此论述范围内。

1. 估价报告名称

估价报告名称一般为"房地产估价报告"。为了一目了然，也可结合估价对象和估价目的给估价报告命名，例如，房地产抵押估价报告、城市房屋征收估价报告、涉执房地产处置评估报告。

2. 估价报告编号

估价报告编号为本估价报告在本估价机构内的编号，主要便于估价报告的档案管理及查阅。估价报告编号应反映估价机构简称、估价报告出具年份，并应按顺序编号数，不得重复、遗漏、跳号。

3. 估价项目名称

估价项目名称应根据估价对象的名称或位置、用途、估价目的，提炼出的简洁名称。如"深圳市罗湖区布吉路××花园××阁第20层A住宅抵押价值评估"。"深圳市罗湖区布吉路"表示估价对象的区位；"××花园××阁第20层A"表示估价对象的名称，这个名称是估价对象在价值时点所使用的名称，也是本估价报告中所使用的名称；"住宅"表示估价对象的用途，"抵押价值评估"表示估价目的。

需要注意的是，有的建筑物在不同时期可能冠以不同的名称，特别是一些在建工程，项目建成后有可能重新冠名。因此，对于一些建成年代较长的建筑物，除了价值时点的名称之外，历史上可能还有其他的称谓，这一点可以在估价报告实物状况分析中作简要说明。

4. 估价委托人

需要准确无误地写明估价委托人全称。当为单位时，应写明其名称，如"××贸易有限公司"；当为个人时，应写明其姓名。

5. 房地产估价机构

应准确无误地写明估价机构的全称，如"××房地产估价有限公司"。

6. 注册房地产估价师

应写明所有参加估价的注册房地产估价师的姓名和注册号。

7. 估价报告出具日期

估价报告出具日期，是指本次估价出具报告的年、月、日。需要注意的是，估价报告出具日期应与致估价委托人函中的致函日期一致。

【**案例 8-1**】 某房地产估价报告封面写作实例

房地产估价报告

估价报告编号：××估字〔2018〕第××号

估价项目名称：××市××区××花园第18层A套住宅房地产转让价值评估

估价委托人：××市×××贸易公司

房地产估价机构：××房地产估价有限公司

注册房地产估价师：×××（注册号××）、×××（注册号××）

估价报告出具日期：2018年8月4日

（二）致估价委托人函的写作

致估价委托人函是估价机构和估价师向委托人正式提交估价报告的文件，是估价报告的重要组成部分。一般包括下列9项内容：

（1）致函对象，应写明估价委托人的名称或姓名。

（2）估价目的，应写明估价委托人对估价报告的预期用途，或估价是为了满足估价委托人的何种需要，解决何种问题。

（3）估价对象，应写明估价对象的财产范围及名称、坐落、规模、用途、权属等基本状况。

（4）价值时点，应写明所评估的估价对象价值或价格对应的时间。

（5）价值类型，应写明所评估的估价对象价值或价格的名称；当所评估的估价对象价值或价格无规范的名称时，应写明其定义或内涵。

（6）估价方法，应写明所采用的估价方法的名称；当所采用的估价方法无规范的名称时，应写明其定义或内涵。

（7）估价结果，应写明最终评估价值的总价，并应注明其大写金额；除估价对象价值价格无法用单价表示外，还应写明最终评估价值的单价。

（8）特别提示，应写明与评估价值和使用估价报告、估价结果有关的须引起估价委托人和估价报告使用者注意的事项。

（9）致函日期，应注明致函的年、月、日。

致估价委托人函应加盖房地产估价机构公章，不得以其他印章代替公章，法定代表人或执行合伙人宜在其上签名或盖章。受函方要写明估价委托人的全称，致函方要署房地产估价机构的全称，致函日期为估价报告出具日期。致委托人函中的内容应全面、不漏项，文字应表述准确、简洁，应特别注意估价结果与估价结果报告或者估价技术报告中的结果必须一致，致函日期必须在房地产估价机构的资质有效期内。

【案例 8-2】　致估价委托人函的写作实例

××银行××分行营业部：

承蒙贵方委托，我公司对位于××市××区××经济技术开发区××苑 18 幢 2 单元 1803 室住宅房地产进行了价值评估。

1）估价目的：为确定房地产抵押贷款额度提供参考依据而评估房地产抵押价值。

2）估价对象：××市××区××经济技术开发区××苑 18 幢 2 单元 1803 室住宅一套，建筑面积 100.39m²，分摊土地使用权面积 8.3m²，使用权类型为出让，地类（用途）为城镇住宅用地；权利人为×××。本次估价的财产范围为估价对象的房屋所有权及分摊的土地使用权，包括房屋正常使用不可分割的共用设备设施、装饰装修及权利人合法享有的相关权益。

3）价值时点：2019 年 7 月 6 日。

4）价值类型：抵押价值。

5）估价方法：比较法、收益法。

6）估价结果：根据《房地产估价规范》GB/T 50291—2015、《房地产抵押估价指导意见》以及国家相关法律法规，遵循独立、客观、公正、合法、谨慎等估价原则，选用合适的估价方法，在综合分析估价对象价值影响因素的基础上，评估确定估价对象于价值时点的估价结果如下：

（1）假定未设立法定优先受偿权下的价值为¥250 万元，大写人民币贰佰伍拾万元整；

（2）估价师知悉的法定优先受偿款为零元；

（3）房地产抵押价值为¥250万元，大写人民币贰佰伍拾万元整；折合建筑面积单价24 903元/m²。

7）特别提示：

（1）本报告各组成部分为有机整体，请报告使用人完整阅读。

（2）本报告及估价结果，不构成预期实现抵押权的价格保证。

（3）本报告的估价结果，基于估价的假设条件而成立，且受到报告使用限制相关内容的制约。

（4）本报告的估价结果，未扣除实现抵押权的相关费用和税金。

（5）基于抵押估价目的，报告使用人对变现能力分析和风险提示应予以特别关注，并充分考虑估价对象的抵押净值、快速变现价值。

a. 抵押净值，是指抵押价值减去预期实现抵押权的费用和税金后的价值。根据××市××区相关税费政策测算，在价值时点实现抵押权的费用和税金约为11.33万元，则估价对象于价值时点的抵押净值约为238.67万元。

b. 快速变现价值，是指估价对象在没有充足的时间进行营销情况下的价值。通过对价值时点前3个月内××市××区类似住宅房地产司法处置成交数据统计分析，近期住宅房地产市场呈现过热状态，预计估价对象在价值时点拍卖或变卖时最可能实现的价格约为市场价值的90%，则快速变现价值约为225万元（未扣除处置费用）。

（6）本报告使用期限为自报告出具之日起半年，即：自2019年7月9日起至2020年1月8日止。

此致！

×××房地产评估咨询有限公司

法定代表人：×××

二〇一九年七月九日

（三）目录的写作

估价报告目录应包括：估价师声明、估价假设和限制条件、估价结果报告、估价技术报告、附件，其中估价结果报告、估价技术报告还应呈现二级目录。

估价报告目录的编写，需要注意与后面的报告内容相匹配，应按估价结果报告、估价技术报告和附件的各个组成部分的前后次序列出其名称及对应的页码，以便估价委托人或估价报告使用者对估价报告的框架和内容有一个总体了解，并容易找到其关注的内容。

当按估价委托合同约定不向估价委托人提供估价技术报告时，估价报告的目录中可不列出估价技术报告及其各个组成部分，但在估价技术报告中应有单独的目录，且该目录中应按前后次序列出估价技术报告各个组成部分的名称及对应的页码。

（四）估价师声明的写作

估价师声明应写明所有参加估价的注册房地产估价师对其估价职业道德、专业胜任能力和勤勉尽责估价的承诺和保证。不能将估价师声明的内容与估价假设和限制条件的内容相混淆，或把估价师声明变成注册房地产估价师和房地产估价机构的免责声明。

鉴证性估价报告的注册房地产估价师声明应包括下列内容：

（1）注册房地产估价师在估价报告中对事实的说明是真实和准确的，没有虚假记载、误导性陈述和重大遗漏；

（2）估价报告中的分析、意见和结论是注册房地产估价师独立、客观、公正的专业分析、意见和结论，但受到估价报告中已说明的估价假设和限制条件的限制；

（3）注册房地产估价师与估价报告中的估价对象没有现实或潜在的利益，与估价委托人及估价利害关系人没有利害关系，也对估价对象、估价委托人及估价利害关系人没有偏见；

（4）注册房地产估价师是按照有关房地产估价标准的规定进行估价工作，撰写估价报告。

非鉴证性估价报告的估价师声明，可根据实际情况对上述内容进行适当增减。

（五）估价假设和限制条件的写作

1. 估价假设

估价假设应针对估价对象状况等估价前提，作出必要、合理且有依据的假定，不得为了规避应尽的检查资料、调查情况等勤勉尽责估价义务或为了高估、低估估价对象的价值或价格而滥用估价假设。

估价假设主要有以下几种：

（1）一般假设，是所有估价项目通常都有的具有普遍性的假设。该假设应说明对估价所依据的估价委托人提供的估价对象的权属、面积、用途等状况资料进行了审慎检查，在不知道且无理由怀疑其合法性、真实性、准确性和完整性且未予以核实的情况下，对其合法、真实、准确和完整合理的假定；对房屋结构安全、环境污染等影响估价对象价值或价格的重大因素给予了关注，在不知道且无理由怀疑估价对象存在安全隐患且无相应的专业机构进行鉴定、检测的情况下，对其安全的合理假定等。

（2）未定事项假设，应说明对估价所必需的尚未明确或不够明确的土地用途、容积率等事项所作的合理的、最可能的假定。当估价对象无未定事项时，应无未定事项假设。

（3）背离事实假设，应说明因估价目的的特殊需要、交易条件设定或约定，对估价对象状况所作的与估价对象的实际状况不一致的合理假定。当估价设定的估价对象状况与估价对象的实际状况无不一致时，应无背离事实假设。

（4）不相一致假设，应说明在估价对象的实际用途、登记用途、规划用途等用途之间不一致，或不同权属证明上的权利人之间不一致，估价对象的名称或地址不一致等情况下，对估价所依据的用途或权利人、名称、地址等的合理假定。当估价对象状况之间无不一致时，应无不相一致假设。

（5）依据不足假设，应说明在估价委托人无法提供估价所必需的反映估价对象状况的资料及注册房地产估价师进行了尽职调查仍然难以取得该资料的情况下，缺少该资料及对相应的估价对象状况的合理假定。当无依据不足时，应无依据不足假设。

（6）历史存在假设，说明估价对象是已灭失或"面目全非"的房地产，在估价作业期间或实地查勘时已不存在，但假设有关历史资料或有关组织和个人出具的有效证明等，说明估价对象在过去是真实存在的，后因拆除、损毁、迁移、改建等原因而不复存在。

（7）其他按特殊假设，说明上述估价假设之外的必要、合理且有依据的假设。

2. 估价报告使用限制

估价报告使用限制应说明估价报告使用范围和在使用估价报告或估价结果时的其他注意事项。估价报告使用范围一般包括估价报告的用途、使用者、使用期限。估价报告使用限制一般包括下列内容：

（1）估价报告的用途，应根据估价目的说明估价报告的用途，并说明不得将估价报告用于本用途以外的其他用途。

（2）估价报告的使用者，说明可使用本估价报告的单位名称或个人姓名。

（3）估价报告的使用期限，说明自估价报告出具之日起计算，使用估价报告特别是估价结果不得超过的时间。根据估价目的和预计估价对象的市场价格变化程度确定，估价报告的使用期限不宜超过一年。

（4）估价报告使用的其他注意事项，说明不按照估价报告载明的使用范围使用估价报告，估价机构和估价师不承担的相关责任。

估价假设和限制条件的写作应注意：①必须披露对估价结果有重大影响的事项或者因素，并就其对估价结果的影响进行说明；②估价假设必须具有针对性；③估价假设应按照"合法、必要、合理、有依据"进行说明；④不能为了高估或低估、规避应尽的勤勉尽责义务等而滥用估价假设。

【案例 8-3】　估价假设和限制条件的写作实例

估价假设和限制条件

（一）一般假设

（1）估价对象产权明晰，手续齐全，可在公开市场上自由转让。

（2）估价委托人提供了估价对象的《房屋所有权证》和《国有土地使用证》，我们对权属证书上记载的权属、面积、用途等状况资料进行了审慎检查，但未予以核实，在无理由怀疑其合法性、真实性、准确性和完整性的情况下，假定估价委托人提供的资料合法、真实、准确、完整。

（3）市场供求关系、市场结构保持稳定、未发生重大变化或实质性改变。

（4）注册房地产估价师在现场查勘中已对房屋安全、环境污染等影响估价对象价值的重大因素给予了关注，在无理由怀疑估价对象存在隐患且无相应的专业机构进行鉴定、检测的情况下，假定估价对象能正常安全使用。

（5）估价对象在价值时点的房地产市场为公开、平等、自愿的交易市场，即能满足以下条件：①自愿销售的卖方及自愿购买的买方；②交易双方无任何利害关系，交易的目的是追求各自利益的最大化；③交易双方了解交易对象、知晓市场行情；④交易双方有较充裕的时间进行交易；⑤不存在特殊买者的附加出价。

（6）由于估价委托人告知估价对象没有租赁权、抵押权、典权等他项权利限制，且注册房地产估价师无法知晓其真实性，故本次估价以估价对象没有他项权利限制为假设前提。

（二）未定事项假设

（1）本报告出具的评估价格包含了国有土地使用权出让金。若至价值时点止，原产权人尚有任何有关估价对象的应缴未缴税费，应按照规定缴纳或从评估价格中相应扣减。

（2）根据估价委托人提供的资料，均未记载估价对象的容积率，本次估价采用的容积率以估价对象实际容积率为准。

（3）本次估价测算的预期实现抵押权的处置税金为估价对象于价值时点以抵押价值进入市场转让时，卖方需负担的正常税费，仅供参考，其预期实现抵押权的处置税金应以有关税务部门计算的为准。

（三）背离事实假设

无。

（四）不相一致假设

据估价委托人提供的××建房权证房管处字第×××××号《房屋所有权证》记载，第3幢和第5幢均为工业厂房，并且建筑结构均为钢筋混凝土结构，经注册房地产估价师实地查勘，实际为钢结构，与证载不一致，根据实际情况，本次估价按实际建筑结构即钢结构进行估价。

（五）依据不足假设

无。

（六）估价报告使用限制

（1）本估价报告仅用于为估价委托人确定房地产抵押贷款额度提供参考依据，不得用于其他用途。

（2）本估价报告的使用期限自估价报告出具之日（二〇二一年一月十二日）起为一年，自估价报告出具日算起。若报告使用期限内，房地产市场或估价对象状况发生重大变化，估价结果需做相应调整或委托房地产估价机构重新估价。

（3）本估价报告专为估价委托人×××所使用，未经本估价机构同意，不得向估价委托人和报告审查部门之外的单位和个人提供；本报告的全部或部分及任何参考资料均不允许在任何公开发表的文件、通告或声明中引用，亦不得以其他任何方式公开发表。

（4）本报告由×××房地产估价有限公司负责解释。

（5）本报告必须经估价机构加盖公章、注册房地产估价师签字后方可使用，估价机构仅对本报告的原件承担责任，对任何形式的复制件概不认可且不承担责任。

（六）估价结果报告的写作

估价结果报告应记载以下事项：①估价委托人；②房地产估价机构；③估价目的；④估价对象；⑤价值时点；⑥价值类型；⑦估价原则；⑧估价依据；⑨估价方法；⑩估价结果；⑪注册房地产估价师；⑫实地查勘期；⑬估价作业期。如果是房地产抵押估价报告，还应包括估价对象变现能力分析、风险提示。

1. 估价委托人

当估价委托人为单位时，应写明其名称、住所和法定代表人姓名；当估价委托人为个人时，应写明其姓名和住址。

2. 房地产估价机构

应写明房地产估价机构的名称、住所、法定代表人或执行事务合伙人姓名、备案等级和备案证书编号。

3. 估价目的

估价目的应说明估价委托人对估价报告的预期用途，或估价是为了满足估价委托人的何种需要。估价目的通常由客户设定。因此，估价结果报告中不同种类的估价目的其表述应不同，具体举例如下：

（1）抵押估价目的可表述为"为确定房地产抵押贷款额度提供参考依据而评估房地产抵押价值"；

（2）房屋征收补偿估价目的可表述为"为房屋征收部门与被征收人确定被征收房屋价值的补偿提供依据，评估被征收房屋的价值"；

（3）产权调换房屋估价目的可表述为"为房屋征收部门与被征收人计算被征收房屋价值与用于产权调换房屋价值的差价提供依据，评估用于产权调换房屋的价值"；

（4）房地产转让估价目的可表述为"为委托人转让估价对象提供市场价值参考"；

（5）涉执房地产处置司法评估的估价目的可表述为"为人民法院确定财产处置参考价提供依据"；

（6）企业入股、合并等涉及的房地产估价目的可表述为"为企业入股、合并等发生房地产权属转移的作价提供价值依据"；

（7）房地产投资决策分析和咨询服务估价目的可表述为"为房地产投资决策提供价值参考依据"。

4. 估价对象

不同估价项目的估价对象范围可能不同。现实中的房地产估价对象包括房屋、构筑物、土地、在建工程、期房和灭失的房地产等。估价对象还可能不是纯粹的房地产，而含有房地产以外的作为房地产的一种附属财产，如为某个可供直接经营使用的旅馆、商店、餐馆、汽车加油站、高尔夫球场等的交易提供价值参考依据的估价，其评估价值除了包含该旅馆、商店、餐馆、汽车加油站、高尔夫球场等的建筑物及其占用范围内的土地的价值，通常还包含房地产以外的其他财产，如家具、电器、货架、机器设备等的价值，甚至包含特许经营权、商誉、客户基础、员工队伍、债权债务等的价值，即以房地产为主的整体资产价值评估或称为企业价值评估。

估价对象应在估价委托人指定及提供有关情况和资料的基础上，根据估价目的依法确定，并应明确界定其财产范围和空间范围，不得遗漏或虚构。法律、行政法规规定不得买卖、租赁、抵押、作为出资或进行其他活动的房地产，或征收不予补偿的房地产，不应作为相应估价目的的估价对象。对作为估价对象的，应在估价报告中根据估价目的分析、说明其进行相应买卖或租赁、抵押、作为出资等活动的合法性。

估价对象的描述应做到层次清晰，用语表达简单、准确。估价结果报告中估价对象的描述主要包括以下几方面：①估价对象范围的说明，应说明土地、房屋、构筑物、树木等其他附着物情况，所包含的动产、债权债务、特许经营权等其他财产和权益等情况；②估价对象基本状况的说明，应概要说明估价对象的财产范围及名称、坐落、规模、用途、权属等基本状况；③土地基本状况的说明，应包括四至、形状、土地使用期限等；④建筑物基本状况的说明，应包括建筑结构、建设年代、装饰装修、设施设备、新旧程度等。

5. 价值时点

价值时点是所评估的估价项目的客观合理价格或价值所对应的某一特定时间，因此价值时点应根据估价目的确定，应说明所评估的估价对象价值或价格对应的时间及其确定的简要理由。价值时点应采用公历表示，宜具体到日。回顾性估价和预测性估价的价值时点在难以具体到日且能满足估价目的的需要的情况下，可到周或旬、月、季、半年、年等。

6. 价值类型

价值类型是指所评估的估价对象的某种特定价值或价格，包括价值或价格的名称、定义或内涵。在一个估价项目中，价值类型应根据估价目的来确定。常见的价值类型有市场价值、投资价值、现状价值、抵押价值、快速变现价值等。不同估价对象、同一估价对象但不同估价目的往往具有不同的价值类型。因此，估价结果报告中不同价值类型表述应不同，应说明所评估的估价对象价值或价格的名称、定义或内涵。具体举例如下：

（1）抵押估价的价值类型表述为"估价对象假定未设立法定优先受偿权下的价值减去注册房地产估价师知悉的法定优先受偿款后的价值"；

（2）国有土地房屋征收估价的价值类型表述为"被征收房屋及其占用范围内的土地使用权在正常交易情况下，由熟悉情况的交易双方以公平交易方式在评估时点自愿进行交易的金额，但不考虑被征收房屋租赁、抵押、查封等因素的影响"。

7. 估价原则

估价原则是估价活动所依据的法则或标准，估价报告应说明本次估价所遵循的估价原则的名称、定义或内涵。房地产估价应遵循独立、客观、公正原则；合法原则；价值时点原则；替代原则；最高最佳利用原则。

房地产的抵押价值和抵押净值评估，除应遵循市场价值评估的原则外，还应遵循谨慎原则。房地产的投资价值、现状价值等其他价值或价格评估，应根据估价目的和价值类型，从市场价值评估的原则中选择适用的原则，并可增加其他适用的原则。

遵循不同估价原则的评估价值，应符合下列规定：

（1）遵循独立、客观、公正原则，评估价值应为对各方估价利害关系人均是公平合理的价值或价格；

（2）遵循合法原则，评估价值应为在依法判定的估价对象状况下的价值或价格；

（3）遵循价值时点原则，评估价值应为在根据估价目的确定的某一特定时间的价值或价格；

（4）遵循替代原则，评估价值与估价对象的类似房地产在同等条件下的价值或价格偏差应在合理范围内；

（5）遵循最高最佳利用原则，评估价值应为在估价对象最高最佳利用状况下的价值或价格；

（6）遵循谨慎原则，评估价值应为在充分考虑导致估价对象价值或价格偏低的因素，慎重考虑导致估价对象价值或价格偏高的因素下的价值或价格。

8. 估价依据

估价依据是指估价所依据的有关法律、法规和政策，有关估价标准，估价委托书、估价委托合同、估价委托人提供的估价所需资料，房地产估价机构、注册房地产估价师掌握和搜集的估价所需资料。

估价依据具体表现为以下几方面：①有关法律、法规和政策，包括有关法律、行政法规，最高人民法院和最高人民检察院发布的有关司法解释，估价对象所在地的有关地方性法规，国务院、中央军委所属部门颁发的有关部门规章和政策，估价对象所在地人民政府颁发的有关地方政府规章和政策；②有关估价标准，包括房地产估价的国家标准、行业标准、指导意见和估价对象所在地的地方标准等；③估价委托人提供的估价所需资料如估价对象的面积、用途、权属证明、财务会计信息和其他资料；④房地产估价机构、注册房地产估价师掌握和搜集的估价所需资料。

所列的估价依据要有针对性，不能滥列估价依据，不能将已过时或者失效的估价依据列出。

9. 估价方法

估价方法要说明本次估价所采用的估价方法名称和定义。所采用的估价方法定义应准确、简明。当按估价委托合同约定不向估价委托人提供估价技术报告时，宜说明估价测算的简要内容。

10. 估价结果

估价结果应符合下列要求：

（1）除房地产抵押估价外，当估价对象为单宗房地产时，可按表8-1格式说明不同估价方法的测算结果和最终评估价值。

估价结果汇总表　　　　　　　　　　　　　　　　　　**表8-1**

币种：

相关结果		估价方法		
测算结果	总价（元或万元）			
	单价（元/m²）			
评估价值	总价（元或万元）			
	单价（元/m²）			

（2）除房地产抵押估价外，当估价对象为多宗房地产时，可按表8-2格式说明不同估价方法的测算结果和最终评估价值。

估价结果汇总表　　　　　　　　　　　　　　　　　　**表8-2**

币种：

估价对象及结果		估价方法及结果		
		测算结果		估价结果
估价对象1	总价（元或万元）			
	单价（元/m²）			
估价对象2	总价（元或万元）			
	单价（元/m²）			
估价对象3	总价（元或万元）			
	单价（元/m²）			

续表

估价对象及结果		估价方法及结果		
		测算结果		估价结果
……	总价（元或万元）			
	单价（元/m²）			
汇总评估价值	总值（元或万元）			
	平均单价（元/m²）			

（3）房地产抵押估价中假定未设立法定优先受偿权下的价值，可按表 8-1 或表 8-2 格式说明不同估价方法的测算结果和最终评估价值。

（4）房地产抵押价值评估结果，可按表 8-3 格式说明最终评估价值。

房地产抵押价值评估结果汇总表　　　　表 8-3

币种：

项目及结果		估价对象			
		估价对象 1	估价对象 2	估价对象 3	……
1. 假定未设立法定优先受偿权下的价值	总价（元或万元）				
	单价（元/m²）				
2. 估价师知悉的法定优先受偿款	总额（元或万元）				
2.1 已抵押担保的债权数额	总额（元或万元）				
2.2 拖欠的建设工程价款	总额（元或万元）				
2.3 其他法定优先受偿款	总额（元或万元）				
3. 抵押价值	总价（元或万元）				
	单价（元/m²）				

（5）当估价对象无法用单价表示时，最终评估价值可不注明单价，除此之外的最终评估价值均应注明单价和总价，且总价应注明大写金额。

（6）当最终评估价值的币种为外币时，应说明国务院金融主管部门公布的价值时点的人民币市场汇率中间价，并应注明最终评估价值的单价和总价所折合的人民币价值。

11. 注册房地产估价师

可按表 8-4 格式写明所有参加估价的注册房地产估价师的姓名和注册号，并应由本人签名及注明签名日期，不得以个人印章代替签名。

注册房地产估价师　　　　　　　　　　　　表 8-4

姓　名	注册号	签　名	签名日期
			年　月　日
			年　月　日
			年　月　日

12. 实地查勘期

应说明实地查勘估价对象的起止日期，具体为自进入估价对象现场之日起至完成实地查勘之日止。

13. 估价作业期

应说明估价工作的起止日期，具体为自受理估价委托之日起至估价报告出具之日止。

（七）估价技术报告的写作

房地产估价技术报告应包括以下内容：①估价对象描述与分析；②市场背景描述与分析；③估价对象最高最佳利用分析；④估价方法适用性分析；⑤估价测算过程；⑥估价结果确定。

1. 估价对象描述与分析

估价对象描述与分析主要包括：①估价对象区位状况描述与分析；②估价对象实物状况的描述与分析；③估价对象权益状况描述与分析。

估价对象区位状况应有针对性较详细地描述与分析，其内容包括位置、交通、外部配套设施、周围环境等状况。其中位置状况描述内容包括：坐落、方位、与重要场所（设施）的距离、临街（路）状况等，单套住宅的区位状况还应包括所处楼幢、楼层和朝向；交通状况描述内容包括：道路状况、出入可利用交通工具、交通管制情况、停车方便程度等；周围环境状况描述内容包括：自然环境、人文环境、景观等。

估价对象实物状况的描述与分析，一般分为土地实物状况和建筑物实物状况两部分。对土地实物状况应有针对性较详细的描述与分析，其内容包括土地面积、形状、地形、地势、地质、土壤、开发程度等；建筑物实物状况应有针对性较详细的描述与分析，其内容包括建筑规模、建筑结构、设施设备、装饰装修、层高和室内净高、空间布局、建筑功能、工程质量、外观、建成时间、新旧程度、物业管理使用维护状况及完损状况。

估价对象权益状况应有针对性较详细的描述与分析，其内容包括实际用途、登记用途、规划用途及其他用途，规划条件，所有权、土地使用权、共有情况、用益物权设立情况、担保物权设立情况、租赁或占用情况、拖欠税费情况、查封等形式限制权利情况、权属清晰情况等。对在建工程权益状况描述还应包括：建设用地规划许可证、建设工程规划许可证、建筑工程施工许可证等的取得情况。

2. 市场背景描述与分析

市场背景描述与分析应简要说明估价对象所在地区的经济社会发展状况和房地产市场总体状况，并应有针对性较详细的说明，分析过去、现在和可预见的未来同类房地产的市场状况。由于估价对象的类型不同、估价的目的不同，所以影响其市场价格变动的主要因素及其影响程度会有所不同。因此，不同估价报告的市场背景描述与分析会有较大的差异。

对市场背景描述与分析应注意把握好以下方面：

（1）要按照从宏观到微观、由大区域市场到小片区市场的写作顺序简要说明估价对象所处房地产市场背景，并且重点说明、分析估价对象所处片区和同类房地产市场。

（2）要注意与估价目的的关联性。因为估价目的不同，估价对象的范围、价值时点、评估的价值类型、估价依据可能不同，因此估价应考虑的市场背景因素也可能不同。

（3）要注意与估价方法的对应。如采用比较法时，则要分析估价对象所处片区市场类似物业的买卖交易活跃程度、类似物业的价格水平等，而采用收益法则要侧重于分析估价对象所处片区市场类似物业租赁活跃程度以及租金水平。

（4）房地产市场是一个动态的市场，因此要对估价对象所处区域房地产市场一定时期内的供需状况及价格走势进行一定的分析和预测，预测结论应是明确的，预测结论宜通过相关数据说明对未来市场的判断。

（5）应注意一定时期相关政策、法规的出台对房地产市场的影响。

（6）要注意引用的宏观经济数据、房地产市场数据以及估价对象相关行业信息、政策法规等的时效性、准确性。

3. 估价对象最高最佳利用分析

估价对象的最高最佳利用状况包括最佳的用途、规模和档次，应按法律上允许、技术上可能、财务上可行、价值最大化的次序进行分析、筛选或判断确定，并应符合下列规定：

（1）当估价对象的权利人和意向取得者对估价对象依法享有的开发利用权利不同时，应先根据估价目的确定从估价对象的权利人角度或意向取得者角度进行估价，再根据其对估价对象依法享有的开发利用权利，确定估价对象的最高最佳利用状况。

（2）当估价对象已为某种利用时，应在调查了解及深入分析其利用现状的基础上，对其最高最佳利用和相应的估价前提作出下列判断和选择，并应在估价报告中说明：

a. 维持现状、继续利用最为合理的，应选择维持现状前提进行估价；

b. 更新改造再予以利用最为合理的，应选择更新改造前提进行估价；

c. 改变用途再予以利用最为合理的，应选择改变用途前提进行估价；

d. 改变规模再予以利用最为合理的，应选择改变规模前提进行估价；

e. 重新开发再予以利用最为合理的，应选择重新开发前提进行估价；

f. 上述前提的某种组合或其他特殊利用最为合理的，应选择上述前提的某种组合或其他特殊利用前提进行估价。

当估价对象的实际用途、登记用途、规划用途之间不一致时，应按下列规定确定估价所依据的用途，并应作为估价假设中的不相一致假设在估价报告中说明及对估价报告和估价结果的使用作出相应限制：

（1）政府或其有关部门对估价对象的用途有认定或处理的，应按其认定或处理结果进行估价。

（2）政府或其有关部门对估价对象的用途没有认定或处理的，应按下列规定执行：

a. 登记用途、规划用途之间不一致的，可根据估价目的或最高最佳利用原则选择其中一种用途；

b. 实际用途与登记用途、规划用途均不一致的，应根据估价目的确定估价所依据的用途。

当根据估价目的不以最高最佳利用状况为估价前提时，可不进行估价对象最高最佳利用分析。

4. 估价方法适用性分析

估价方法适用性分析就是要逐一分析比较法、收益法、成本法、假设开发法等估价方法对估价对象的适用性。估价方法的适用性包括估价方法的理论适用性与估价对象在价值时点的客观条件。对理论上不适用而不选用的，应简述不选用的理由；对理论上适用但客观条件不具备而不选用的，应充分陈述不选用的理由；对选用的估价方法，应简述选用的理由并说明其估价技术路线。

5. 估价测算过程

估价测算过程就是要详细说明所选用的各种估价方法的测算步骤、计算公式和计算过程及其中的估价基础数据和估价参数的来源或确定依据等。

6. 估价结果确定

估价结果确定就是要说明不同估价方法的测算结果和最终估价结果，并运用适当的文字较详细说明最终的估价结果确定的方法和理由。

（八）估价对象变现能力分析与风险提示

当出具房地产抵押估价报告时，需要进行估价对象变现能力分析与风险提示。

估价对象变现能力分析主要包括：①估价对象的通用性、独立使用性、可分割转让性、区位、开发程度、价值大小以及房地产市场状况等影响变现能力的因素及其对变现能力的影响；②假定估价对象在价值时点拍卖或变卖时最可能实现的价格与其市场价值或市场价格的差异程度；③变现的时间长短以及费用、税金的种类和清偿顺序。

估价对象风险提示分析主要包括：①关注房地产抵押价值未来下跌的风险，对预期可能导致房地产抵押价值下跌的因素进行分析说明；②评估续贷房地产的抵押价值时，对房地产市场已发生的变化予以考虑说明；③估价对象状况和房地产市场状况因时间变化对房地产抵押价值可能产生的影响；④抵押期间可能产生的房地产信贷风险关注点；⑤合理使用评估价值；⑥定期或在房地产市场价格变化较快时对房地产抵押价值进行再评估等。

（九）附件

房地产估价报告附件主要需列明以下内容：

（1）估价委托书复印件。

（2）估价对象位置图。

（3）估价对象实地查勘情况和相关照片，应说明对估价对象进行了实地查勘及进行实地查勘的注册房地产估价师。当无法进入估价对象内部进行实地查勘时，应说明未进入估价对象内部进行实地查勘及其具体原因。实地查勘的相关照片应包括估价对象的内部状况、外部状况和周围环境状况的照片。对未进行实地查勘的估价对象内部状况，可不包括估价对象的内部状况照片，但应作为估价假设中的依据不足假设在估价报告中说明。

（4）估价对象权属证明复印件，当估价委托人不是估价对象权利人且估价报告为非鉴证性估价报告时，可不包括估价对象权属证明复印件，但应说明无估价对象权属证明复印件的具体原因，并将估价对象权属状况作为估价假设中的依据不足假设在估价报告中说明。

（5）估价对象法定优先受偿款调查情况，应说明对估价对象法定优先受偿权设立情况及相应的法定优先受偿款进行了调查，并应提供反映估价对象法定优先受偿款的资料。当不是房地产抵押估价报告时，可不包括该情况。

（6）可比实例位置图和外观照片。当未采用比较法进行估价时，可不包括该图和照片。

（7）专业帮助情况和相关专业意见。

（8）估价所依据的其他文件资料。

（9）房地产估价机构营业执照和估价资质证书复印件。

（10）房地产估价师注册证书复印件。

五、房地产估价报告示例

【案例 8-4】

房地产抵押估价报告

估价报告编号：××××〔2016〕第××××号

估价项目名称：××市××路×××号××在建商住大厦房地产抵押价值评估

估价委托人：××房地产有限公司

房地产估价机构：×××土地与房地产评估咨询有限公司

注册房地产估价师：×××（注册号×××），×××（注册号×××）

估价报告出具日期：2016 年 8 月 8 日

致估价委托人函

××房地产有限公司：

受贵司委托，本公司对位于××市××区××路××号××在建商住大厦的土地使用权及地上建筑物的房地产抵押价值进行了评估。

（1）估价目的：为确定房地产抵押贷款额度提供参考依据而评估房地产抵押价值。

（2）估价对象：××市××区××路××号××在建商住大厦的土地使用权及地上建筑物。估价对象总建筑面积为 28 238.886 5m²，土地面积为 2 404m²，使用权类型为出让，土地类用途为商住。产权人为××市××房地产有限公司，估价对象未设立他项权。本次估价的财产范围为估价对象的在建房屋所有权及土地使用权，包括房屋正常使用不可分割的共用设备设施、装饰装修及权利人合法享有的相关权益。

（3）价值时点：2016 年 7 月 15 日，即完成实地查勘之日。

（4）价值类型：抵押价值，即在价值时点假定未设立法定优先受偿款权下的价值减去注册房地产估价师知悉的法定优先受偿款后的价值。

（5）估价方法：假设开发法、成本法。

（6）估价结果：注册房地产估价师根据估价目的，遵循公认的估价原则，按照严谨的估价程序，依据有关法规、政策和标准在合理的假设下，采用合理的估价方法，并详细考虑了影响房地产价格的各项因素，对估价对象于价值时点的抵押价值进行了专业分析、测算和判断，最终确定估价对象在价值时点的总价值为¥659 523 492 元（人民币陆亿伍仟玖佰伍拾贰万叁仟肆佰玖拾贰元整），估价师知悉的法定优先受偿款为¥16 413 050 元（人民币壹仟陆佰肆拾壹万叁仟零伍拾元整），估价对象的抵押价值为¥643 110 442 元（人民币陆亿肆仟叁佰壹拾壹万零肆佰肆拾贰元整），单价：26 289 元/m²（以可售住宅、商业建筑面积计，下同）。

特别提示：报告使用人在使用本报告之前须对报告全文，特别是"估价的假设和限制条件"认真阅读，充分关注"房地产变现能力分析""房地产抵押估价报告风险提示"，以免使用不当，造成损失！估价的详细结果、过程及有关说明，请见附后的《估价结果报告》《估价技术报告》。

此致

×××土地与房地产评估咨询有限公司

法定代表人：×××

二○一六年八月八日

目　录（页码略）

四、估价结果报告

（一）估价委托人

（二）房地产估价机构

（三）估价目的

（四）估价对象

（五）价值时点

（六）价值类型

（七）估价原则

（八）估价依据

（九）估价方法

（十）估价结果

（十一）注册房地产估价师

（十二）实地查勘期

（十三）估价作业期

（十四）变现能力分析

（十五）风险提示

五、估价技术报告

（一）估价对象描述与分析

（二）市场背景描述与分析

（三）估价对象最高最佳利用分析

（四）估价方法适用性分析

（五）估价测算过程

（六）估价结果确定

六、附件

（一）估价委托书复印件

（二）估价对象位置图

（三）估价对象实地查勘情况和相关照片

（四）估价对象权属证明复印件

（五）估价对象法定优先受偿款调查情况

（六）测算开发完成房地产价值时的可比实例位置图和外观照片

（七）无专业帮助情况和依据相关专业意见说明

（八）估价所依据的其他文件资料

（九）房地产估价机构营业执照复印件和估价资质证书复印件

（十）房地产估价师注册证书复印件

估价师声明

我们根据自己的专业知识和职业道德，在此郑重声明：

（1）我们在本估价报告中对事实的说明是真实和准确的，没有虚假记载、误导性陈述和重大遗漏。

（2）本估价报告中的分析、意见和结论是我们独立、客观、公正的专业分析、意见和结论，但受到本估价报告中已经说明的估价假设和限制条件的限制。

（3）注册房地产估价师与估价报告中的估价对象没有现实或潜在的利益，与估价委托人及估价利害关系人没有利害关系，也对估价对象、估价委托人及估价利害关系人没有偏见。

（4）注册房地产估价师是按照《房地产估价规范》GB/T 50291—2015、《房地产估价基本术语标准》GB/T 50899—2013 和《房地产抵押估价指导意见》等的规定进行估价工作，撰写估价报告。

（5）没有人对本估价报告提供重要专业帮助。

估价假设和限制条件

一、一般假设

1. 估价对象产权明晰，手续齐全，可在公开市场上自由转让。

2. 买卖双方的交易目的都是追逐自身最大经济利益，在适当的时间完成谈判和交易，洽谈交易期间物业价值将保持稳定。交易双方都具有完全市场信息，对交易对象具有必要的专业知识，不考虑特殊买家的附加出价。

3. 注册房地产估价师已对房屋安全、环境污染等影响估价对象价值的重大因素给予了关注，在无理由怀疑估价对象存在安全隐患且无相应的专业机构进行鉴定、检测的情况下，假定估价对象能正常安全使用。

4. 本次估价对象由估价委托人有关人员现场指认，若与实际不符，应重新估价；估价人员现场查勘时，未对其做建筑物基础、房屋结构上的测量和试验，本次估价假设其无建筑物基础、结构等方面的重大质量问题。

5. 市场供应关系、市场结构保持稳定，未发生重大变化或实质性改变。

6. 本次估价对象所在建筑物总建筑面积为 34 486.990 7m²，其中：塔楼建筑面积为 22 049.760 8m²，商业裙楼建筑面积为 8 661.089 5m²，地下室建筑面积为 3 776.140 4m²。但未计入评估范围的已售住宅建筑面积 2 155.582 8m²，回迁住宅建筑面积 2 515.900 8m²，公建配套等其他建筑面积 1 576.620 6m²，即列入本次估价范围的建筑面积为 28 238.886 5m²，以上数据根据委托方提供的《分户面积预测表》确定。

二、未定事项假设

1. 本次评估面积数据根据估价委托人提供的《分户预测面积表》进行测算，其可销售经营建筑面积较《国有土地使用权出让补充合同》(×国地出合〔98〕第86号补充合同之二号)规定的可销售经营面积大，此类情况根据××市的规定"当建设过程或房地产初始登记时各用途建筑面积与原出让合同各用途建筑面积不符，或核准的拆迁面积有所调整的，按原价格标准及规定进行调整，不进行年限修正"，本次评估已按该规定扣除了相应土地出让金，若与实际不符，应以自然资源部门核定为准。

2. 估价结果是为确定房地产抵押贷款额度提供参考依据，估价时没有考虑国家宏观经济政策发生变化、市场供应关系变化、市场结构转变、遇有自然力和其他不可抗力等因素对房地产价值的影响，也没有考虑估价对象将来可能承担违约责任的事宜，以及特殊交易方式下的特殊交易价格等对估价结果的影响；当上述条件发生变化时，估价结果一般亦会发生变化。

三、背离事实假设

本次估价无背离事实假设。

四、不相一致假设

本次估价无不相一致假设。

五、依据不足假设

本次估价无依据不足假设。

六、本报告使用的限制条件

1. 本报告仅为确定房地产抵押贷款额度提供参考依据，不作他用。

2. 本估价报告的使用期限 1 年，即自 2016 年 8 月 8 日至 2017 年 8 月 7 日。若报告使用期限内，房地产市场或估价对象状况发生重大变化，估价结果需做相应调整或委托房地产估价机构重新估价。

3. 本报告专为委托方所使用，未经本公司同意，不得向委托方和估价报告审查部门之外的单位和个人提供；报告的全部或部分内容不得发表于任何公开媒体上。

估价结果报告

一、估价委托人（略）

二、房地产估价机构（略）

三、估价目的

为确定房地产抵押贷款额度提供价值参考依据而评估房地产抵押价值。

四、估价对象

1. 估价对象范围

本次估价对象范围为估价对象的房屋所有权及分摊的土地使用权，总建筑面积为 28 238.886 5m²，土地面积为 2 404m²，包括房屋正常使用不可分割的共用设备设施、装饰装修及权利人合法享有的相关权益。

2. 估价对象基本状况

估价对象为位于××市××区××路××号××在建商住大厦的部分建筑物及其分摊的土地使用权。总建筑面积为 28 238.886 5m²，土地面积为 2 404m²，产权人为××市××房地产有限公司，估价对象未设立他项权。

3. 土地基本状况

位置：估价对象位于××市××区××路××号。

四至：近××路及××交会处，东近××路、西至小巷、南至××后街、北至××路均为双向 4 车道。

用途：商住。

使用年限：价值时点住宅剩余土地使用年限 58.2 年，商业剩余土地使用年限 28.2 年。

土地开发程度：红线内外达"六通一平"即给水、排水、通电、通路、通信、通燃气、土地平整。

权属：产权人为××市××房地产有限公司，以出让方式获得土地使用权。估价对象未设立他项权。

4. 建筑物基本状况

估价对象建筑物于 2010 年底基本完成主体工程，后停工至今，现处于装饰装修改造中，计划 2016 年 12 月建成并交付使用。

估价对象地下 2 层为车库，地上 31 层，其中：1～5 层为裙楼商业、6 层为架空花园、7～30 层为 2 幢住宅塔楼、第 31 层为设备层。估价对象总建筑面积为 34 486.990 7m²，其中：住宅塔楼建筑面积为 22 049.760 8m²，商业裙楼建筑面积为 8 661.089 5m²，地下室建筑面积为 3 776.140 4m²。但未计入评估范围的已售住宅建筑面积 2 155.582 8m²，回迁住宅建筑面积 2 515.900 8m²，公建配套等其他建筑面积 1 576.620 6m²。

估价对象整体建筑为框架—剪力墙结构，裙楼首层和 2 层之间设有夹层，6 层为架空层。首层和夹层总层高为 5.7m，2～5 层为 3.9m，6 层为 2.7m，7～26 层为 2.9m，27～30 层为 3m。

五、价值时点

2016 年 7 月 15 日，即完成估价对象实地查勘之日。

六、价值类型

房地产抵押价值，即为估价对象假设未设立法定优先受偿权下的价值减去注册房地产估价师知悉的法定优先受偿款后的价值。

七、估价原则

本次估价遵循合法原则、最高最佳利用原则，替代原则，价值时点原则，独立、客观、公正原则，谨慎原则等房地产估价原则（估价原则具体分析略）。

八、估价依据

1. 法律、法规和政策性文件（略）

2. 技术标准、规程、规范

（1）《房地产估价规范》GB/T 50291—2015；

（2）《房地产估价基本术语标准》GB/T 50899—2013；

（3）《房地产抵押估价指导意见》；

（4）《城镇土地估价规程》GB/T 18508—2014。

3. 估价委托人提供的相关资料

（1）《××市国有土地使用权出让合同》及附件；

（2）《建设工程规划许可证》及附件；

（3）《建筑工程施工许可证》《建设工程规划验收合格证》等复印件；

（4）估价委托人提供的其他相关资料。

4. 估价人员调查搜集的相关资料

（1）估价人员现场查勘和估价机构掌握的其他相关资料；

（2）估价对象所在区域的房地产市场状况、同类房地产市场交易等数据资料。

九、估价方法

估价对象为在建工程，本次估价采用的估价方法为假设开发法和成本法。

假设开发法是求得估价对象后续开发的必要支出及折现率或后续开发的必要支出及应得利润和开发完成后的价值，将开发完成后的价值和后续开发的必要支出折现到价值时点后相减，或将开发完成后的价值减去后续开发的必要支出及应得利润得到估价对象价值或价格的方法。

成本法是测算估价对象在价值时点的重置成本或重建成本和折旧，将重置成本或重建价格减去折旧得到估价对象价值或价格的方法。

十、估价结果

估价人员经过实地查勘和测算，采用假设开发法测算结果为 677 359 468 元，采用成本法测算结果为 662 178 745 元，经过认真分析最终确定估价对象在价值时点的总价值为¥662 178 745 元（人民币陆亿陆仟贰佰壹拾柒万捌仟柒佰肆拾伍元整），估价师知悉的法定优先受偿款为¥16 413 050 元（人民币壹仟陆佰肆拾壹万叁仟零伍拾元整），估价对象的抵押价值为¥645 765 695 元（人民币陆亿肆仟伍佰柒拾陆万伍仟陆佰玖拾伍元整），具体详见表8-5。

房地产抵押价值评估结果汇总表　　　　　　　　　　**表 8-5**

币种：人民币

项目及结果		估价对象
		估价结果
1. 假定未设立法定优先受偿权下的价值	总价（元）	662 178 745
	单价（元/m²）	27 069
2. 估价师知悉的法定优先受偿款	总额（元）	16 413 050
2.1 已抵押担保的债权数额	总额（元）	0
2.2 拖欠的建设工程价款	总额（元）	0
2.3 其他法定优先受偿款	总额（元）	16 413 050
3. 抵押价值	总价（元）	645 765 695
	单价（元/m²）	26 398

十一、注册房地产估价师（表8-6）

注册房地产估价师　　　　　　　　　　**表 8-6**

姓　名	注册号	签　名
×××	××××××××××××	
×××	××××××××××××	

十二、实地查勘期

2016 年 7 月 12 日至 2016 年 7 月 15 日。

十三、估价作业日期

2016年7月12日至2016年8月8日。

十四、变现能力分析

1. 估价对象通用性、独立使用性或者可分割转让性分析

估价对象通用性、独立使用性或者可分割转让性分析见表8-7。

估价对象通用性、独立使用性或者可分割转让性分析 表8-7

序号	影响因素	变现能力分析
1	通用性	估价对象证载用途、实际用途均为商住，但其目前状态为在建工程，目前无法达到设计的使用要求，其通用性一般
2	独立使用性	由于各估价对象产权情况明晰，目前尚无影响其独立使用的因素存在，独立使用性较好
3	可分割转让性	估价对象为在建工程，房地产可分割转让性差

2. 价值时点最可能实现价格与评估的市场价值的差异程度分析

若需对估价对象进行短期强制处分，考虑快速变现如估价对象所在区域市场发育的完善程度、该类物业的市场需求有限、处置时间较一般正常交易时间短、其他不可预见因素及拍卖、过户等变现费用等因素的影响，成交价格可能仅为其公开市场价值的50%左右，详见表8-8。

估价对象变现折减因素、折减率 表8-8

序号	影响因素	折减率
1	买方市场有限需求	15%
2	快速变现方式、时间限制	10%
3	拍卖等方式中介费用	5%
4	买方市场客户购买处置资产的心理	5%
5	其他不可预见因素	15%
	合计	50%

3. 估价对象变现时间长短分析

根据当前市场处置同类物业的变现情况，估计估价对象正常的变现时间为3个月左右。

4. 估价对象变现税费

估价对象最终变现价款一般还须优先支付以下交易费用与交易税费：

（1）交易佣金：约为成交价格的3%～5%。

（2）增值税及附加：一般约为成交价格的5.63%。

（3）印花税：一般约为成交价格的0.05%。

（4）土地增值税：按成交价格比原开发或购置成本的增值额一定比例。

（5）土地交易手续费：按面积计算 3 元/m²。

（6）其他相关费用：如房地产评估费、法律服务费、诉讼费等。

5. 处置变现后的债务清偿顺序

债务人除借款本金之外还应当支付利息和费用，当其给付不足以清偿全部债务时，并且当事人没有约定的，应当按照下列顺序抵充：①实现债权的有关费用；②利息或者违约金；③借款本金。

十五、风险提示说明

1. 有关事项说明

根据本次估价过程的勘察、调查、询证、查证和调查等工作所得，有关事项特此说明如下：

2004 年，产权人×××房地产有限公司以出让方式获得估价对象所在土地使用权，并于同年办理了报建手续，于 2005 年 7 月取得《建筑工程施工许可证》，2010 年完成了桩基础和主体结构分部验收后停工至今，2014 年 10 月通过验收并取得了《建设工程规划验收合格证》，其土地使用年限住宅剩余 58.2 年，商业剩余 28.2 年，建筑目前正在装修改造中，尚未交付使用。于价值时点，估价对象为毛坯状态，尚需对过道、窗户、室外绿化等公共部分进行修复，本次估价评估所对应状态为价值时点状态，未考虑不可确知的后续装修改造的影响。

2. 房地产市场变化风险提示

目前，受全球金融危机、国外经济增速放缓，甚至出现整体经济衰退的影响，我国整体经济增速已放缓，近期部分城市出现了房价上涨过快等问题，国家各部委相继出台相关政策，合理引导住房消费，抑制投资投机性购房需求。房地产市场价格下行风险仍然存在，预计对估价对象今后的市场价格有一定影响。特请报告使用人注意。

3. 估价对象状况和房地产市场状况变化风险提示

估价委托人对抵押报告使用人使用报告的提示如下：

（1）估价对象为在建工程，报告使用人应注意估价对象随时间变化而产生的影响，应特别注意其续建工期的不确定性对资产价值的影响；在房地产市场状况方面亦应特别关注本轮下调和景气程度下降的影响。

（2）根据估价委托人提供的相关证明材料及估价人员经验，其抵押价值还受以下几个方面的影响或限制：

a. 抵押期限内可能会增加的法定优先受偿款，主要指工程款、抵押权实现费用、企业所欠职工工资和劳动保险费用和企业所欠税款三类情况。

b. 经济衰退或房地产政策调整，致使区域范围内房地产市场价值整体下跌。

4. 抵押期间可能产生的信贷风险

（1）人为使用不当或自然因素使得房地产加速贬值。

（2）经营方经营不当，会导致估价对象的市场价格降低。

（3）可能存在的欠缴土地出让金，本次评估依据的委托人提供的面积数据与规划批复的面积差异计缴应补出让金，此项若与国土相关部门确定的实际应缴交数额不一致，应以国土部门确认为准。

5. 房地产抵押再评估提示

鉴于估价对象、相关产业和房地产市场、经济形势的特点，建议报告使用人应定期或者在有关情况变化较快时对房地产抵押价值进行再评估。

估价技术报告

一、估价对象描述与分析

（一）估价对象区位状况描述与分析

估价对象区位状况描述与分析见表8-9。

估价对象区位状况 表8-9

1	位置状况	坐落	××市××区×××路××××号
		方位	东近××路、西至小巷、南至××后街、北至××路
		朝向	裙楼东西朝向，塔楼分东西塔楼，东南、东北、西南、西北四个朝向
		临街状况	东距××路约8m，西临小巷，南临××街，北临××路
		楼层	地下2层为车库，地上31层，其中：1～5层为裙楼商业、6层为架空花园、7～30层为2栋住宅塔楼、31层为设备层
2	交通状况	道路	临2条双向四车道的城市次干道
		公共交通	目前有公交站××路站、××路站、××路19路总站、13路总站等，有7、36、40等多路公交，建设中的地铁6号线××路站设在估价对象步行5分钟路程内
		交通管制	××路及××路口设红绿灯，两条均为城市内混合型次干道，双向四车道、中间未设隔离带（或护栏），交通管制一般
		停车便利度	物业设有2层地下停车库，周边无专用停车场
3	环境状况	自然环境	近江边、××路及××广场
		人文环境	建筑风格为明显的岭南骑楼文化，××路、××路等多条人文古街遍布
		景观	××路骑楼风貌、××路江滨风情

续表

4	外部配套设施	基础设施	七通
		公共服务设施	休憩场所有××广场、××路商业步行街、××路、××文献馆、××图书馆等，教学资源有××路小学、市××中学及××实验中学等；医疗机构有××医院等
5	区位状况未来变化趋势分析	城市分区及地段类	××路片区、××路商圈，根据××区商业发展规划，未来该片区将规划为零售主导型的综合性、多功能的国际性商业区
		周边物业类别	目前主要为多层住宅、低层骑楼商业、南面××街正处于拆迁改造中，未来规划改造抽疏后将降低建筑密度，但保留原骑楼风格及岭南文化特色
		居住人口类型	目前居住人口主要为中老年群体，年龄结构较大，未来抽疏后除回迁部分外，将置换进有购买力的中高端人群
		社会经济能力类型	公务员、退休职工、生意人
		房地产发展趋势	旧城改造为主，少量烂尾楼盘活为辅
		市场供应情况	区内基本无土地供应，主要靠旧城拆迁改造及烂尾楼盘活供应，估价对象周边有××居在售外，××广场正在进行基坑开挖，预计××居售完后，近期基本无可销售项目
		市场需求情况	该区集聚了省市党政机关公务员、××路和××路商务圈白领、××路商圈生意人的各类需求
		总体发展趋势评价	综上所述，该区域经抽疏改造后，从物业到居住人口都将经历一轮置换，交通状况随着地铁站的开通得到改善，自然环境状况随着建筑密度的降低而改善，人文环境随着新仿古建筑的建成及原建筑的修复保留而更新，综合环境、景观及外部配套得到改善升级

（二）估价对象实物状况描述与分析

本次估价对象具体实物状况描述见表8-10。

估价对象实物状况　　　　　　　　　　表 8-10

一	土地实物状况	
1	名称	××市××区××路××号
2	四至及临路状况	东近××路、西至小巷、南至××后街、北至××路。近××路及××交会处，均为双向四车道
3	土地面积	2 404m^2
4	用途	商住
5	形状	较规则矩形
6	地形地势	地势较平坦，坡度 <3%
7	地质	地基承载力一般，地质条件一般

续表

一	土地实物状况	
8	土壤	地下无污染
9	基础设施完备度	六通一平
10	土地开发程度	地上已建成31层物业
11	实际容积率	总建筑面积为34 487m²，计算容积率面积为29 736.19m²（地下室、6层架空层和31层设备层面积不计算容积率），建成项目实际容积率为12.37
二	建筑物实物状况	
1	名称	××在建商业大厦
2	建筑规模	估价对象总建筑面积为34 486.990 7m²，其中：住宅塔楼建筑面积为22 049.760 8m²，商业裙楼建筑面积为8 661.089 5m²，地下室建筑面积为3 776.140 4m²。但未计入评估范围的已售住宅建筑面积2 155.582 8m²，回迁住宅建筑面积2 515.900 8m²，公建配套等其他建筑面积1 576.620 6m²。即列入本次评估范围的建筑面积为28 238.886 5m²
3	层数和高度	地下2层为车库，出入口分开，地上31层，其中：1～5层为裙楼商业、6层为架空花园、7～30层为2栋住宅塔楼、第31层为设备层
4	建筑结构	整体建筑为框架—剪力墙结构
5	层高和室内净高	首层和夹层总层高为5.7m，2～5层为3.9m，6层为2.7m，7～26层为2.9m，27～30层为3m
6	建造年份	约于2010年基本竣工，后停工至今，现装饰装修改造中，计划2016年9月交楼
7	空间布局	裙楼商业在1～5层，6层为架空花园，7～30层塔楼为住宅，其中：7～14层（6～13层）、16～21层（15～20层）为两梯四户，均有两面以上采光，且通风及景观俱佳；15层（14层）为两梯三户，均为大户型，2套边角户为三面采光、中间户两面采光，且通风及景观俱佳；22层（21层）为两梯两户，均为三面采光的大户型，通风及景观俱佳；23～30层（22～29层）两梯三户，均为大户型，2套边角户为三面采光、中间户两面采光，且通风及景观俱佳，其中：30层（29层）为两层高复式户型
8	实用率	首层商业总体实用率约为94.1%；2～5层商业实用率约为81.6%～84%；6层为架空层；7～30层各单元实用率约为80.7%，其中30层为复式单元；31层为设备层，实用率约为95.1%
9	装饰装修	地下车库出入口分开，地面为水泥砂浆找平，天花和内墙刷乳胶漆，水电管线明装，安装自动喷淋和烟感系统。大堂外门为玻璃门，内部装修情况部分为：地面为抛光砖，内墙为石材，天花为造型吊顶，安装吊灯；部分为：毛坯。2～5层为毛坯状态。6层为空中花园。7层以上住宅地面为水泥砂浆找平，天花和内墙刷乳胶漆，安装高级防盗入户门和双层中空玻璃铝合金窗。裙楼外墙面主要为大理石，首层部分墙面为落地钢化玻璃，塔楼外墙为条形砖，造型塔尖屋顶，整体为"退缩式"的塔形外观

续表

二	建筑物实物状况	
10	设施设备	商业裙楼设 2 部扶手梯、1 部垂直货梯，东西塔楼各设 2 部直行电梯
11	维护与完损状况	结构完整，装饰情况为裙楼外墙较新，塔楼外墙成新度为 90%；室内装修为毛坯，无损坏情况；综合成新率为 95%

（三）估价对象权益状况描述与分析

根据委托人提供的权属资料，估价对象权益状况描述与分析见表8-11。

估价对象权益状况描述与分析 表 8-11

一	土地权益状况		
1	土地性质、用途		出让、商住
2	土地面积		2 404m²
3	土地权属情况	所有权	国有
		使用权	2004 年，产权人×××房地产有限公司以出让方式获得土地使用权，完成了桩基础和主体结构分部验收后停工至今
		他项权	无
4	目前使用情况		地上在建商住楼，已基本竣工，目前在装饰装修改造中
5	土地使用管制		无
6	土地使用年限		住宅剩余 58.2 年，商业剩余 28.2 年
7	其他特殊情况		无
二	建筑物权益状况		
1	房屋所有权状况		房屋所有权人为×××房地产有限公司，部分商品房为回迁用途，回迁房面积 2 516m²
2	占用情况		估价对象所在物业为在建工程，未计入评估范围的已售住宅建筑面积 2 156m²，回迁住宅建筑面积 2 516m²
3	他项权利设立情况		至价值时点无他项权利设立
4	其他特殊情况		无

二、市场背景描述与分析

（一）××市总体经济发展状况（略）

（二）××市城市房地产市场发展状况（略）

（三）××市同类房地产市场状况分析（略）

（四）市场背景分析估价（略）

三、估价对象最高最佳利用分析（略）

四、估价方法适用性分析

估价人员在认真分析所掌握的资料，并对估价对象进行了实地查勘以及对周边房地产市场进行调查后，根据《房地产估价规范》GB/T 50291—2015和遵照国家有关法律、法规、估价技术标准，经过反复研究，我们认为估价对象适合采用假设开发法和成本法进行估算，估价方法适用性分析见表8-12。

估价方法适用性分析 表8-12

估价对象特点	1. 估价对象位于××区××路南侧、××街北侧地段，法定用途与现状用途均为商住； 2. 估价对象为在建工程，为具有潜在开发价值的房地产			
评估目的	为确定房地产抵押贷款额度提供价值参考依据而评估房地产抵押价值			
可选估价方法	比较法	收益法	假设开发法	成本法
是否选取	不选取	不选取	选取	选取
估价方法选用理由	估价对象为在建工程，所在区域交易实例少，且该类交易一般不公开，难以获取其交易情况	估价对象为在建工程，目前状态无法获取收益	估价对象为在建工程，具有投资开发或再开发潜力的房地产，适合选取假设开发法估算估价对象的客观合理价格	估价对象为在建工程，主要由土地费用、建筑工程费用、机电安装费用及装饰装修工程费用组成，而这四部分的费用可通过测算其重新购建价格

五、估价测算过程

（一）假设开发法确定估价对象市场价值

1. 选取具体估价方法

根据估价对象实际情况，采用动态分析方法进行测算。

2. 选择估价前提

根据估价对象实际情况和估价目的，选择被迫转让前提。

3. 选择最佳开发经营方式

估价对象规划用途为商住用地，且各部分数量比例比较合理；估价对象为已验收完毕的在建工程，其续建周期短，销售的启动较为灵活主动，在一定程度上可规避在建的项目竞争。因此，在满足合法原则的前提下估价对象继续按规划用途及批准的规划指标开发续建最为有效。估价对象规划指标见表8-13。

估价对象规划指标 表 8-13

项目		总面积（m²）	可售面积（m²）	不可售面积（m²）	备注
住宅		22 049.760 8	17 093.818 9	4 955.941 9	
商业	首层		936.919 1	41.125 9	文化站、卫生站
	夹层商业		275.172 4	276.378 5	自行车库
	二层		1 360.364 8		
	三层		1 675.783 4		
	四层		1 675.783 4		
	五层		1 444.904 1	317.504 4	
	合计	8 661.089 5	7 368.927 2		
地下车位		3 776.140 4	3 776.140 4		
合计		34 486.990 7	28 238.886 5		
容积率		12.37			

4.测算后期开发经营期

假设估价对象于价值时点开始后续开发，设定开发经营期为 1 年（2016 年 7 月至 2017 年 6 月），其中：建设期为 0.5 年（2016 年 7 月至 2016 年 12 月）。现状开始销售，住宅商业于 2016 年 7 月至 2016 年 12 月可售出 50%，2017 年 1 月至 2017 年 6 月可售出余下 50%；车位于 2017 年 1 月至 2017 年 6 月全部售完。

5. 测算估价对象开发完成后的价值

根据估价人员对估价对象所在区域同类性质的房地产市场情况进行调查，本次估价参考周边住宅、商业、车位售价及该区域价格变化趋势，运用比较法分析，估算并预测估价对象开发完成后作为住宅、商业、车位物业的平均售价。

1）住宅价值的确定

采用市场法和趋势法测算住宅售价。

A. 选择可比实例。

针对估价对象的功能及特点，对与估价对象在同一区域内的类似住宅进行了市场调查和比较分析，从近期成交的住宅案例中选取三个可比实例，详见表 8-14。

住宅可比实例情况分析 表 8-14

因素	内容	估价对象与实例			
		估价对象	可比实例 A	可比实例 B	可比实例 C
坐落		××区××路×××号	××区××路××街	××区××中路	××区××路
楼盘名称		××大厦	××轩	×××居	××居
价格内涵	楼面均价	—	18 200	20 000	21 000
	单位	元/m²	元/m²	元/m²	元/m²
	付款方式	正常	按揭	按揭	按揭
交易情况	交易情况	—	正常	正常	正常
	类型	一手房	一手房	一手房	一手房
市场状况	交易日期	2016 年 7 月 15 日	2015 年 12 月	2016 年 7 月	2016 年 7 月
区位状况说明	繁华程度	临××路,位于××路××路商圈范围内,区域繁华程度高	临××路××街(内街),位于××区××路商圈,但属于居住区内街,区域繁华程度较估价对象差	位于××中路及×××高架之间,位于××区中华广场商圈,区域繁华程度与估价对象相当	位于××路与诗书路交界处,位于××区××路商圈,区域繁华程度与估价对象相当
	交通便捷程度	临大路,有 7、36、40 等多路公交线,项目近地铁 6 号线××路站出口,出入交通较便捷	临小路,附近有 10、12、182 等多路公交线,项目近地铁 1 号线×××站出口,出入交通较估价对象差	临大路,附近有 11、40、54 等多路公交线,项目近地铁 1 号线××站出口,出入交通与估价对象相当	临大路,附近有多路公交线,项目近地铁 6 号线××站出口,出入交通与估价对象相当
	公共设施配套完备程度	周边学校、多功能运动场所、卫生服务中心、文化活动中心、社区服务中心、派出所、银行、医院、农贸市场、饮食、商业等各项配套完善	周边学校、多功能运动场所、卫生服务中心、文化活动中心、社区服务中心、派出所、银行、医院、农贸市场、饮食、商业等各项配套完善	周边学校、多功能运动场所、卫生服务中心、文化活动中心、社区服务中心、派出所、银行、医院、农贸市场、饮食、商业等各项配套完善	周边学校、多功能运动场所、卫生服务中心、文化活动中心、社区服务中心、派出所、银行、医院、农贸市场、饮食、商业等各项配套完善
	区位环境	为××路××路"抽疏"片区,区域环境较好	处于××路××街社区,较估价对象稍差	处于××中路×××高架边,较估价对象差	位于××路与××路交界处,与估价对象相当
	城市规划	居住、商业区	居住、商业区	居住、商业区	居住、商业区
权益状况说明	用途	住宅	住宅	住宅	住宅
	使用年限	停工多年,剩余 58.2 年	新房,高于估价对象	新房,高于估价对象	停工多年,与估价对象相当
	房产类型	商品房	商品房	商品房	商品房

续表

因素	内容	估价对象与实例			
		估价对象	可比实例A	可比实例B	可比实例C
实物状况说明	楼盘形象	曾停工多年，楼盘形象一般	楼盘形象较估价对象稍好	楼盘形象较估价对象稍好	曾停工多年，楼盘形象一般
	有无电梯	有电梯	有电梯	有电梯	有电梯
	景观	可望江景、××路步行街，可俯瞰××区概貌，较好	处于××路东、××路南，且四周高层间距小、视野受限较大，景观较差	处于××中路及×××高架之间，景观较估价对象略差	位于××路与××路交界处，景观较估价对象略差

因素	内容	估价对象与实例			
		估价对象	可比实例A	可比实例B	可比实例C
	装修	毛坯	带中档装修	带中档装修	带中档装修
	布局户型	房型不规整，实用率一般，整体布局一般	房型规整，实用率及整体布局较估价对象好	房型规整，实用率及整体布局较估价对象好	房型规整，实用率及整体布局较估价对象好
	朝向及采光通风	每户均有2个朝向，采光率高，通风好	多为单边朝向，且四周高层间距小、采光通风受限较大，采光通风差	东朝×××高架，且多为单边朝向，采光通风较估价对象略差	多为单边朝向，采光通风较估价对象稍差
	噪声	临××路，噪声较小	临内街，噪声较小	临××中路及×××高架，噪声较大	临××路及××路，噪声较小

B. 编制比较因素条件指数表。

根据估价对象和可比实例各种因素具体状况，编制比较因素条件指数表，详见表8-15。

比较因素条件指数表　　　　　　　　　　　　表8-15

因素	内容	估价对象与实例			
		估价对象	可比实例A	可比实例B	可比实例C
成交单价（元/m²）		—	34 500	36 000	36 500
交易情况修正	交易情况	100	100	100	100
	类型	100	100	100	100
市场状况调整		100	100	100	100
区位状况调整	区域繁华程度	100	97	100	100

续表

因素	内容	估价对象与实例			
		估价对象	可比实例 A	可比实例 B	可比实例 C
区位状况调整	交通便捷程度	100	98	100	100
	公共设施配套完备程度	100	100	100	100
	区位环境	100	99	98	100
	城市规划	100	100	100	100
	小计	100	94	98	100
权益状况调整	用途	100	100	100	100
	使用年限	100	101	101	100
	房产类型	100	100	100	100
	小计	100	101	101	100
实物状况调整	楼盘形象	100	101	101	100
	有无电梯	100	100	100	100
	景观	100	96	97	97
	装修	100	104	104	104
	布局户型	100	101	101	101
	朝向及采光通风	100	97	98	99
	噪声	100	100	98	100
	小计	100	99	99	101

C. 比较因素调整系数确定。

比较因素调整系数确定详见表 8-16。

比较因素调整系数表　　　　　　　　　　　　表 8-16

内容	可比实例 A	可比实例 B	可比实例 C
成交单价（元/m²）	34 500	36 000	36 500
交易情况修正系数	100/100	100/100	100/100
市场状况调整系数	100/100	100/100	100/100
区域状况调整系数	100/94	100/98	100/100

续表

内容	可比实例 A	可比实例 B	可比实例 C
权益状况调整系数	100/101	100/101	100/100
实物状况调整系数	100/99	100/99	100/101
比较价值	35 642	36 738	36 139
比较单价（元/m²）（取整）	36 173		

通过上述比较法测算，并结合国家宏观政策的调控及该区域供求关系，我们认为在未来 1 年销售期内该区域房地产市场将保持稳定，因此，测算出估价对象中住宅物业建成后的销售均价为 36 173 元/m²，可销售住宅建筑面积为 17 093.818 9m²，则：

住宅物业静态销售总价 = 17 093.818 9 × 36 173 = 618 334 711（元）（取整）

2）车位价值的确定

采用与住宅售价确定的同样方法，具体测算过程略，得到车位静态销售均价：负一层为 300 000 元/个，其中子母车位为 390 000 元/个；负二层为 294 000 元/个，其中子母车位为 382 200 元/个。规划用作销售的车位 78 个（负一层普通车位 31 个，子母车位 2 个；负二层普通车位 44 个，子母车位 1 个），则：

车位物业静态销售总价 = 31 × 300 000 + 2 × 390 000 + 44 × 294 000 +

1 × 382 200 = 23 398 200（元）

3）商业物业售价的确定

采用与住宅售价确定的同样方法测算商业首层、一层、二层、三层、四层和五层的市场价值，具体测算过程略，则：

估价对象商业物业静态总价值 = 40 417 753 + 8 405 966 + 38 556 424 +

34 127 329 + 25 595 916 + 22 069 465

= 169 172 853（元）

4）估价对象开发完成价值的确定

通过上述比较法估算，可得估价对象住宅物业的静态销售总价为 618 334 711 元，车位静态销售总价为 23 398 200 元，商业物业销售总价为 169 172 853 元。

估价对象开发完成后总价值 = 618 334 711 + 23 398 200 + 169 172 853

= 810 905 764（元）

6. 计算估价对象后续开发必要支出

1）续建工程费用

根据××市同类建筑工程造价指标测算估价对象续建工程费用，具体测算见表 8-17。

估价对象续建工程费用测算　　表 8-17

序号	工程和费用名称		特殊说明	数量（m²）	单位造价（元/m²）	完工后总费用（元）	完工程度	成新率	续建前总费用（元）
一	土建工程								
1	基础工程	土方工程		29 815.507 1	150	4 472 326	100%	100%	4 472 326
2		打桩		24 462.746 1	250	6 115 687	100%	100%	6 115 687
3		基坑围护		5 352.761 0	700	3 746 933	100%	100%	3 746 933
4	地下室工程	地下建筑		5 352.761 0	150	802 914	100%	100%	802 914
5		地下结构		5 352.761 0	2 000	10 705 522	100%	100%	10 705 522
6	主体工程	地上建筑		24 462.746 1	300	7 338 824	100%	100%	7 338 824
7		地上结构		24 462.746 1	900	22 016 471	100%	100%	22 016 471
	土建工程费小计					55 198 677			55 198 677
二	装饰及附属工程								
8	装饰工程	外立面	含门窗	24 462.746 1	300	7 338 824	100%	100%	7 338 824
9		屋面		24 462.746 1	15	366 941	100%	100%	366 941
10		公共部分		24 462.746 1	150	3 669 412	50%	100%	1 834 706
11	附属工程	室外工程、绿化、景观小品等		24 462.746 1	100	2 446 275	50%	100%	1 223 138
	装饰及附属工程费小计					13 821 452			10 763 609

续表

序号	工程和费用名称		特殊说明	数量（m²）	单位造价（元/m²）	完工后总费用（元）	完工程度	成新率	续建前总费用（元）
三	机电安装工程								
12	给水排水工程	给水排水工程		29 815.507 1	120	3 577 861	100%	100%	3 577 861
13	消防工程	消防喷淋		29 815.507 1	30	894 465	80%	100%	715 572
14		消防报警		24 462.746 1	15	366 941	80%	100%	293 553
15	电气工程	电气		24 462.746 1	120	2 935 530	90%	100%	2 641 977
16	管线工程	综合布线		24 462.746 1	50	1 223 137	90%	100%	1 100 823
17	弱电工程	弱电配管		24 462.746 1	25	611 569	0	100%	0
18	通信工程	有线电视		24 462.746 1	20	489 255	80%	100%	391 404
19		安防系统	门禁	24 462.746 1	5	122 314	0	100%	0
20	空调通风工程	仅通风		7 368.927 2	50	368 446			368 446
21	电梯工程	电梯		29 815.507 1	200	5 963 101	70%	100%	4 174 171
22	燃气工程	燃气		24 462.746 1	10	244 627	0	100%	0
23	智能系统及附属设施	车库管理		3 776.140 4	20	75 523	0	100%	0
	机电安装工程费小计					16 872 769			13 263 807
	合　计					85 892 898			79 226 093

根据上表可得，未完工项目有装饰装修工程、附属工程、消防工程、电气工程、管线工程、弱电工程、通信工程、电梯工程、燃气工程、智能系统及附属设

施等。项目前期勘查、设计等已完成，所以在这里不考虑前期工程费。项目完工后总工程费用为 85 892 898 元，续建前项目工程费用为 79 226 093 元，则：

续建成本 = 85 892 898 − 79 226 093 = 6 666 805（元）

同理可得，已售回迁部分续建成本为 853 883 元（具体测算过程略）。

则项目续建工程费 = 6 666 805 + 853 883 = 7 520 688（元）

项目续建工程费已包括外水电、小区绿化、管网、照明等配套工程等室外工程费。

2）配套设施建设费

按规定配套设施建设费在开发期初已缴清，故不作考虑。

3）管理费用

管理费用费率为 4%（具体分析略），则：

管理费用 = 7 520 688 × 4% = 300 828（元）（取整）

4）开发利息

因本次评估采用现金流量折现法计算，开发利息已在报酬率里体现，不再另行考虑。

5）开发利润

因本次评估采用现金流量折现法计算，开发利润已在报酬率里体现，不再另行考虑。

6）后续开发必要支出

后续开发必要支出 = 7 520 688 + 300 828 = 7 821 516（元）

7. 确定折现率

折现率体现了资金的利润和开发利润两部分，根据中国人民银行公布的存贷款利率，一年期基准贷款利息为 5.31%，经对房地产开发企业的调查，同类项目的平均年开发利润约为 8%～10%，综合考虑上述两种因素，确定折现率为 14%。

假设项目在估价时点开始后续开发建设，后续开发期为 1 年，其中：建设期为 0.5 年，住宅和商业物业现状开始销售，销售期为 1 年，车位为开发期后半年开始销售，销售期为半年。住宅与商业物业均在开发期前半年可售出 50%，则折现到价值时点折现期为 0.25 年；开发期后半年可售出 50%，则折现到价值时点折现期为 0.75 年。车位在开发期后半年可售出 100%，则折现到价值时点折现期为 0.75 年。

8. 计算开发价值

1）估价对象总开发折现值

$$住宅物业折现值 = 618\,334\,711 \times 50\% \div (1 + 14\%)^{0.25} +$$
$$618\,334\,711 \times 50\% \div (1 + 14\%)^{0.75}$$
$$= 579\,434\,252（元）（取整）$$

同理可得商业物业开发价值折现净值为 158 529 909 元,车位开发价值折现净值为 21 208 199 元(具体测算略),则:

$$估价对象总开发价值折现净值 = 579\ 434\ 252 + 158\ 529\ 909 + 21\ 208\ 199$$
$$= 759\ 172\ 360\ (元)$$

2)续建开发成本及费用折现值

$$续建开发成本及费用折现净值 = 7\ 821\ 516 \div (1 + 14\%)^{0.25} = 7\ 569\ 457\ (元)$$

3)销售费用

销售费用取开发价值的 3%(具体分析略)。

$$销售费用 = 759\ 172\ 360 \times 3\% = 22\ 775\ 171\ (元)$$

4)销售税费

销售增值税按照国家税务总局 2016 年 18 号文的预缴税款且采用简易计税方法确定,即:

$$预缴增值税 = 预收款 \div (1 + 5\%) \times 3\%$$
$$= 759\ 172\ 360 \div (1 + 5\%) \times 3\% = 21\ 690\ 639\ (元)$$

5)土地增值税

按照当地相关规定,普通住宅土地增值税按开发价值的 1%征收,商业和车位土地增值税按开发价值的 2%征收,则:

$$普通住宅土地增值税 = 579\ 434\ 252 \times 1\% = 5\ 794\ 343\ (元)(取整)$$

$$商业、车位土地增值税 = (158\ 529\ 909 + 21\ 208\ 199) \times 2\%$$
$$= 3\ 594\ 762\ (元)(取整)$$

$$土地增值税 = 5\ 794\ 343 + 3\ 594\ 762 = 9\ 389\ 105\ (元)$$

6)销售净收入折现净值

$$销售净收入折现净值 = 开发总价值折现净值 -$$
$$续建开发成本及费用折现净值 - 税费$$
$$759\ 172\ 360 - 7\ 569\ 457 - 22\ 775\ 171 -$$
$$21\ 690\ 639 - 9\ 389\ 105 = 697\ 747\ 988\ (元)$$

7)求取估价对象的价值 V(买方购买土地应负担的契税、交易手续费等税费约为 3.01%)

$$V \times (1 + 3.01\%) = 销售净收入折现净值 - 续建开发成本及费用折现净值 -$$
税费

$V = 697\,747\,988 \div (1 + 3.01\%) = 677\,359\,468$（元）（取整）

单价 $= 677\,359\,468 \div 24\,462.746\,1 = 27\,689$（元/m²）（取整）

则估价对象市场价值为 677 359 468 元，平均建筑面积单价为 27 689 元/m²。

（二）采用成本法确定估价对象价值

1. 选择具体估价路径

本次估价选择房地合估路径(具体分析略)。

2. 测算估价对象重置成本

1）求取估价对象土地使用权价格

本次土地取得成本为市场购置下的土地取得成本，因此运用市场法求取估价对象土地价格。

（1）可比实例选择与比较。

根据替代原则，调查××市土地市场交易情况，结合我公司搜集的地价资料，选取估价对象附近区域的三个实例作为可比实例，估价对象所在地块及可比实例各因素、条件详见表8-18。

估价对象地块与可比实例条件说明　　　　　　　　　　表 8-18

因素	内容	估价对象与实例			
		估价对象	可比实例 A	可比实例 B	可比实例 C
项目名称		××区××路×××号	××区××大道中××号××厂	××区××镇××路与×××路交会处	××区××镇××路与××路交会处
价格内涵	楼面成交单价（元）	—	11 133	12 085	12 225
	付款方式	正常	正常	正常	正常
	宗地面积（m²）	2 404	8 579	15 914	11 861
交易情况	交易情况	—	正常	正常	正常
	交易方式		拍卖	拍卖	拍卖
市场状况	交易时间	—	2015 年 5 月	2015 年 7 月	2015 年 7 月
区位因素	区位土地级差	××路××路商圈××路路段	区位土地级差较估价对象相当	区位土地级差比估价对象低	区位土地级差比估价对象低
	基础设施状况	宗地外六通	宗地外六通	宗地外六通	宗地外六通

续表

因素	内容	估价对象与实例			
		估价对象	可比实例A	可比实例B	可比实例C
区位状况	商业繁华度	位于省市（区、小区）级商业中心内	距市（区、小区）级商业中心距离约2km	距市（区、小区）级商业中心距离约2km	距市（区、小区）级商业中心距离约2km
	对外联系和方便程度	距离××火车站约6km，距××路客运站约2km，站点设施较好	距离××火车站约6km，距××客运站约6km，站点设施较好。与估价对象相当	距××火车站约23km，距离××客运站约1km，站点设施较好。比估价对象稍低	距××火车站约23km，距离××客运站约1km，站点设施较好。比估价对象稍低
	道路通达度	临四车道的××路及××路，近××路及××路，路网较完善	临六车道的××道中，近××中路，道路通达度较估价对象高	近六车道的××东路，临××路，道路通达度比估价对象稍低	近六车道的××东路，临××路，道路通达度比估价对象稍低
	公交便捷度	有7、36、40等多路公交线，项目近地铁6号线××路站出口，出入交通较便捷	有29、221等十多路公交线，距离地铁2号线××站出口较近，交通较便捷与估价对象相当	有203、33等多路公交线，距离地铁5号线××站较近，交通较便捷比估价对象低	有203、33等多路公交线，距离地铁4号线××站较近，交通较便捷比估价对象低
	公用设施完善度	周边学校、银行、医院、农贸市场、饮食、商业等各项配套完善	周边学校、银行、医院、农贸市场、饮食、商业等各项配套完善	周边有学校、银行、医院、饮食、商业等各项配套较估价对象差	周边有学校、银行、医院、饮食、商业等各项配套较估价对象差
	环境质量优劣度	近江边，污染较小，环境质量较优	近江边，污染较小，环境质量与估价对象相当	近××校园，临江边，污染较小，环境质量比估价对象优	近××校园，临江边，污染较小，环境质量比估价对象优
	绿地覆盖率	12.30%	约30%	约40%	约40%
	区域规划限制	无限制	无限制	无限制	无限制
权益状况	使用年限	商业份额28.2，住宅份额58.2年	住宅份额70年	住宅份额70年	住宅份额70年
	用途	城镇住宅用地（商/住＝30%）	城镇住宅用地（商住比略低于估价对象）	城镇住宅用地（商住比略低于估价对象）	城镇住宅用地（商住比略低于估价对象）
	容积率	12.37	6.27	3.12	3.12

续表

因素	内容	估价对象与实例			
		估价对象	可比实例 A	可比实例 B	可比实例 C
实物状况	宗地面积	小，位于老城区××路商圈周边，利用强度高	较合适且比较有利于利用	较合适且比较有利于利用	较合适且比较有利于利用
	宗地形状	较规则	不规则	较规则	较规则
	临街状况	两面临街	两面临街	两面临街	两面临街
	地形	平坦，坡度<3%	地势较平坦，坡度<3%	坡度<8%	坡度<7%
	地质条件	地基承载力一般，地质条件一般	地基承载力一般，地质条件一般	地基承载力一般，对建筑影响较小，地质条件一般	地基承载力一般，对建筑影响较小，地质条件一般
	宗地内土地开发程度	宗地内已建成30层大厦	宗地内基本平整	宗地内基本平整	宗地内基本平整
	宗地最佳最有效利用	是	是	是	是
	其他限制条件	有约3 000m² 的回迁建筑面积	属××花园第四期用地，需确保小区完整性及需配建的各项公建配套共同使用	无	无

（2）市场状况调整。

市场状况调整系数本次采用趋势分析的方法确定如下：根据《中国地价动态监测系统》记载的××市 2014—2015 年各季度地价水平绘制地价水平曲线，并由其波动规律得出拟合度最高的趋势线及其方程式为 $Y = 69.982x^2 - 599.04x + 5\,752.3$。实例 A 的市场状况调整系数为 83.7%；实例 B、C 的市场状况调整系数为 86.6%（具体测算过程略）。

（3）编制比较因素条件指数表。

将比较实例相应因素条件与估价对象所在地块相比较，确定相应指数，见表 8-19。

比较因素条件指数表　　表 8-19

比较因素	内容	估价对象与实例			
		估价对象	可比实例 A	可比实例 B	可比实例 C
成交价格		—	11 133	12 085	12 225

比较因素	内容	估价对象与实例			
		估价对象	可比实例 A	可比实例 B	可比实例 C
交易情况修正		100	100	100	100
市场状况调整		100	83.7	86.6	86.6
区位状况调整	区位土地级差	100	100	98	98
	基础设施状况	100	100	100	100
	商业繁华度	100	98	96	96
	对外联系和方便程度	100	100	99	99
	道路通达度	100	101	100	100
	公交便捷度	100	100	99	99
	公用设施完善度	100	100	98	98
	环境质量优劣度	100	100	102	102
	绿地覆盖率	100	101	102	102
	区域规划限制	100	100	100	100
	小计	100	100	94	94
权益状况调整	使用年限	100	97	97	97
	用途（商住比例）	100	99	99	99
	容积率	100	103	110	110
	小计	100	99	106	106
实物状况调整	宗地面积	100	101	101	101
	宗地形状	100	99	100	100
	临街状况	100	100	100	100
	地质条件	100	100	100	100
	宗地内土地开发程度	100	97	97	97
	宗地最佳最有效利用	100	100	100	100
	其他限制条件	100	97	101	101
	小计	100	94	99	99

（4）确定比较因素调整修正系数。

比较因素调整修正系数见表8-20。

比较因素调整修正系数表 表 8-20

内容	可比实例 A	可比实例 B	可比实例 C
成交单价（元/m²）	11 133	12 085	12 225
交易情况修正系数	100/100	100/100	100/100
市场状况调整系数	100/83.7	100/86.6	100/86.6
区位状况调整系数	100/103	100/94	100/94
权益状况调整系数	100/105	100/112	100/112
实物状况调整系数	100/94	100/99	100/99
比较价值	14 293	14 147	14 311
权重	1/3	1/3	1/3
评估单价（元/m²）（取整）	14 250		

则估价对象土地单价（楼面地价）= 14 250（元/m²）（过程略，取整）

土地总价 = 14 250 × 24 462.746 1 = 348 598 871（元）（取整）

2）求取估价对象地上建筑物价格

（1）前期费用。

前期费用包括可行性研究、项目策划、勘察测量、环境影响评价、规划及建筑设计、临时供水供电以及场地平整、临时道路等项目前期工作的必要支出。详见表 8-21，单位面积费用来源和分析略。

估价对象前期费用测算表 表 8-21

序号	工程和费用名称	建筑面积（m²）	单位面积费用（元/m²）	费用（元）
1	勘查测量费	24 462.746 1	30.00	733 882
2	规划设计费等	24 462.746 1	50.00	1 223 137
3	临时供水供电	24 462.746 1	10.00	244 627
4	场地平整、临时道路	24 462.746 1	50.00	1 223 137
	前期费用小计	24 462.746 1	140.00	3 424 783

则：前期工程费 = 30 + 50 + 10 + 50 = 140（元/m²）

（2）建筑安装工程费。

建筑安装工程费包括土建工程费用、装饰装修及附属工程费用、机电安装工程费用等。根据《××省建筑工程计价办法》《××省建筑工程综合定额》《××省装饰装修工程计价办法》及《××省装饰装修工程综合定额》，参考××市同类型建筑技术经济指标及相关市场行情，根据估价对象的实际情况，各项费用详见表8-22。

建筑安装工程费测算表   表8-22

序号	工程和费用名称		特殊说明	数量（m²）	单位造价（元/m²）	全部分项工程造价（元）	完工程度	成新率	已完工造价（元）
一						土建工程			
1	基础工程	土方工程		29 815.507 1	150	4 472 326	100%	100%	4 472 326
2		打桩		24 462.746 1	250	6 115 687	100%	100%	6 115 687
3		基坑围护		5 352.761 0	700	3 746 933	100%	100%	3 746 933
4	地下室工程	地下建筑		5 352.761 0	150	802 914	100%	100%	802 914
5		地下结构		5 352.761 0	2 000	10 705 522	100%	100%	10 705 522
6	主体工程	地上建筑		24 462.746 1	300	7 338 824	100%	100%	7 338 824
7		地上结构		24 462.746 1	900	22 016 471	100%	100%	22 016 471
	土建工程费小计					55 198 677			55 198 677
二						装饰及附属工程			
8	装饰装修工程	外立面	含门窗	24 462.746 1	300	7 338 824	100%	100%	7 338 824
9		屋面		24 462.746 1	15	366 941	100%	100%	366 941
10		公共部分		24 462.746 1	150	3 669 412	50%	100%	1 834 706
11	附属工程	室外工程、绿化、景观小品等		24 462.746 1	100	2 446 275	50%	100%	1 223 138
	装饰及附属工程费小计					13 821 452			10 763 609

续表

序号	工程和费用名称		特殊说明	数量（m²）	单位造价（元/m²）	全部分项工程造价（元）	完工程度	成新率	已完工造价（元）
三						机电安装工程			
12	给水排水工程	给水排水工程		29 815.507 1	120	3 577 861	100%	100%	3 577 861
13	消防工程	消防喷淋		29 815.507 1	30	894 465	80%	100%	715 572
14		消防报警		24 462.746 1	15	366 941	80%	100%	293 553
15	电气工程	电气		24 462.746 1	120	2 935 530	90%	100%	2 641 977
16	管线工程	综合布线		24 462.746 1	50	1 223 137	90%	100%	1 100 823
17	弱电工程	弱电配管		24 462.746 1	25	611 569	0	100%	0
18	通信工程	有线电视		24 462.746 1	20	489 255	80%	100%	391 404
19		安防系统	门禁	24 462.746 1	5	122 314	0	100%	0
20	空调通风工程	仅通风		7 368.927 2	50	368 446	100%	100%	368 446
21	电梯工程	电梯		29 815.507 1	200	5 963 101	70%	100%	4 174 171
22	燃气工程	燃气		24 462.746 1	10	244 627	0	100%	0
23	附属设施	车库管理		3 776.140 4	20	75 523	0	100%	0
	机电安装工程费小计					16 872 769			13 263 807
	合　计					85 892 898			79 226 093

则：建安费用＝55 198 667÷24 462.746 1＋10 763 609÷24 462.746 1＋13 263 807÷24 462.746 1＝2 256＋440＋542＝3 238（元/m²）

（3）基础设施建设费。

基础设施建设费包括城市规划要求配套的道路、给水排水、电力、电信、燃气等设施的建设费用。由于基础设施建设费包含在土地取得成本中，在此没有基础设施建设费。

（4）公共配套设施建设费。

公共配套设施建设费包括城市规划要求配套的学校、医疗卫生、文化体育、社区服务、市政公用等非营业性设施的建设费用。根据规划条件并参考所在区域同等规模物业，取建筑安装工程费的 2%，则：

公共配套设施建设费 = 3 238 × 2% = 64.76（元/m²）

（5）开发期间税费。

开发期间税费包括有关税收的地方政府或其有关部门收取的费用。根据《关于缴交"配套设施建设费"有关计算基数问题的通知》（×× 建城〔1998〕74 号）、《×× 省物价局、×× 省财政厅关于调低城市基础设施配套费标准的通知》（×× 价〔2003〕160 号），计算基数取 3 260 元/m²，城市基础设施配套费为计算基数的 10.5%，即：

3 260 × 10.5% = 342.3（元/m²）

（6）管理费用。

管理费用是指为组织和管理项目开发经营活动的必要支出，按照公共配套费、开发期税费之和的地价、前期费、建定工程费、基础设施费一定比例来测算。根据估价对象的实际情况，管理费率的 2%，即：

(14 250 + 140 + 3 238 + 0 + 64.76 + 342.3) × 2% = 360.70（元/m²）

（7）投资利息。

假设开发期为两年，贷款利率按一至三年期贷款年利率 5.4% 测算，土地、开发基建税费（城市基础设施配套费）在第一年初一次性投入，建安成本及公建配套费在开发期均匀投入，则：

$$利息 = 土地费用利息 + 建安成本利息及期间费利息$$
$$= (14\,250 + 342.3) \times [(1 + 5.4\%)^2 - 1] +$$
$$(140 + 3\,238 + 64.76 + 360.70) \times [(1 + 5.4\%)^1 - 1]$$
$$= 1\,823.91（元/m²）$$

（8）开发利润。

参考所在区域同类房地产（带地下车位）平均开发利润率，取合理直接成本利润率为20%，则：

$$开发利润 = (14\,250 + 140 + 3\,238 + 64.76 + 342.3) \times 20\%$$
$$= 3\,607.01（元/m^2）$$

（9）销售费用及税费。

在销售中需支付的销售费用、增值税等，销售费用为重置成本的1.5%，增值税按照简易计算法，税费5%，其他税费为0.5%。

$$销售费用及税费 = [(14\,250 + 140 + 3\,238 + 64.76 + 342.3 + 360.70 +$$
$$1\,823.91 + 3\,607.01)/(1 - 6.63\%)] \times 6.63\%$$
$$= 1\,691.88（元/m^2）$$

（10）估价对象的重置成本

$$估价对象的重置成本 = 14\,250 + 140 + 3\,238 + 64.76 + 342.3 + 360.70 +$$
$$1\,823.91 + 3\,607.01 + 1\,691.88$$
$$= 25\,518.56（元/m^2）$$

3）估价对象价格

经估价人员现场勘查，估价对象于2014年10月竣工并通过验收，此前闲置约4年时间，结合评估人员现场观察，确定综合成新率为95%（分析过程略）。

$$建筑物折旧 = (建筑物重置成本) \times 折旧率$$
$$= (140 + 3\,238 + 64.76 + 342.3 + 75.70 + 227.96 + 757.01 +$$
$$344.08) \times 5\%$$
$$= 259.49（元/m^2）$$

注：此处管理费、利息、利润、销售费用及税费需扣除土地的楼面地价

$$则估价对象单价 = 重置成本 - 建筑物折旧$$
$$= 25\,518.56 - 259.49. = 25\,259.07（元/m^2）$$

估价对象的市场总价 = 25\,259.07 × 24\,462.746\,1 = 61\,790\,621\,6（元）

六、估价结果确定

（一）估价对象市场价格确定

估价结果确定通过上述两种方法的分析计算，其结果略有差异，我们认为成本法主要从取得成本加上适当利润的角度考虑，而假设开发法的取值依据及评估结果更为可靠，故本次取假设开发法权重为70%，成本法权重为30%作为最终评估结果（表8-23），则评估值为：

$$677\ 359\ 468 \times 70\% + 61\ 790\ 621\ 6 \times 30\% = 659\ 523\ 492\ (元)$$

$$估价对象单价 = 659\ 523\ 492 \div 24\ 462.746\ 1 = 26\ 960\ (元/m^2)$$

估价结果汇总表　　　　　　　　　　表 8-23

币种：人民币

相关结果		估价方法	
		假设开发法	成本法
测算结果	总价（元）	677 359 468	61 790 621 6
	单价（元/m²）	27 689	25 259
评估价值	总价（元）	659 523 492	
	单价（元/m²）	26 960	

（二）估价对象房地产抵押价值确定

估价对象房地产抵押价值＝假定未设立法定优先受偿权下的价值－房地产估价师知悉的法定优先受偿款。

1. 评估知悉的法定优先受偿款

本次评估知悉的法定优先受偿款有应补缴的土地出让金，根据××市的规定"当建设过程或房地产初始登记时各用途建筑面积与原出让合同各用途建筑面积不符，或核准的拆迁面积有所调整的，按原价格标准及规定进行调整，不进行年限修正"进行计算，并据《国有土地使用权出让合同》及补充合同记载，估价对象所在土地于 2004 年总购买价为 227 528 490 元，可销售经营总建筑面积为 27 174m²，而估价对象超过规划指标的可销售经营建筑面积为 1 960.229 7m²，则：

应补缴出让金＝227 528 490/27 174×1 960.229 7＝16 413 050（元）（取整）

2. 估价对象房地产抵押价值（表 8-24）

房地产抵押价值评估结果汇总表　　　　　　表 8-24

币种：人民币

项目及结果		估价对象
		估价对象
1. 假定未设立法定优先受偿权下的价值	总价（万元）	659 523 492
	单价（元/m²）	26 960

续表

项目及结果		估价对象
		估价对象
2. 估价师知悉的法定优先受偿款	总额（万元）	16 413 050
2.1 已抵押担保的债权数额	总额（万元）	0
2.2 拖欠的建设工程价款	总额（万元）	0
2.3 其他法定优先受偿款	总额（万元）	16 413 050
3. 抵押价值	总价（万元）	643 110 442
	单价（元/m²）	26 289

估价对象房地产抵押价值 = 659 523 492 − 16 413 050 = 643 110 442（元）

估价对象房地产抵押单价 = 643 110 442/24 462.746 1 = 26 289（取整，元/m²）

附 件（略）

第三节 其他主要房地产估价文书写作

一、估价委托书

（一）估价委托书内容构成

估价委托的内容一般包括：

（1）估价委托人的名称或者姓名，委托的估价机构名称；

（2）委托估价的目的，写明对估价的真实、具体需要，包括估价报告的预期用途和与其使用人；

（3）委托估价的对象，写明初步指定的估价对象或用于估价的房地产等资产的名称、坐落、界址和四至等基本情况；

（4）委托估价的要求，写明对估价报告质量、估价报告交付期限或估价报告完成期限等要求；

（5）其他相关说明事项；

（6）委托日期、委托人签章等。

此外，委托的估价业务属于重新估价的，应在估价委托书中注明。

（二）估价委托书写作示例

【案例 8-5】

房地产估价委托书

甲方（估价委托人）：

乙方（估价机构）：

（一）估价目的：本次委托的估价目的为：

（二）委托估价对象具体条件

（1）名称：

（2）坐落：

（3）四至：

（4）用途：

（5）建筑面积×××m²（具体以产权资料为准）。

（6）土地面积×××m²（具体以产权资料为准）。

（三）委托估价的要求

（1）估价报告质量要求：

（2）估价报告交付期限：估价报告应于××××年××月××日交付。

（四）其他相关说明事项

（1）其他特别需要说明的情况：估价对象是否存在（出租、抵押、未办理登记手续等）；

（2）评估工作收费按双方协议标准确定。

委托方：签名盖章

估价机构法定代表人或负责人：签名盖章

年　　月　　日

二、估价委托合同

（一）估价委托合同内容构成

估价委托合同的内容一般包括：

（1）估价委托人和估价机构的基本情况，如估价委托人的名称或者姓名和住所，估价机构的名称、资质等级和住所。

（2）负责本估价项目的注册房地产估价师，包括注册房地产估价师的姓名和注册号。每个估价项目应至少明确一名能够胜任该项目估价工作的注册房地产估价师担任项目负责人。

（3）本估价项目的估价基本事项，包括估价目的、估价对象、价值时点和价值类型。

（4）估价委托人应提供的估价所需资料，包括资料的目录和数量，如估价委托人应向估价机构提供估价对象的权属证明、财务会计信息（如历史交易价格、运营收入和费用、开发成本会计报表和其他资料等）。

（5）注册房地产估价师的权利和义务，如注册房地产估价师可以要求估价委托人提供相关的权属证明、财务会计信息和其他资料，可以要求估价委托人为执行公允的评估程序提供必要的帮助；注册房地产估价师应对评估活动中知悉的国家秘密、商业秘密和个人隐私予以保密，应与估价委托人或其他当事人及评估对象有利害关系的估价活动予以回避等。

（6）估价机构的权利和不得有的行为，如估价委托人拒绝提供或不如实提供评估业务所需的权属证明、财务会计信息和其他资料的，评估机构有权依法拒绝其履行合同的要求。估价委托人要求出具虚假评估报告的或有其他非法干预评估结果情形的，评估机构有权解除合同。评估机构不得以恶性压价支付回扣、虚假宣传等不正当手段招揽业务，不得分别接受利益冲突双方的委托，对同一评估对象进行评估等。

（7）估价委托人的权利和义务，如估价委托人有权自主选择评估法规定的评估机构，任何组织或者个人不得非法限制和干预。估价委托人有权要求与相关当事及评估对象有利害关系的评估专业人员回避；估价委托人应当按照合同约定向评估机构支付费用，不得索要，收受或者变相索要、收受回扣。估价委托人应当对其提供的权属证明、财务会计信息和其他资料的真实性、完整性和合法性负责等。

（8）估价过程中双方的权利和义务，如估价机构和注册房地产估价师应保守在估价活动中知悉的估价委托人的商业秘密，不得泄露估价委托人的个人隐私；估价委托人保证所提供的资料是合法、真实、准确和完整的，没有隐匿或虚报的情况，应协助注册房地产估价师对估价对象进行实地查勘，搜集估价所需资料。

（9）估价费用及收取方式。

（10）估价报告及其交付，包括交付的估价报告类型、份数以及估价报告交付期限、交付方式等。例如，交付的估价报告是鉴证性报告还是咨询性报告，是法定评估业务估价报告还是一般签证性估价报告，是仅提供估价结果报告还是既提供估价结果报告又提供估价技术报告。在确定估价报告交付期限时，应保证有足够的时间以保质完成该估价项目，不能"立等可取"。

（11）违约责任。

（12）解决争议的方法。

（13）其他需要约定的事项。

此外，在估价委托合同中还应注明估价委托合同签订日期。

（二）估价委托合同写作示例

【案例 8-6】

估价委托合同

××评字［　　　］号

甲方（估价委托人）：＿＿＿＿＿＿＿＿＿＿＿＿＿＿＿＿＿＿＿＿

住所：＿＿＿＿＿＿＿＿＿＿＿＿＿＿＿＿＿＿＿＿＿＿＿＿＿＿＿

乙方（估价机构）：＿＿＿＿＿＿＿＿＿＿＿＿＿＿＿＿＿＿＿＿＿

住所：＿＿＿＿＿＿＿＿＿＿＿＿＿＿＿＿＿＿＿＿＿＿＿＿＿＿＿

一、估价范围

根据甲方的委托，本项目估价对象和估价范围为：＿＿＿＿＿＿＿＿＿＿＿。

二、估价目的

甲方设定本次估价目的为：＿＿＿＿＿＿＿＿＿＿＿＿＿＿＿＿＿＿＿。

三、估价内容（价值类型）

本次委托估价内容为：＿＿＿＿＿＿＿＿＿＿＿＿＿＿＿＿＿＿＿＿＿。

四、价值时点

甲方设定本次价值时点是：＿＿＿＿年＿＿＿月＿＿＿日。

五、甲乙双方的责任

（一）甲方的责任

（1）甲方保证估价对象的安全完整，对所提供的资料真实性、合法性、完整性负责。

（2）甲方及时为乙方的估价工作提供其所要求的估价明细表、数据资料和其他有关资料并加盖公章，确保向乙方提供相关资料的复印件与原件一致，且确保在实地查勘现场时所指示的估价对象实物与甲方提供相关资料指向的实物一致。

（3）甲方应积极配合估价工作，对乙方派出的有关工作人员提供必要的工作条件。

（4）甲方按本合同的规定及时足额支付估价费用。

（5）未经乙方同意，估价报告的内容不得被摘抄、引用或披露于公开媒体，法律、法规规定以及相关当事方另有约定的除外。

（二）乙方的责任

（1）乙方应按照国家有关法律法规和估价技术标准、规范进行估价，出具估价报告，保证估价报告的客观、公正、公平。

（2）乙方在估价过程中，应自觉维护甲方及相关当事人各方的正当利益。

（3）在估价过程中，乙方应与甲方充分交换意见，对甲方提出的真实、客观、合理的意见应当予以充分考虑。

（4）乙方对执行业务过程中知悉的甲方商业秘密严加保密。除非国家执业准则另有规定，或经甲方同意，乙方不得将其知悉的商业秘密和甲方提供的资料对外泄露。

（5）未经甲方书面许可，乙方及参与项目的注册房地产估价师不得将估价报告的内容向甲方以外的单位或个人提供或者公开，法律、法规另有规定的除外。

六、估价报告使用者

估价报告使用者为＿＿＿＿＿＿＿＿＿＿＿＿和国家法律、法规规定的估价报告使用者。

估价报告仅供＿＿＿＿＿＿＿＿＿＿＿＿使用，法律、法规另有规定的除外。乙方及参与项目的估价师对甲方和其他国家法律、法规规定的估价报告使用者不当使用估价报告所造成的后果不承担责任。

七、估价报告提交期限和方式

估价报告的提交期限为：在甲方提交估价资料后＿＿＿＿＿个工作日内出具估价报告初稿；经甲方和乙方沟通确认后，乙方在＿＿＿＿＿个工作日内出具正式的估价报告。

乙方向甲方出具的估价报告正本一式＿＿＿＿＿份。

八、估价服务费总额、支付时间和方式

经友好协商，本次估价服务费总额为人民币＿＿＿＿＿＿＿。甲乙双方自本估价合同签订之日起，甲方向乙方预付人民币＿＿＿＿＿＿。其余费用人民币＿＿＿＿＿，在乙方提交估价报告时一并付清。

九、合同的有效期间

本委托合同书一式两份，各方各执一份，同具法律效力。本合同自签署之日起生效，并在本合同事项全部完成日之前有效。

十、约定事项的变更

由于出现不可抗力的情况，影响估价工作如期完成，或需提前出具估价报告，各方可要求变更约定事项，但应及时通知对方，并由双方协商解决。

十一、违约责任和争议解决

（1）在本委托合同执行过程中如因甲方的变更或延误，本委托合同的履行将顺延；如甲方单方面终止本委托合同，甲方应支付乙方已付出的相应费用，但不得高于本项目收费总额。

（2）乙方如无特殊原因和正当理由，不得迟于本合同规定的时间交付估价报告书，每逾期一日未交付估价报告书应赔偿甲方估价服务费＿＿＿‰；甲方如不按本合同规定的时间向乙方提交前述有关文件、图纸、凭证等资料，乙方可按耽误时间顺延估价报告书的交付时间。

（3）甲方接到乙方提交的估价报告书次日起＿＿＿日内，如果对估价结果有异议，且有正当理由，可向乙方提出复估或重估，乙方应在接到甲方申请复估或重估书次日起＿＿＿日内完成委托房地产的复估或重估报告书交付甲方。甲方逾期不提出者，估价报告书生效。

（4）当合同履行过程中产生争议时，各方应当友好协商；协商不成，任何一方可将争议提交仲裁委员会申请仲裁。

十二、其他事项

（1）当估价程序所受限制对与估价目的相对应的估价结论构成重大影响时，乙方可以中止履行合同；相关限制无法解除时，乙方可以解除合同。

（2）提供必要的资料并保证所提供资料的真实性、合法性、完整性，恰当使用估价报告是甲方和相关当事人的责任。

（3）其他有关事项：

甲方（签章）：　　　　　　　　　乙方（签章）：

地址：　　　　　　　　　　　　　地址：

法定代表人：　　　　　　　　　　法定代表人：

授权签约代表：　　　　　　　　　授权签约代表：

电话：　　　　　　　　　　　　　电话：

＿＿＿年＿＿月＿＿日　　　　　＿＿＿年＿＿月＿＿日

　　　　　　　　　　　　　　　　合同签订地点：

三、估价所需资料清单

房地产估价所需资料包括估价委托人提供的和估价机构及注册房地产估价师搜集应掌握的影响房地产价格的所有资料。房地产估价所需资料主要包括：①反映估价对象区位、实物和权益状况的资料；②估价对象及其同类房地产的交易、收益、成本等资料；③对估价对象所在地区的房地产价值和价格有影响的资料；④对房地产价值和价格有普遍影响的资料。

（一）反映估价对象区位、实物和权益状况的资料

1. 估价对象土地方面的资料

（1）土地区位状况：即坐落，四至，与城市标志性建筑物的直线距离、行程、车程等；

（2）土地实物状况：即土地面积、形状、地形、地貌，工程地质状况等；

（3）土地开发程度：即宗地红线内外通路、通上下水、通电、通信、通邮，红线内场地平整程度状况；

（4）土地登记状况：即土地来源及历史沿革，地理位置，法定用途及实际用途，四至，面积，土地级别，土地权属性质及权属变更，土地登记证书号，国有土地使用证编号，登记时间，地籍图号，宗地号；

（5）土地权利状况：土地的所有权、使用权，土地使用权性质是划拨还是出让、出让年限、已使用年限、剩余使用年限、是否设立抵押、典当、出租，是否涉案，权属有无争议，是否为共有等状况；

（6）土地利用状况：土地利用现状及土地利用的变迁、地上房屋建筑物、构筑物及道路、沟渠等其他附属物状况；

（7）土地使用管制状况：城市规划限定的用途、容积率、建筑密度、建筑高度、建筑红线后退距离、建筑物间距、绿地率、交通出入方位、停车泊位、建筑体量体型、色彩、地面标高，规划设计方案与环境保护、消防安全、文物保护、卫生防疫等有关法律规定的符合状况，以及商业用地的临街宽度、深度状况，农业用地的土壤成分、肥力、灌排水状况，周期性自然灾害状况，日照、降水量、风向、排水积水状况等资料。

2. 估价对象建筑物方面的资料

（1）建筑物的三维空间位置；

（2）面积：建筑面积，使用面积，成套房屋的套内建筑面积、居住面积、营业面积、出租面积；

（3）层数及总高，层高、设备层所在层数；

（4）建筑式样、风格、色调，结构，设备设施，装修，朝向，平面布局，通

风，采光，隔声、隔震、隔热；

（5）建筑物建成年月，维修养护及完损状况、新旧程度；

（6）产权状况：产权证号，是独有、共有，建筑物区分有权，是完全产权还是部分产权，是否设定抵押、典当、出租，是否涉案，权属有无争议，是否为违章建筑等；

（7）利用状况：法定用途，实际用途，不同用途的位置或楼层分布及其面积，物业管理，卫生、治安状况。

（二）估价对象及其同类房地产的交易、利润率、收益率等资料

这类资料主要通过市场调查搜集，主要包括：相类似房地产的交易实例资料，租赁实例资料，空置实例资料，收益实例资料，租赁价格实例资料，建安造价资料，房地产开发市政配套费用等规费资料，开发利润率资料，基准地价资料，路线价资料，资本化率、报酬率、折现率资料、销售费用率、房屋朝向、层数调整比率等估价参数资料，增值税及其附加税率资料，契税税率资料，开发经营期资料等。

（三）估价对象财务会计信息资料

估价对象财务会计信息资料是指应由估价委托人提供的根据本单位、企业实际发生的经济业务事项进行会计核算的依据，如凭证、账簿、财务会计报告等，其中，会计凭证包括原始凭证和记账凭证，会计账簿包括总账、明细账、固定资产卡片等；财务会计报告包括月、季、半年、年度报告以及项目竣工财务决算表等。

（四）对估价对象所在地区的房地产价值和价格有影响的资料

对估价对象所在地区的房地产价格有影响的资料，多指微观区域环境的资料，包括大气环境、水文环境、声觉环境、视觉环境、卫生环境等环境资料，基础设施完备程度资料，商店、医院、学校、餐馆、金融机构、公园、娱乐设施等公共配套设施资料，市内交通的通达度、可及性，对外交通的方便程度等交通状况资料，人口数量、质量、家庭规模、风土人情、消费特征等人口状况资料，城市区域规划、交通管制、社会治安状况、房地产投机、居民收入等区域性行政、社会经济状况资料，不同用途、不同规模、不同档次、不同平面布置、不同价格房地产的供求状况资料等。

（五）对房地产价值和价格有普遍影响的资料

对房地产价格有普遍影响的资料多指宏观环境资料，包括经济发展、银行存贷款利率、物价、人均可支配收入等经济因素资料，政治安定状况、城市化等社会因素资料，房地产制度、房地产价格政策、行政隶属变更、地区特殊政策、税

收政策等行政因素资料，世界经济状况、国际竞争状况、国际政治对立状况、国际军事冲突等国际因素资料。

房地产估价师对搜集的估价所需资料应进行核查。当估价委托人是估价对象权利人时，应查看估价对象的权属证明原件，并应将复印件与原件核对，不得仅凭复印件判断或假定估价对象的权属状况。

四、估价作业方案

制定估价作业方案的目的是保质、按时完成估价项目。估价作业方案的核心是解决将要做什么、如何去做、什么时候做以及由谁来做，是关于保质、按时完成一个估价项目的未来一系列行动的计划。估价作业方案应在对估价项目进行分析的基础上制定，主要包括下列内容：

（一）估价工作内容

1. 拟采用的估价方法和估价技术路线

在明确了估价的基本事项后，可以根据估价对象状况、估价目的、价值要求初步拟定相应的估价技术路线和估价方法方案，再分析不同方案获取资料的难易程度、实施过程的难易程度、时间和人员安排的难易程度等确定最终采用的估价技术路线和估价方法。

2. 拟搜集的估价所需资料及其来源渠道

针对估价对象、估价目的、估价技术路线和选用的估价方法等，拟定需要调查、搜集哪些资料，如何获取相关资料，估价所需资料参见本节"估价所需资料清单"，资料获取渠道可以通过：①请估价委托人提供；②估价人员实地查勘；③询问中介机构、房地产业务当事人及其亲朋、邻居等知情人士；④查阅估价机构自己的资料库；⑤查阅政府有关部门的资料；⑥查阅有关报刊或登录有关网站等。

3. 估价工作质量要求及保障措施

根据估价对象、估价目的、估价时点、估价报告交付日期判断本次估价项目的工作量大小、难易程度、时间缓急，从而可以确定需要多少人员、需要什么样的人员，根据各个估价师的特长、专业水平、目前的工作安排等确定相应参加人员，组成项目组，明确负责人，确定估价时间，制定相应的保障措施。

4. 估价作业步骤、时间进度和人员安排

针对估价项目各个工作环节，如资料搜集、现场查勘、估价测算、估价结果确定等环节，根据各工作环节的难易程度确定每个工作环节所需时间和相应的人员安排，估价作业步骤和时间进度安排最好采用相应的流程图、进度表等，特别是对一些大型、复杂的估价项目更应如此。

（二）估价作业方案示例

【案例8-7】（表8-25）

估价项目作业方案及工作计划表　　　　　　　　表 8-25

一、项目名称				
二、估价目的				
三、价值时点				
四、评估范围				
五、业务实施主要过程	工作内容	责任人	时间安排	
综合进度	1. 前期准备			
	2. 现场勘查			
	3. 收集评估资料			
	4. 估价测算			
	5. 编制和提交评估初稿			
	6. 征求反馈意见			
	7. 三级审核			
	8. 出具正式报告			
	9. 工作底稿归档			
六、现场勘查内容	勘查核实人员	现场调查方式	抽查方式	
1.土地				
2.房屋				
3.构筑物				
4.在建工程				
5.设施设备				
6.维护状况				
7.其他				
七、评估方法				
八、评估技术思路				
九、负责人签字：	签署日期			
十、计划调整情况				
十一、负责人签字：	日期			

五、估价对象实地查勘记录

房地产具有独一无二特性，且其价值、价格与区位、实物、权益状况密切相关，只有身临其境才能真正了解和认识它，因此，实地查勘估价对象是做好房地产估价不可省略的工作步骤。估价人员实地查勘估价对象，有利于加深对估价对象的认识，形成一个全面、直观、具体的印象；可以核实估价委托人提供的估价对象的有关情况；可以亲身感受估价对象的区位、实物状况的优劣；可以了解估价对象的建造、维修保养、使用历史状况；可以了解当地房地产市场行情及市场特征。

估价对象的实地查勘应符合下列规定：

（1）应观察、询问、检查、核对估价对象的区位状况、实物状况和权益状况；

（2）应拍摄反映估价对象内部状况、外部状况和周围环境状况的照片等影像资料，并应补充搜集估价所需的关于估价对象的其他资料；

（3）应根据不同估价目的、不同用途或类型房地产制作实地查勘记录表，并应记载实地查勘的对象、内容、结果、时间和人员及其签名，记载的内容应真实、客观、准确、完整、清晰。

当因征收、司法拍卖等强制取得或者强制转让房地产，房地产占有人拒绝注册房地产估价师进入估价对象内部进行实地查勘；或者因估价对象涉及国家秘密，注册房地产估价师不得进入其内部进行实地查勘。如果有上述情况导致无法进入估价对象内部进行实地查勘情形的，注册房地产估价师可以不进入估价对象内部进行实地查勘，但应依法对估价对象的外部状况和区位状况进行实地查勘，并应在估价报告中说明未进入估价对象内部进行实地查勘及其具体原因。应对未进行实地查勘的估价对象内部状况作合理假设，应作为估价假设中的依据不足假设在估价报告中说明。

对于运用比较法、收益法等估价方法所选取买卖、租赁可比实例，可结合估价对象实地查勘的要求，进行必要的实地查勘，调查其是否真实存在以及外观、区位等外部状况，拍摄能够反映可比实例外观基本特征的照片。

为了全面、高效完成实地查勘，需要制作详细、容易操作的《估价对象实地查勘记录表》。不同类型估价对象进行实地查勘时，其查勘的侧重点会有所不同，实地查勘记录表内容会相应不同，下面主要就住宅房地产、经营性房地产、工业房地产及在建工程等典型估价对象实地查勘内容进行介绍。

（一）住宅房地产实地查勘记录

1. 住宅房地产实地查勘内容

住宅房地产实地查勘重点主要包括：

（1）估价对象位置、四至、楼盘名称、建成时间；

（2）估价对象建筑结构、户型种类、楼层；

（3）估价对象朝向、通风、采光、噪声状况；

（4）估价对象周边景观及配套设施状况；

（5）估价对象所在居住区类型，如属于十五分钟生活圈居住区、十分钟生活圈居住区、五分钟生活圈居住区及单体楼等；

（6）估价对象使用状况，如目前是自用、空置、出租、抵押、查封等；

（7）估价对象设施及管理状况；

（8）估价对象内部装饰装修状况及成新；

（9）估价对象实地查勘时间、人员、联系方式。

2. 住宅房地产实地查勘记录表示例

住宅房地产实地查勘记录表示例如表 8-26 所示。

（二）经营性房地产实地查勘记录

1. 经营性房地产实地查勘内容

经营性房地产主要包括商铺、写字楼、旅馆、餐饮、娱乐等房地产，这类房地产实地查勘重点主要包括：

（1）估价对象位置、四至；

（2）用途：一种用途、两种或两种以上用途；

（3）估价对象建筑规模、结构、楼层、地下室；

（4）估价对象周边的商业繁华程度，如距商业中心的距离、规模、客流量、主要商业物业等；

（5）估价对象周边办公集聚度，如距商务中心和政府部门的距离、规模、主要写字楼物业等；

（6）估价对象周边交通便捷度，如距主要干道和地铁的距离、公交线路规模等；

（7）估价对象周边公共配套设施；

（8）估价对象使用状况，如目前是自用、空置、出租等；

（9）估价对象内部设施及物业管理状况；

（10）估价对象内部装饰装修状况及成新；

（11）估价对象实地查勘时间、人员、联系方式。

2. 经营性房地产实地查勘记录表示例

经营性房地产实地查勘记录表示例如表 8-27 所示。

（三）工业房地产实地查勘记录

1. 工业房地产实地查勘内容

工业房地产实地查勘重点主要包括：

（1）估价对象坐落、四至、名称、建成时间；

（2）估价对象建筑结构、楼层、跨度、层高、成新率；

（3）估价对象占地面积、容积率；

（4）估价对象具体用途、类型，如属于普通生产车间、铸造锻压生产车间、腐蚀性生产车间、恒温恒湿生产车间、超洁净生产车间、非生产车间等；

（5）估价对象附属设施状况；

（6）估价对象周边交通便捷度；

（7）估价对象工业集聚度；

（8）估价对象周边基础设施及公共配套设施状况；

（9）估价对象使用状况，如目前是自用、空置、出租等；

（10）估价对象内部设施状况，如水暖电、生产用吊车、设备基础、地面轨道、地下管沟等；

（11）估价对象内部装修状况，如内墙面、柱面、顶棚、地面等；

（12）估价对象实地查勘时间、人员、联系方式。

2. 工业房地产实地查勘记录表示例

工业房地产实地查勘记录表示例如表 8-28 所示。

（四）在建工程实地查勘记录

1. 在建工程实地查勘内容

在建工程实地查勘重点主要包括：

（1）估价对象名称、位置、四至；

（2）估价对象建筑面积、用地面积；

（3）估价对象建设用地规划许可证、建筑工程规划许可证、建筑工程施工许可证、设计单位、施工单位；

（4）估价对象开工日期、预计完成时间；

（5）估价对象建筑结构、层高、楼层数；

（6）估价对象实际进度；

（7）估价对象周边商业繁华度；

（8）估价对象周边交通便捷度；

（9）估价对象周边基础设施及公共配套设施状况；

（10）估价对象实地查勘时间、人员、联系方式。

2. 在建工程实地查勘记录表示例

在建工程实地查勘记录表示例如表 8-29 所示。

表 8-26

住宅房地产实地查勘记录表

坐落			楼盘名称：	
	所在楼层/总层数：__层	建筑面积：___ m²		成新率：
现状用途	□住宅 □办公 □商铺	使用状态 □自用 □空置 □出租	楼龄____年	朝向：
	户型种类 __房_厅_厨_卫_阳		物业类型：□居住区 □居住街坊 □单体楼 □封闭 □半封闭 □开放	
维修保养	□良好 □一般 □较差	通风采光 □良好 □一般 □较差		
四至：东	西	南	北	
公交线路：	共__条，步行__分钟（min）	地铁站名：	步行至该地铁站口约__分钟（min）	
景观	□居住区公园 □居住区园景 □望（河）江 □人工湖（水车）□山 □球场 □泳池 □无		居住区配套：	

物业设施及管理

电梯	□部分客梯 部分货梯	每层__户	通信	□电话 □有线电视 □网络	□完好
	□完好 □一般破损 □严重破损				
水	□明敷 □暗敷	□完好 □无	管道燃气	□有 □无	□完好 □轻度破损 □严重破损
电	□完好 □轻度破损	□无	物业管理	□防盗门 □自动对讲系统 □可视对讲系统 □监视系统	□无
消防	□消火栓 □自动喷淋 □完好 □轻度破损	□完好 □轻度破损		□24小时（h）保安	
防	□烟感报警 □一般破损 □轻度破损				

周边配套	□商场 □马克 □幼儿园 □学校 □社区服务中心 □医院 □银行 □菜市场 □超市 □公园 □体育设施等 □邮局		
物业外墙	□条形砖 □马赛克 □幕墙（玻璃、干挂理石）□水刷石 □涂料	装修档次 □毛坯 □普通 □精装 □豪华	其他：
楼梯间	地面： 墙面： 天花板：	栏杆： 其他：	
公共通道	地面： 墙面： 天花板：	其他：	

内部装修		基本状况	使用现状			
客厅	地面		□完好	□轻度破损	□一般破损	□严重破损
	墙面		□完好	□轻度破损	□一般破损	□严重破损
	天花板		□完好	□轻度破损	□一般破损	□严重破损
	门		□完好	□轻度破损	□一般破损	□严重破损
	窗		□完好	□轻度破损	□一般破损	□严重破损

续表

内部装修		基本状况	使用现状			
客厅	地面		□完好	□轻度破损	□一般破损	□严重破损
	墙面		□完好	□轻度破损	□一般破损	□严重破损
	天花板		□完好	□轻度破损	□一般破损	□严重破损
	门		□完好	□轻度破损	□一般破损	□严重破损
	窗		□完好	□轻度破损	□一般破损	□严重破损
房间	地面		□完好	□轻度破损	□一般破损	□严重破损
	墙面		□完好	□轻度破损	□一般破损	□严重破损
	天花板		□完好	□轻度破损	□一般破损	□严重破损
	门		□完好	□轻度破损	□一般破损	□严重破损
	窗		□完好	□轻度破损	□一般破损	□严重破损
厨房	地面		□完好	□轻度破损	□一般破损	□严重破损
	墙面		□完好	□轻度破损	□一般破损	□严重破损
	天花板		□完好	□轻度破损	□一般破损	□严重破损
卫生间	地面		□完好	□轻度破损	□一般破损	□严重破损
	墙面		□完好	□轻度破损	□一般破损	□严重破损
	天花板		□完好	□轻度破损	□一般破损	□严重破损
阳台		□外阳台__个、□内阳台__个	□完好	□轻度破损	□一般破损	□严重破损
备注						

在查勘表背面绘制现场平面草图及记载市场案例调查情况。

领勘人：

地址及联系方式：

查勘人：

查勘日期：

表 8-27

经营性房地产实地查勘记录表

房地产基本情况

房地产名称				权证编号	
房地产坐落				使用状况	□自用 □出租 □空置
证载用途		评估楼层		租金水平	＿元/(m²·月)
现状用途		空置率		临街状况	□面临街 □不临街
四至	东： 南： 西： 北：				

建筑物基本状况

整体概况			
裙楼	建筑面积：	层数：	用途：
塔楼	建筑面积：	层数：	用途：
地下室	建筑面积：	层数：	用途：
总建筑面积（m²）			
建筑结构			

房地产外部环境

	项目	状况
商业繁华度	距商业中心	□中心内 □较近 □一般 □较远 □远
	规模	□大 □较大 □一般 □较小 □小
	客流量	□多 □较多 □一般 □较少 □少
	主要商业	名称：
交通便捷度	公交线路	车号：
	地铁站	距离：
	火车站/飞机场	距离：
	主要交通干线	名称： 距离：
办公集聚度	距商务区距离	□近 □较近 □远
	距政府部门	□近 □较近 □远
	规模	□大 □较大 □一般 □较小 □小
	主要写字楼	名称：
公共设施	银行	□近 □较近 □远
	超市	□近 □较近 □远
	餐饮	□近 □较近 □远
	医院	□近 □较近 □远

房地产内部状况

项目		基本状况	使用现状
电梯	自动扶梯：＿＿层＿＿部 □无	□正常 □破损	□无法使用
	客梯：＿＿层＿＿部 □无	□正常 □破损	□无法使用
	货梯：＿＿层＿＿部 □无	□正常 □破损	□无法使用
	观光梯：＿＿层＿＿部 □无	□正常 □破损	□无法使用

续表

房地产内部状况

	项目	基本状况	使用现状		
设备设施	防盗系统	□防盗门 □自动对讲系统 □闭路监控系统 □无	□正常	□破损	□无法使用
	给水排水系统	□明敷 □暗敷	□正常	□破损	□无法使用
	供电系统	□明敷 □暗敷	□正常	□破损	□无法使用
	照明系统	□吊灯 □吸顶灯 □格栅灯 □荧光灯 □其他	□正常	□破损	□无法使用
	空调系统	□市政集中供应 □中央空调 □独立空调 □无	□正常	□破损	□无法使用
	通信系统	□电话 □有线电视 □网络	□正常	□破损	□无法使用
	消防系统	□消火栓 □灭火器 □自动喷淋 □烟感报警 □无	□正常	□破损	□无法使用
装饰装修情况	外墙		□完好 □轻度破损	□一般破损	□严重破损
	内墙		□完好 □轻度破损	□一般破损	□严重破损
	天花		□完好 □轻度破损	□一般破损	□严重破损
	房间地面		□完好 □轻度破损	□一般破损	□严重破损
	楼梯间地面		□完好 □轻度破损	□一般破损	□严重破损
	走廊地面		□完好 □轻度破损	□一般破损	□严重破损
	大堂地面		□完好 □轻度破损	□一般破损	□严重破损
	楼梯栏杆		□完好 □轻度破损	□一般破损	□严重破损
	外门		□完好 □轻度破损	□一般破损	□严重破损
	内门		□完好 □轻度破损	□一般破损	□严重破损
	窗		□完好 □轻度破损	□一般破损	□严重破损
备注					

查勘表背面绘制现场平面草图及记载市场案例调查情况。

领勘： 查勘人：

地址及联系方式： 查勘日期：

工业房地产实地查勘记录表　　　　　　　　表 8-28

厂房名称：		权证编号：		总楼层：		竣工日期：	
坐落：				用地面积：		容积率：	
四至	东：		南：	西：		北：	
使用现状	□自用　□出租　□空置			建筑面积：		成新率：	
结构			类型	□普通生产　□受腐蚀生产　□非生产			
跨度	（　　　）m×（　　　）跨		吊车	数量：		吨位：	
层高	首层（　　　）m、其他层（　　　）m		用途			通用性：	
项目		基本状况		现状			
结构	基础			□未见异常　□不均匀下沉			
	柱			□完好　□轻度破损　□一般破损　□严重破损			
	梁（屋架）			□完好　□轻度破损　□一般破损　□严重破损			
	板			□完好　□轻度破损　□一般破损　□严重破损			
	墙			□完好　□轻度破损　□一般破损　□严重破损			
	外墙窗			□完好　□轻度破损　□一般破损　□严重破损			
	屋面	屋面：　　　　　天窗：		□完好　□轻度破损　□一般破损　□严重破损			
	设备基础			□完好　□轻度破损　□一般破损　□严重破损			
装饰装修	外墙			□完好　□轻度破损　□一般破损　□严重破损			
	内墙			□完好　□轻度破损　□一般破损　□严重破损			
	地面			□完好　□轻度破损　□一般破损　□严重破损			
	天花板			□完好　□轻度破损　□一般破损　□严重破损			
	门			□完好　□轻度破损　□一般破损　□严重破损			
	窗			□完好　□轻度破损　□一般破损　□严重破损			
设施	给水排水	□明敷　□暗敷　□无		□完好　□轻度破损　□一般破损　□严重破损			
	电梯	客梯：　　部、　　　　t		□完好　□轻度破损　□一般破损　□严重破损			
		货梯：　　部、　　　　t		□完好　□轻度破损　□一般破损　□严重破损			
	照明			□完好　□轻度破损　□一般破损　□严重破损			
	空调			□完好　□轻度破损　□一般破损　□严重破损			
	消防			□完好　□轻度破损　□一般破损　□严重破损			
	通风			□完好　□轻度破损　□一般破损　□严重破损			
生产相关定着物		烟囱：　水塔：　井：　池		□完好　□轻度破损　□一般破损　□严重破损			

续表

交通条件	□铁路　□高速公路　□高等级公路　□城市主干道　□次干道	道路通达度：
	汽车站（　　）m、火车站（　　）km、港口（　　）km、机场（　　）km	

周边环境	公共配套	
	产业聚集	
	能源条件	

在查勘表背面绘制现场平面草图及记载市场实例调查情况。

领勘人：　　　　　查勘人：　　　　　查勘日期：

在建工程实地查勘记录表　　　　　　　　表 8-29

在建项目名称			
建筑面积		占地面积	
设计单位			
施工单位			
坐落			
四至	东	南	
	西	北	
建设用地规划许可证		建筑工程	
建设工程规划许可证		施工许可证	
环保审批文件			
防火审批文件			
工程造价	元	账面价值	元
付款金额	元	付款比例	
开工日期		预计完工日期	
建筑结构		设计总高度	
设计总层数		设计层高	

价值时点实际进度

项目	建筑结构	装饰装修	设施设备	室外附属工程
设计标准				
已完工程实际进度				

续表

房地产外部环境					
商业繁华度	距商业中心	□中心内 □较近 □一般 □较远 □远	办公集聚度	距商务区距离	□近 □较近 □一般 □较远 □远
	规模	□大 □较大 □一般 □较小 □小		距政府部门	□近 □较近 □一般 □较远 □远
	客流量	□多 □较多 □一般 □较少 □少		规模	□大 □较大 □一般 □较小 □小
	主要商业			主要写字楼	
交通便捷度	公交线路	车站:　　车号:	公共设施	银行	
	火车站	名称:　　距离:		超市	
	飞机场	名称:　　距离:		餐饮	
	主要交通干线	名称:　　距离:		医院	
建筑物规模					
他项权利状况					
备注					

在查勘表背面绘制现场平面草图及记载市场实例调查情况。

领勘人：　　　　　　　　　　　　　　查勘人：

地址及联系方式：　　　　　　　　　　查勘日期：

六、估价报告内部审核表

（一）估价报告内部审核表内容构成

估价报告内部审核应针对整个估价报告，重点围绕影响估价结果的几大方面展开，审核重点主要包括以下几方面：

（1）估价报告的完整性：主要按照《房地产估价规范》GB/T 50291—2015 要求，全面审核报告的各项要件是否齐全，如封面、目录、致估价委托人函、估价师声明、估价假设和限制条件、估价结果报告、估价技术报告、附件等是否齐全。

（2）估价假设和限制条件：主要审核假设条件是否必要、充分、合理、有依据；限制条件是否具有针对性。

（3）估价目的及价值定义：主要审核表述是否准确、全面、清晰、具体。

（4）估价对象的界定、描述和分析：主要审核对估价对象的界定是否准确、具体，对区位、实物、权益状况的描述是否全面、客观、翔实。

（5）市场背景描述与分析：主要审核对宏观房地产市场、估价对象本类房地产市场及价值影响因素的分析是否全面、透彻、有针对性，结论是否合理、依据充分。

（6）最高最佳利用分析：主要审核对最高最佳利用的判断是否正确，分析是否透彻、具体、有针对性，是否有合法的依据。

（7）估价方法选用：主要审核选用方法是否全面、恰当，对理论上适用于估价对象的方法而不选用的，是否充分说明了理由；选用的，应简述理由并应说明其估价技术路线。

（8）数据来源与确定、参数选取与运用及计算过程：主要审核数据来源是否依据充分或理由充足，参数选取是否客观、合理，在理论和现实上是否有说服力，有必要的分析和过程，已选用估价方法的测算过程是否均做到详细、完整、严谨、正确。

（9）估价结果确定及结论表述：主要审核估价结果的确定是否有充分依据，结论表述是否清晰、全面、理由充分，致估价委托人函、结果报告、技术报告中的估价结果是否一致。

（10）估价报告的规范性、文字表述：主要审核报告名称、格式、用语是否规范，引用的法规、标准是否正确，文字表达是否简洁、流畅、严谨、前后一致、逻辑性强，无错别字、漏字。

（11）审核结论。

（二）估价报告内部审核表示例（表8-30）

估价报告内部审核表 表8-30

序号	审核项目	审核要求	优	合格	不合格	问题说明
	估价项目名称					
	估价报告编号					
1	估价报告的完整性	报告的各项要件是否齐全，如封面、目录、致估价委托人函、估价师声明、估价假设和限制条件、估价结果报告、估价技术报告、附件等是否齐全				
2	估价假设和限制条件	假设条件是否必要、充分、合理、有依据；限制条件是否具有针对性				
3	估价目的及价值定义	表述是否明确、具体、规范				
4	估价对象范围的界定、描述和分析	估价对象的界定是否准确，对区位、实物、权益的描述是否完整、分析是否客观，具有针对性				

序号	审核项目	审核要求	优	合格	不合格	问题说明
5	市场背景描述与分析	对宏观房地产市场、估价对象本类房地产市场及价值影响因素描述内容是否完整、分析是否客观，能否定性与定量相结合，是否具有针对性				
6	最高最佳利用分析	对最高最佳利用的判断是否正确，估价前提是否明确，分析是否透彻、具体、有针对性，是否有合法的依据				
7	估价方法选用	能否逐一分析估价方法是否适用，选用方法是否全面、恰当，对理论上适用但客观条件不具备而不选用的，是否充分说明了理由，选用的，是否简述了理由估价技术路线表述是否正确清晰				
8	数据来源与确定、参数选取与运用及计算过程	估价方法测算步骤是否明确，计算公式与分析过程是否详细、完整、严谨、正确；估价基础数据来源是否依据充分；估价参数选取是否客观、合理，理论表述和实际应用是否有说服力				
9	估价结果确定及结论表述	综合测算结果确定选用方法是否恰当，理由是否充分；评估价值是否合理；相关专业意见表述是否正确简明				
10	估价报告的规范性、文字表述	报告名称、格式、用语是否规范，引用的法律、法规、标准是否正确，文字表达是否简洁、流畅、严谨、前后一致、逻辑性强，无错别字、漏字				

综合审核结论：□可以出具报告 □作适当修改后出具报告 □重大修改后出具估价报告 □重新撰写估价报告

审核人员签名：		审核日期	年 月 日

七、专业帮助情况和相关专业意见说明

房地产估价中会遇到各种专业问题，主要可分为两类：一是房地产估价专业领域内的；二是房地产估价专业领域外的。当估价中遇有难以解决的复杂、疑难、特殊的估价技术问题时，应寻求相关估价专家或单位提供专业帮助，并应在估价报告中说明。

专业帮助情况和相关专业意见，应符合下列规定：

（1）当在估价中遇有难以解决的复杂、疑难、特殊的估价技术问题时，可寻求相关估价专家或单位提供专业帮助，此时应在估价报告中说明有专业帮助，并说明专业帮助的内容及提供专业帮助的专家或单位的姓名或名称，相关资格、职称或资质。

（2）当对估价对象的房屋安全、质量缺陷、环境污染、建筑面积、财务状况等估价专业以外的专业问题，经实地查勘、查阅现有资料或向相关专业领域的专家咨询后，仍难以作出常规判断和相应假设的，可建议估价委托人聘请具有相应资质资格的专业机构或专家先行鉴定或检测、测量、审计等，再以专业机构或专家出具的专业意见为依据进行估价，并应提供相关专业意见复印件，说明出具相关专业意见的专业机构或专家的名称或姓名，相关资质或资格、职称。

（3）当没有专业帮助或未依据相关专业意见时，应说明没有专业帮助或未依据相关专业意见。

复 习 思 考 题

1. 房地产估价文书的种类和作用有哪些？
2. 房地产估价报告写作的文字要求有哪些？
3. 房地产估价报告的形式和构成要素有哪些？
4. 估价报告封面应如何写作？
5. 致估价委托人函应如何写作？
6. 房地产估价假设和限制条件应如何写作？
7. 房地产估价结果报告应如何写作？
8. 房地产估价技术报告应如何写作？
9. 其他主要房地产估价文书有哪些？
10. 什么是估价委托书？内容构成有哪些？
11. 什么是估价委托合同？内容构成有哪些？
12. 估价所需资料清单主要包括哪些？
13. 估价作业方案的内容构成包括哪些？
14. 估价对象实地查勘记录有哪些要求？包括哪些内容？

第九章　房地产估价报告评析

　　房地产估价报告是估价机构的重要产品，估价报告质量的高低直接影响估价机构的能力和水平，同时也影响着房地产估价行业的社会声誉和形象。近十年来中国房地产估价师与房地产经纪人学会和各地方协会一直十分重视房地产估价报告的质量，开展了对各种房地产估价报告的评审，对房地产估价报告质量的提升起到了积极作用。但同时通过房地产估价报告的评审也发现了较多问题，表现为高质量的估价报告占比较少，不合格房地产估价报告仍然占据一定比例。

　　因此，本章根据《房地产估价规范》GB/T 50291—2015、《房地产估价基本术语标准》GB/T 50899—2013、《房地产估价报告评审标准（试行）》等，对房地产估价报告常见问题进行逐一评析。

第一节　房地产估价报告封面、目录和致估价委托人函评析

一、封面常见问题评析

　　房地产估价报告的封面应包括估价报告名称、估价报告编号、估价项目名称、估价委托人、房地产估价机构（名称）、注册房地产估价师（姓名）、估价报告出具日期。房地产估价报告的封面由于内容简单，一般很少出现问题，但也存在个别表述不规范问题，主要表现如下。

　　1. 估价项目名称内容繁杂不清晰

　　实际估价作业中，某些估价项目存在较多估价对象，估价项目名称完全罗列，内容繁杂不清晰，用途缺乏。

　　2. 估价报告出具日期表述不规范

　　个别估价报告将"估价报告出具日期"表述为"估价报告作业期"；此外估价

报告出具日期表述为：2020-10-20 是不正确的，应为：2020 年 10 月 20 日。

3. 封面内容不简洁

个别估价报告将估价委托人的办公地点、联系电话、法人代表等信息列入，这些信息内容应该在结果报告中估价委托人部分体现。

【案例 9-1】

估价项目名称

××市××公司拥有的位于××市××路的 10 号四层工业楼（目前实际属于办公楼）（××××房地证字×××号）、××市××路的 20 号 10 栋低层办公室（××××房地证字×××号）、××市××路的 20 号 10 栋 2 层办公室（××××房地证字×××号）、××市××路的 20 号 10 栋底层办公室（××××房地证字×××号）、××市××路的 20 号 10 栋 202 房（××××房地证字×××号）、××市××路的 20 号 10 栋 302 房（××××房地证字×××号）、××市××路的 20 号 10 栋 305 房（××××房地证字×××号）、××市××路的 20 号 10 栋 402 房（××××房地证字×××号）、××市××路的 20 号 10 栋 405 房（××××房地证字×××号）、××市××路的 20 号 10 栋 501 房（××××房地证字×××号）、××市××路的 20 号 10 栋 604 房（××××房地证字×××号）、××市××路的 20 号 10 栋 605 房（××××房地证字×××号）、××市××路的 20 号 10 栋 701 房（××××房地证字××××号）等房地产资产转让时市场参考的房地产估价项目。

案例问题评析：

（1）估价项目名称内容繁杂，缺乏归类。该估价项目可以归类为 3 类，一是××路的 10 号 4 层工业楼，二是××路的 20 号 10 栋底层和 2 层办公室，三是××路的 20 号 10 栋的 202 房、302 房、305 房、402 房、405 房、501 房、604 房、605 房、701 房；

（2）××路的 20 号 10 栋的 202 房、302 房、305 房、402 房、405 房、501 房、604 房、605 房、701 房均未表述用途；

（3）所有估价对象的产权证号不需要放入，可以在估价结果报告中的估价对象中分析；

（4）最后的"房地产资产转让时市场参考的房地产估价项目"表述错误，应改为"房地产转让市场价值评估"。

二、致估价委托人函常见问题评析

致估价委托人函是估价机构和估价师向委托人正式提交估价报告的文件，是估价报告的重要组成部分。一般包括致函对象、估价目的、估价对象、价值时点、价值类型、估价方法、估价结果、致函日期、特别提示9项内容。致估价委托人函常见问题为：

1. 内容缺项

致估价委托人函的内容缺项一方面表现为九大内容缺项，另一方面表现为具体内容缺项。

2. 特别提示内容表述不规范、不准确。

【案例 9-2】

致估价委托人函

××× ：

受您委托，我公司秉承独立、客观、公正、谨慎原则，对您位于××市××路××小区 502 的住宅房地产抵押价值进行了评估。估价目的为确定房地产抵押贷款额度提供参考依据而评估房地产抵押价值；本次估价对象范围包括估价对象房屋所有权及建筑物分摊土地使用权设定范围内不动产。

我公司根据特定的估价目的，遵循估价原则，按照科学的估价程序，选用适宜的估价方法进行估价，并在综合分析影响房地产价格因素的基础上，确定估价对象在价值时点 2019 年 08 月 07 日的抵押价值为 278.84 万元，大写：人民币贰佰柒拾捌万捌仟肆佰元整。

××房地产评估咨询有限公司（公章）

法定代表人：

2023 年 08 月 07 日

案例问题评析：

（1）估价对象财产范围仅说明包括房屋所有权及建筑物分摊土地使用权不完整，未写明估价对象规模（建筑面积、占用土地面积）和权属（产权证书、单独所有或共同所有、土地用途等）；

（2）估价方法未说明具体方法，如比较法、收益法；

（3）未说明估价对象在价值时点的假定未设立法定优先受偿权下的价值和估

价师知悉的法定优先受偿款；

（4）估价对象缺少单价；

（5）致函日期不宜与价值时点同一天，且估价作业时间短，不能保证估价质量；

（6）缺少价值类型、特别提示内容说明。

【案例 9-3】

特别提示（抵押报告）

（1）本报告采用 Excel 电算化连续计算得出最后结果，最终单价受保留小数位数限制，如与总价有误差，以总价结果为准；

（2）本估价报告交付估价委托人原件一式两份，报告复印件无效。

特此函告。

案例问题评析：

上述特别提示内容完全没有起到相应作用，作为抵押估价的特别提示，应提请估价报告使用人在使用本估价报告前阅读报告全文，明确价值内涵，关注"估价对象变现能力分析"及"相关风险提示"，以免造成不必要的损失。

三、目录常见问题评析

估价报告目录应包括：估价师声明、估价假设和限制条件、估价结果报告、估价技术报告、附件，其中估价结果报告、估价技术报告还应出现二级目录。

估价报告目录一般较少出现问题，偶尔出现的问题主要是：

（1）估价结果报告、估价技术报告缺少二级目录；

（2）抵押估价缺少变现能力分析、风险提示分析目录；

（3）估价结果报告、估价技术报告和附件的各个组成部分名称与页码不对应，个别报告页码甚至采用类似"6-11"表述（见案例9-4）。

【案例 9-4】

目录（抵押估价）

1. 估价机构营业执照（三合一证）复印件

2. 估价机构备案证复印件

3. 房地产估价师注册证书复印件

4. 估价对象的房屋所有权证复印件

5. 估价对象的国有土地使用证复印件

6. 估价对象的位置示意图

7. 法定优先受偿款调查记录

8. 估价对象内外部的打印照片

9. 实地查勘情况记录

案例问题评析：

（1）致估价委托人函不应出现在目录中；

（2）目录内容缺项，估价结果报告、估价技术报告缺少二级目录；

（3）页码标注错误；

（4）附件目录缺专业帮助情况和相关专业意见。

第二节 房地产估价报告估价师声明、估价假设和限制条件评析

一、估价师声明常见问题评析

估价师声明应写明所有参加估价的注册房地产估价师对其估价职业道德、专业胜任能力和勤勉尽责估价的承诺和保证。不能将估价师声明的内容与估价假设和限制条件的内容相混淆，或把估价师声明变成注册房地产估价师和房地产估价机构的免责声明。鉴证性估价报告的注册房地产估价师声明应包括 4 个方面内容：①注册房地产估价师在估价报告中对事实的说明是真实和准确的，没有虚假记载、误导性陈述和重大遗漏；②估价报告中的分析、意见和结论是注册房地产估价师独立、客观、公正的专业分析、意见和结论，但受到估价报告中已说明的估价假设和限制条件的限制；③注册房地产估价师与估价报告中的估价对象没有现实或潜在的利益，与估价委托人及估价利害关系人没有利害关系，也对估价对象、估

价委托人及估价利害关系人没有偏见；④注册房地产估价师是按照有关房地产估价标准的规定进行估价工作，撰写估价报告。

一般估价报告中的估价师声明都是按照《房地产估价规范》GB/T 50291—2015中规定的内容模板来写，但也有部分报告存在以下问题：

（1）估价师声明添加了不需要的内容。

（2）估价师声明与估价假设和限制混淆，变成免责声明。

【案例9-5】

估价师声明

我们根据自己的专业知识和职业道德，在此郑重声明：

1. 注册房地产估价师在本报告中对事实的说明是真实、准确和完整的，没有虚假记载、误导性陈述和重大遗漏。

2. 估价报告中的分析、意见和结论是注册房地产估价师独立、客观、公正的专业分析、意见和结论，但受到估价报告中已说明的估价假设和限制条件的限制。

3. 注册房地产估价师与估价报告中的估价对象没有现实或潜在的利益，与估价委托人及估价利害关系人没有利害关系，也对估价对象、估价委托人及估价利害关系人没有偏见。

4. 注册房地产估价师依据中华人民共和国国家标准《房地产估价规范》GB/T 50291—2015、《房地产估价基本术语标准》GB/T 50899—2013及《建设部 中国人民银行 中国银行业监督管理委员会关于规范与银行信贷业务相关的房地产抵押估价管理有关问题的通知》进行估价，撰写本估价报告。

5. 注册房地产估价师×××（注册号：××××××××××）、×××（注册号：××××××××××）于2023年9月4日对估价报告中的估价对象进行了实地查勘，但仅限于对估价对象的外观和使用状况。注册房地产估价师不承担对评估标的物建筑结构、质量进行调查的责任和其他被遮盖、未暴露及难以接触到的部分进行检视的责任。

6. 注册房地产估价师完全独立地进行本次评估，没有外部专家和单位对本估价报告提供专业帮助。

7. 本报告估价结果仅作为委托方在本次估价目的下使用，不得做其他用途。未经本估价机构和估价人员同意，估价报告不得向委托方及报告审查部门以外的单位及个人提供，凡因委托人使用估价报告不当而引起的后果，估价机构和估价人员不承担相应的责任。

8. 本报告的全部或部分内容未经本公司同意，不得发表于任何公开媒体上。

9. 估价人员经过勤勉尽职的调查后，知悉的法定优先受偿款为零。

10. 本报告解释权归我公司所有。

11. 本报告一式三份，委托方执贰份，本公司存档壹份。

12. 参加本次估价的注册房地产估价师签名：

姓名	注册号	签名	签名日期
×××	×××××××××	×××	2023 年 9 月 5 日
×××	×××××××××	×××	2023 年 9 月 5 日

案例问题评析：

（1）第 5 点中"注册房地产估价师不承担对评估标的物建筑结构、质量进行调查的责任和其他被遮盖、未暴露及难以接触到部分进行检视的责任"应该属于估价假设中的一般假设内容，不应放入估价师声明中；

（2）第 6 点属于估价报告"附件"中专业帮助情况和相关意见内容，不应放入估价师声明中；

（3）第 7 点、第 8 点和第 10 点属于估价限制分析内容，不应放入估价师声明中；

（4）第 9 点、第 11 点不应放入估价师声明中；

二、估价假设和限制条件常见问题评析

估价假设应针对估价对象状况等估价前提，作出必要、合理且有依据的假定，不得为了规避应尽的检查资料、调查情况等勤勉尽责估价义务或为了高估、低估估价对象的价值或价格而滥用估价假设。估价假设和限制条件应说明下列内容：一般假设、未定事项假设、背离事实假设、不相一致假设、依据不足假设、估价报告使用限制。

估价假设和限制条件写作中常见问题主要有：

（1）内容缺项。估价假设内容缺项比较常见，主要是未定事项假设、背离事实假设、不相一致假设、依据不足假设等中的某项内容没有任何分析说明。

（2）对各估价假设内涵理解错误，出现张冠李戴现象。每类估价假设都有对应的内涵，但在实际报告中常出现对各假设内涵理解错误的情况。如对待开发土地进行估价时，对尚不明确的土地容积率假设列入背离事实假设中。

（3）对估价结果产生较大影响的情况未在假设条件分析中进行说明，如对划

拨土地上的住宅进行征收补偿评估时，是否存在违建？如何处理等。

（4）将估价方法中的估价前提、估价对象的价值内涵、价值类型、建筑物的处理方式等放入估价假设中，与估价假设混淆在一起。

（5）当价值时点与实地查勘期不一致时，未在估价假设和限制条件中进行说明的。

【案例 9-6】

估价假设和限制条件（抵押估价）

（一）一般假设

（1）估价对象产权明晰、手续齐全，可在公开市场上自由转让。

（2）估价委托人提供了估价对象的《不动产权证书》，我们对权属证书上记载的权属、面积、用途等资料进行了审慎检查，但未予以核实，在无理由怀疑其合法性、真实性、准确性和完整性的情况下，假设估价委托人提供的资料合法、真实、准确、完整。

（3）市场供应关系、市场结构保持稳定、未发生重大变化或实质性改变。

（4）注册房地产估价师已对房屋安全、环境污染等影响估价对象价值的重大因素给予了关注，在无理由怀疑估价对象存在隐患且无相应的专业机构进行鉴定、检测的情况下，假定估价对象能正常安全使用。

（5）估价对象在价值时点的房地产市场为公开、平等、自愿的交易市场，即能满足以下条件：①自愿销售的卖方及自愿购买的买方；②交易双方无任何利害关系、交易的目的是追求各自利益的最大化；③交易双方了解交易对象、知晓市场行情；④交易双方有较充裕的时间进行交易；⑤不存在特殊买者的附加出价。

（6）由于估价委托人没有告知是否已设租赁权，且注册房地产估价师无法知晓其真实性，故本次估价以估价对象没有租赁权利限制为假设前提。

（7）估价人员进行实地查勘时，由于房屋所有者的原因导致估价师未能进入，因此按照同类房屋设定估价对象内部平面布局和装修装饰。

（二）未定事项假设

（1）估价土地剩余使用年限短于建筑物剩余经济寿命，故收益期结束后尚有建筑物剩余价值。由于估价委托人未能提供且估价人员也未能查实土地使用权到期后地面房屋如何处置的具体政策有关合同约定，根据谨慎原则，本次估价不考虑收益期结束后的建筑物残余价值对估价对象的影响。

（2）本次估价测算的预期实现抵押权的处置税金为估价对象于价值时点以抵押价值进入市场转让时，卖方需负担的正常税费，仅供参考，其预期实现抵押的处置税金应以有关税务部门计算的为准。

（三）背离事实假设

（1）估价结果是为确定房地产抵押贷款额度提供参考依据，估价时没有考虑国家宏观经济政策发生变化、市场供应关系变化、市场结构转变、遇有自然力和其他不可抗力等因素对房地产价值的影响，也没有考虑估价对象将来可能承担违约责任的事宜，以及特殊交易方式下的特殊交易价格等对估价对象的影响。当上述条件发生变化时，估价结果一般亦会发生变化。

（2）估价结果未考虑估价对象及其所有权人已承担的债务，或有债务及经营决策失误或市场运作失当对其价值的影响。

（四）不相一致假设

注册房地产估价师进行了尽职调查，估价对象已取得《不动产权证书》，证载用途土地为城镇住宅用地，房屋为成套住宅，权利人均为××单独所有，坐落与不动产权证书一致，故估价对象土地和房屋的用途、权利人、名称、地址均一致，不存在不一致的假设。

（五）估价报告使用限制

（1）本估价报告仅用于为估价委托人确定房地产抵押贷款额度提供参考依据，不得用于其他用途。

（2）本估价报告自出具之日起一年内有效（自××××年××月××日起至××××年××月××日止）。但价值时点后，在报告有效期内估价对象的质量及价格标准发生变化，并对估价对象价值产生明显影响时，不能直接使用本估价结果；超过一年，需重新进行估价。

（3）本估价报告专为估价委托人所使用，未经本估价机构同意，不得向估价委托人和报告审查部门之外的单位和个人提供；本报告的全部或部分及任何参考资料均不允许在任何公开发表的文件、通告或声明中引用，亦不得以其他任何方式公开发表。

（4）本报告由××房地产评估咨询有限公司负责解释。

（5）本报告必须经过估价机构加盖公章、注册房地产估价师、注册土地估价师签字后方可使用，估价机构仅对本报告的原件承担责任，对任何形式的复制件概不认可且不承担责任。

案例问题评析：

（1）缺少依据不足假设分析说明；

（2）一般假设中的第1点应属于滥用假设；

（3）一般假设中的第7点应属于依据不足假设；

（4）一般假设中的第6点应属于滥用估价假设，作为抵押评估，完全可以通过尽责调查确定估价对象是否存在租赁；

（5）未定事项假设中的第1点应属于采用收益法测算时对收益年限的具体处理，不应放入估价假设中；

（6）未定事项假设中的第2点估价假设没有必要；

（7）背离事实假设中的第1、2点不属于该类假设内容。

第三节　房地产估价结果报告评析

一、估价目的常见问题评析

估价目的应说明估价委托人对估价报告的预期用途，或估价是为了满足估价委托人的何种需要。即估价目的需要对应经济行为。

由于常见的抵押估价、房屋征收补偿估价、涉执房地产处置司法估价都有规范的表述，所以这类估价目的表述基本都不存在问题。

而其他估价目的表述常见问题主要是缺少经济行为。例如，"为估价委托人了解估价对象市场价值提供参考"，这里缺少了经济行为的内容，即估价委托人为了什么目的了解市场价值，如转让、作价入股。应表述为："为估价委托人转让估价对象提供市场价值参考"。

二、估价对象常见问题评析

估价对象的描述应做到层次清晰，用语表达简单、准确。结果报告中估价对象的描述主要包括以下几方面：①估价对象范围，应说明土地、房屋、构筑物、树木等情况，所包含的动产、债权债务、特许经营权等其他财产和权益等情况；②估价对象基本状况的说明，应概要说明估价对象的财产范围及名称、坐落、规模、用途、权属等基本状况；③土地基本状况的说明，应包括四至、地形地势、土地使用期限和开发程度等；④建筑物基本状况的说明，应包括建筑结构、建设年代装饰装修、设施设备、新旧程度等。

估价对象描述常见问题有：

（1）内容杂乱、缺乏逻辑、表述不清晰；

（2）描述内容完全与技术报告中的估价对象状况描述内容一样；

（3）内容存在缺项，如估价对象范围缺少所包含的动产、债权债务、特许经营权等其他财产和权益等内容；土地基本状况缺少四至、地形地势等内容。

【案例 9-7】

估价对象

1. 估价对象财产范围

估价对象财产范围包含其建筑物及分摊的土地使用权，不包括动产、债权债务等其他财产或权益。

2. 估价对象基本状况

权利人：×××，坐落：××区××路××号，总层数9层，估价对象所在2层，建筑面积506.24m²，商业服务用途。

3. 估价对象实物状况

1）建筑物实物状况

建筑面积506.24m²，总楼层9层，所在楼层2层，外墙面贴砖、刷涂料，进户门为铝合金玻璃门，外墙窗为塑钢窗。平面布局较好，地面地砖，墙面刷涂料，顶棚铝格栅吊顶；室内净高2.90m。有供水排水、供电、供暖等设施设备。建筑物建于2016年。房屋维修、保养状况较好，结构完整，外墙室内无损坏情况，综合成新率约为九成新。

2）土地实物状况

估价对象为××号 2 层商业服务用途房地产，分摊土地面积 78.46m²；小区宗地面积 62 968.05m²。宗地红线内外基础设施达到"七通"（即通路、通电、通供水、通排水、通信、通热及通燃气）。

4. 估价对象权益状况

不动产权证号：不动产权第××××号，权利人：×××，共有情况：单独所有，坐落：××区××路××号，权利类型：国有建设用地使用权/房屋所有权，权利性质：出让/市场化商品房，用途：城市住宅用地/商业服务，面积：共有宗地面积 62 968.05m²/房屋建筑面积 506.24m²，使用期限：国有建设用地使用权 2014年 12 月 31 日起 2054 年 12 月 30 日止，房屋结构：钢筋混凝土，分摊土地面积：78.46m²，总层数：9，房屋所在层：2；建成年份 2016 年，套内建筑面积：286.19m²，共有分摊面积：220.05m²。实地查勘，权利人自用经营超市，无租赁权限制。

5. 估价对象区位状况

估价对象位于××区××路××号，商业繁华度一般。道路通达度较好，周边有多路公交，出入较方便。临街深度适中，临街道路状况好。周边有×××银行、×××银行、×××银行等商业配套设施。区域内街道整洁，无污染，周边环境较好，基础设施状况完善。

案例问题评析：

（1）估价对象财产范围分析部分缺少估价对象建筑物面积、共有宗地面积和分摊土地面积等的说明；

（2）估价对象基本状况分析部分缺少名称、权利类型、权利性质等的说明；

（3）"估价对象实物状况""估价对象权益状况""估价对象区位状况"属于估价技术报告中的估价对象状况描述内容；

（4）"建筑物实物状况"应为"建筑物基本状况"，且该部分内容缺建筑结构说明；

（5）"土地实物状况"应为"土地基本状况"，且该部分内容缺四至、地形、地势、土地使用期限等说明。

三、价值时点和价值类型常见问题评析

（一）价值时点常见问题评析

价值时点是所评估的估价对象客观合理价格或价值对应的某一特定时间，因此价值时点应根据估价目的确定，应说明所评估的估价对象价值或价格对应的时间及其确定的简要理由。

估价实际中对价值时点的表述基本准确。存在的问题主要是：

（1）确定依据不足，或未简要说明理由。实际中的抵押估价的价值时点一般应为实地查勘日，当与实地查勘日不一致时应说明理由。

（2）价值时点确定错误、确定不具体，或与估价目的不适应或不符合有关规定且未充分说明理由。

（二）价值类型常见问题评析

价值类型是指所评估的估价对象的某种特定价值或价格，包括价值或价格的名称、定义或内涵。

价值类型存在的问题主要有：

（1）价值类型未明确或不正确。

（2）价值定义或内涵表述不准确。如某些报告对抵押估价的价值类型表述为："估价对象假定未设立法定优先受偿权下的市场价值减去注册房地产估价师知悉的法定优先受偿款后的价值"。这里的"未设立法定优先受偿权下的市场价值"表述错误，而应为"未设立法定优先受偿权下的价值"。因为抵押估价遵循谨慎原

则，所评估的未设立法定优先受偿权下的价值不是市场价值。

（3）价值类型选择或价值定义、内涵表述有严重错误。常见的价值类型有市场价值、投资价值、现状价值、抵押价值、快速变现价值等，不同估价目的对应不同价值类型，如为开发商拿地而进行评估，价值类型一般应为投资价值而非市场价值。

四、估价原则和估价依据常见问题评析

（一）估价原则常见问题评析

估价原则是估价活动所依据的法则或标准，不同估价目的会对应不同的估价原则。估价报告应说明本次估价所遵循的估价原则的名称、定义或内涵。

估价原则表述中常见问题有：

（1）估价原则大而全，没有根据估价目的针对性选择对应的估价原则；

（2）估价原则无定义或定义不准确的；

【案例 9-8】

估价原则（征收估价）

1. 独立、客观、公正原则

要求站在中立的立场上，实事求是、公平正直地评估出对各方估价利害关系人均是公平合理的价值或价格的原则。

2. 合法原则

要求估价结果是在依法判定的估价对象状况下的价值或价格的原则。

3. 价值时点原则

4. 替代原则

5. 最高最佳利用原则

房地产在法律上允许、技术上可能、财务上可行并使价值最大的合理、可能地利用，包括最佳的用途、规模、档次等。

6. 谨慎原则

谨慎原则要求在影响估价对象价值或价格的因素存在不确定的情况下对其作出判断时，应充分考虑其导致估价对象价值或价格偏低的一面，慎重考虑其导致估价对象价值或价格偏高的一面。

案例问题评析：

（1）征收估价选用谨慎原则错误，缺乏针对性；

（2）价值时点原则、替代原则缺少定义或内涵说明；

（二）估价依据常见问题评析

估价依据一般应包括：①有关法律、法规和政策，即有关法律、行政法规，最高人民法院和最高人民检察院发布的有关司法解释，估价对象所在地的有关地方性法规，国务院所属部门颁发的有关部门规章和政策，估价对象所在地人民政府颁发的有关地方政府规章和政策；②有关估价标准，包括房地产估价的国家标准、行业标准、指导意见和估价对象所在地的地方标准等；③估价委托人提供的估价所需资料如估价对象的面积、用途、权属证明、财务会计信息和其他资料；④房地产估价机构、注册房地产估价师掌握和搜集的估价所需资料。

估价依据常见问题有：

（1）滥列估价依据；

（2）采用已过时或者失效的估价依据；

（3）法律法规、估价标准和指导意见或办法名称表述不准确。

【案例 9-9】

估价依据（抵押估价，价值时点 2020 年 8 月 10 日）

（一）有关法律、法规、司法解释和部门规章

（1）《中华人民共和国资产评估法》（2016 年 7 月 2 日中华人民共和国主席令第 46 号公布）；

（2）《中华人民共和国物权法》（2007 年 3 月 16 日中华人民共和国主席令第六十二号公布，自 2007 年 10 月 1 日起施行）；

（3）《城市房地产管理法》（2007 年 8 月 30 日第十届全国人民代表大会常务委员会第二十九次会议通过《全国人民代表大会常务委员会关于修改〈中华人民共和国城市房地产管理法〉的决定》）；

（4）《中华人民共和国土地管理法》（2004 年 8 月 28 日第十届全国人民代表大会常务委员会第十一次会议《关于修改〈中华人民共和国土地管理法〉的决定》第二次修正）；

（5）《中华人民共和国担保法》（1995 年 6 月 30 日中华人民共和国主席令第 50 号公布）；

（6）《最高人民法院关于适用〈中华人民共和国担保法〉若干问题的解释》（2000 年 9 月 29 日法释〔2000〕44 号）；

（7）《最高人民法院关于人民法院执行设定抵押的房屋的规定》（2005 年 11 月 14 日法释〔2005〕14 号）；

（8）《城市房地产抵押管理办法》（2001 年 8 月 15 日建设部令第 98 号发布）；

（9）《商业银行房地产贷款风险管理指引》（银监发〔2004〕57 号）；

（10）《国有土地上房屋征收与补偿条例》（2011 年 1 月 21 日中华人民共和国国务院令第 590 号）。

（二）采用的技术规程和标准

（1）国家标准《房地产估价规范》GB/T 50291—2015；

（2）国家标准《房地产估价基本术语标准》GB/T 50899—2013；

（3）国家标准《城镇土地估价规程》GB/T 18508—2014；

（4）《建设部　中国人民银行　中国银行业监督管理委员会关于规范与银行信贷业务相关的房地产抵押估价管理有关问题的通知》（2006 年 1 月 13 日建住房〔2006〕8 号）；

（5）××省房地产估价技术指引；

（6）关于贷款市场报价利率（LPR）运用对房地产估价影响的提示函。

（三）估价委托人提供的有关资料

（1）房地产估价委托书；

（2）《不动产权证书》复印件；

（3）《国有土地使用证》复印件；

（4）《国有建设用地使用权出让合同》；

（5）估价委托人提供的其他资料。

（四）房地产估价机构和注册房地产估价师所搜集掌握的有关资料

（1）现场查勘资料及估价机构掌握的相关资料；

（2）估价对象周边部分同类结构房屋建造成本；

（3）估价对象所在区域的房地产市场状况等数据资料；

（4）估价对象所在城市概况、规划、经济发展及自然、人文环境资料。

案例问题评析：

（1）所列《城市房地产管理法》名称不准确，应为《中华人民共和国城市房地产管理法》；

（2）所列《中华人民共和国城市房地产管理法》（2007 年 8 月 30 日第十届全国人民代表大会常务委员会第二十九次会议通过《全国人民代表大会常务委员会关于修改〈中华人民共和国城市房地产管理法〉的决定》）、《中华人民共和国土地管理法》（2004 年 8 月 28 日第十届全国人民代表大会常务委员会第十一次会议

《关于修改〈中华人民共和国土地管理法〉的决定》第二次修正）在价值时点已过期，应采用《中华人民共和国城市房地产管理法》（2019 年 8 月 26 日第十三届全国人民代表大会常务委员会第十二次会议修正，2020 年 1 月 1 日起实施）；《中华人民共和国土地管理法》（2019 年 8 月 26 日第十三届全国人民代表大会常务委员会第十二次会议修正，2020 年 1 月 1 日起实施）；

（3）所列《国有土地上房屋征收与补偿条例》（中华人民共和国务院令第 590 号）属于滥用估价依据；

（4）所列"中华人民共和国国家标准《城镇土地估价规程》GB/T 18508—2014"在该次估价中不会涉及；

（5）所列"关于贷款市场报价利率（LPR）运用对房地产估价影响的提示函"不属于技术规程；

（6）缺少估价对象法定优先受偿款调查资料。

五、估价方法和估价结果常见问题评析

（一）估价方法常见问题评析

在估价结果报告中，估价方法主要说明本次估价所采用的估价方法名称和定义。所采用的估价方法定义应准确、简明。

估价方法常见问题主要有：

（1）估价方法的名称不规范；

（2）估价方法无定义或定义不简明、不准确；

（3）表述选用估价方法名称与定义之外内容；

（4）按约定不提供估价技术报告但未说明估价测算简要内容；

（5）与技术报告中估价方法适用性分析内容完全一样。

【案例 9-10】

估价方法

根据估价目的及估价对象的状况，分别采取不同的估价方法。房地产估价方法通常有市场比较法、成本法、收益法、假设开发法四种。市场比较法适用于类似房地产交易实例较多的房地产估价；收益法适用于有收益或有潜在收益的房地产估价；假设开发法适用于具有投资开发或再开发潜力的房地产估价；成本法适用于无市场依据或市场依据不充分而不宜采用收益法、假设开发法进行估价情况

下的房地产估价；基准地价修正法适用于在政府确定公布了基准地价的地区，对估价对象宗地价格进行估价。

估价对象为商业房地产，成本法不能合理体现其市场价值（无法体现估价对象房地产的市场供求状况），故不能采用成本法估价。

估价对象为已建成的商业房地产，无需再开发改造，不具备假设开发法使用条件。

估价对象的类似房地产存在一定期限内的交易实例，采用比较法估价能合理体现其市场价值，根据估价规范，选用比较法估价。

比较法，即选取同一供需圈内三个近期形成之类似交易案例进行交易情况、交易日期、房地产状况修正以求取估价对象在估价时点的现值。

估价对象为商业房地产，有收益或有潜在收益，适宜采用收益法估价。

收益法：预计估价对象未来的正常净收益，选用适当的资本化率将其折现到估价时点后累加，以此估算估价对象的收益价格或价值的方法。

案例问题评析：

（1）第一大段内容没有必要，且基准地价修正法并非房地产估价主要方法；

（2）对估价方法进行了适用性分析，在结果报告中没有必要；

（3）比较法、收益法定义表述不规范、不准确。

（二）估价结果常见问题评析

结果报告中的估价结果应符合相关要求：①除房地产抵押估价外，当估价对象为单宗房地产时，应说明不同估价方法的测算结果和最终评估价值，可采用表格式；②除房地产抵押估价外，当估价对象为多宗房地产时，应说明不同估价方法的测算结果和最终评估价值，可采用表格式；③房地产抵押估价应说明假定未设立法定优先受偿权下的价值、估价师知悉的法定优先受偿款和抵押价值，可采用表格式。

估价结果常见问题有：

（1）估价结果的评估价值表述不完整，如缺币种、单价及其单位等；

（2）估价结果的评估价值内涵是否与估价假设和限制条件一致，表述不够清晰；

（3）估价结果与致估价委托人函或估价技术报告中存在不一致。

【案例 9-11】

估价结果

本公司遵循有关法律、法规，按照估价原则，依据估价目的，估价人员进行充分的市场调查及分析，运用科学的估价方法并在综合分析影响房地产价格因素的基础上，对估价对象房地产的抵押价值进行了评定估算，确定估价对象在价值时点 2019 年 08 月 09 日满足本报告假设和限制条件下的抵押价值为人民币壹仟肆佰叁拾捌万壹仟壹佰元整，估价师知悉的法定优先受偿款为 0，详见技术报告。

案例问题评析：

（1）缺少假定未设立法定优先受偿权下的价值；

（2）估价师知悉的法定优先受偿款应该在抵押价值前表述；

（3）抵押价值只有总价的大写，缺少总价小写、单价及其单位；

（4）估价结果缺详细的表格内容。

六、变现能力分析和风险提示常见问题评析

当出具房地产抵押估价报告时，需要进行估价对象变现能力分析与风险提示。

（一）估价对象变现能力分析常见问题评析

估价对象变现能力分析内容主要包括：①估价对象的通用性、独立使用性、可分割转让性、区位、开发程度、价值大小以及房地产市场状况等影响变现能力的因素及其对变现能力的影响；②假定估价对象在价值时点拍卖或变卖时最可能实现的价格与其市场价值或市场价格的差异程度；③变现的时间长短；④变现费用、税金的种类；⑤清偿顺序等。

估价对象变现能力分析常见问题有：

（1）变现能力分析不具体，存在内容缺项；

（2）变现能力分析缺乏针对性，即只是简单说明内涵，没有针对估价对象和房地产市场状况逐一进行有针对性的分析；

（3）个别报告无变现能力分析。

【案例 9-12】

变现能力分析

一、变现能力定性分析

1. 通用性分析

通用性是指房地产是否常见、是否能普遍使用。房地产通用性越强，则其需求者越多；通用性差的房地产则需求者较少。

估价对象位于临街一层，主要用作商业使用，但因建筑面积较大，需求者较

少，通用性一般。

2. 独立使用性

独立使用性是指能否单独使用而不受限制。房地产的独立使用性越强，其受相邻其他业主的影响限制越小，反之复杂的相邻关系将影响权利人对房地产的规划利用，故独立使用性越强其变现能力也会越强。

3. 可分割转让性分析

可分割转让性是指在物理上、经济上是否可以分离开来使用。房地产若具备可分割转让性，则会有更多的需求者，会增强其变现能力。

4. 区位影响分析

估价对象所处区域房地产开发程度较高，商圈发育较成熟，交通便捷，区位条件较优越，市场交易较活跃，总体而言，市场潜在买家相对较多。估价对象临路状况较好，从而有利于变现。

5. 价值量影响分析

通常情况下，价值越大的房地产，购买所需的资金越多，越不容易找到买家，变现能力也会相对减弱。估价对象实际作为商业使用，价值量较大，一旦进行处置，受众面较窄，不易于处置和变现。

6. 权利状况对变现能力影响分析

从房地产权利状况而言，房屋所有权、土地使用权权证不齐、权利存在瑕疵、纠纷的房地产变现难度大。由于"买卖不破租赁"，如果长期租赁权的存在将限制自用型买主，会相应缩小需求者的范围。

估价对象其权证齐全，无权利瑕疵。但存在租赁限制，该因素对其变现能力有一定的影响。

二、变卖时最可能实现的价格与估价结果的差异程度分析

若对估价对象进行短期强制处分，须考虑快速变现的特点及相关限制条件，如估价对象所在区域市场发育的完善程度、估价对象的自身特点、该类物业的市场需求状况、处置时间、拍卖变现、过户等费用的影响及其他不可预见等因素，对各类房地产变现成交价与司法鉴定评估价值进行对比分析，估价对象在变现时最可能实现的价值为估价结果的 55% 左右，价值影响因素及其折减率详见表 9-1。

估价对象价值影响因素及其折减率　　表 9-1

序号	影响因素	折减率
1	买方市场有限需求	10%

续表

序号	影响因素	折减率
2	快速变现方式、时间限制	10%
3	拍卖等方式中税费	10%
4	买方市场客户购买处置资产的心理	10%
5	其他不可预见因素	5%
	合计	45%

三、变现费用、税金的种类

处置估价对象房地产时，其可变现的价格与变现时间长短、变现费用、税金的种类、数额以及清偿顺序和营销策略等因素有关。根据××市市场情况，以拍卖方式处置房地产时，变现过程中卖方应当承担的费用主要有：评估拍卖费用、诉讼执行费用、增值税及附加、土地增值税、契税和交易手续费等，合计约为处置价的18%。

四、估价对象变现所得价值按下列顺序清偿：

（1）支付估价对象处置费用；

（2）扣缴估价对象处置时应当缴纳的税费；

（3）偿还排序在前的其他优先受偿款；

（4）偿还贷款银行的贷款本金、利息、违约金及赔偿金；

（5）剩余金额归房屋所有权人。

案例问题评析：

（1）独立使用性、可分割转让性分析缺乏针对性，仅对内涵进行说明；

（2）缺少房地产市场状况变化对变现能力的影响分析；

（3）缺少变现的时间长短分析；

（4）变现费用、税金的种类缺少具体分析过程，即约为处置价18%的结论缺少具体测算过程，依据不够充分。

（二）估价对象风险提示分析常见问题评析

估价对象风险提示分析主要包括：①关注房地产抵押价值未来下跌的风险，对预期可能导致房地产抵押价值下跌的因素进行分析说明；②估价对象状况和房地产市场状况因时间变化对房地产抵押价值可能产生的影响；③抵押期间可能产生的房地产信贷风险关注点；④合理使用评估价值；⑤定期或在房地产市场价格变化较快时对房地产抵押价值进行再评估等。

估价对象风险提示分析常见问题有：

（1）风险提示不具体或缺乏针对性；

（2）风险提示内容不全面；

（3）无风险提示内容。

【案例 9-13】

估价对象风险提示

（一）报告使用人应当关注房地产抵押价值未来下跌的风险

本次抵押评估是评估设定抵押时的房地产价值，但抵押期限是一年或多年，还有还款的宽限期，若期间房地产市场变动造成的房地产价值下降就会形成预期风险。房地产市场是地区性市场，当地市场环境条件变化的影响比国家市场环境条件变化影响大得多。调控政策变化会影响房地产市场的变化，形成预期的风险。

（二）估价对象状况和房地产市场状况因时间变化对房地产抵押价值可能产生的影响

随着时间的推移，估价对象将面临使用功能退化、外观及配套设施老化、抵押期间的使用耗损、风险等问题，其价值可能降低。另外，房地产在经营或使用过程中，若存在经营环境、带租约和物业管理等问题、涉及政府、业主、消费者和管理者的关系，这些工作处理不当，可能造成物业的贬值或空置率增加，影响物业的价值实现。

（三）合理使用评估价值

请充分注意市场风险及估价对象的变现能力，合理使用估价结果，估价结果仅供委托人参考，具体用于抵押的房地产范围及可担保的数额最终由抵押当事人协商确定。

（四）定期进行再评估

鉴于估价对象、相关产业和房地产市场、经济形势的特点，抵押期间抵押权人应定期进行房地产抵押价值再评估，如遇房地产市场状况急剧变化时或估价对象实体状况发生意外变化时，则应及时进行房地产抵押价值再评估。建议加强对房地产抵押价值的动态跟踪。

案例问题评析：

（1）分析内容不全面，缺少抵押期间可能产生的房地产信贷风险关注点的分析；

（2）风险提示过于简单，没有针对估价对象进行有针对性且具体的分析。

七、其他常见问题评析

其他常见问题主要表现为报告撰写不规范，主要有：

（1）专业术语不规范或前后表述不一致；

（2）报告各部分之间描述相互矛盾；

（3）报告各部分之间出现不必要重复；

（4）报告各部分顺序错误；

（5）报告文字表述不通顺、逻辑性不强、不够客观；

（6）存在病句、错别字、漏字、标点符号错误；

（7）序号使用不规范或顺序错误；

（8）附件内容不完整。

第四节　房地产估价技术报告评析

一、估价对象描述与分析常见问题评析

估价对象描述与分析主要包括：①估价对象区位状况描述与分析；②估价对象实物状况的描述与分析；③估价对象权益状况描述与分析。

（一）估价对象区位状况描述与分析常见问题评析

估价对象区位状况应有针对性地较详细描述与分析，其内容包括位置、交通、外部配套设施、周围环境等状况。其中位置状况描述内容包括：坐落、方位、与重要场所（设施）的距离、临街（路）状况等，单套住宅的区位状况还应包括所处楼幢、楼层和朝向；交通状况描述内容包括：道路状况、出入可利用交通工具、交通管制情况、停车方便程度等；周围环境状况描述内容包括：自然环境、人文环境、景观等。

估价对象区位状况描述与分析常见问题有：

（1）描述内容不全面，存在内容缺项，既要包括大项内容也要包括具体内容；

（2）没有结合描述内容逐一进行详细分析；

（3）没有将住宅楼幢、楼层、朝向作为区位状况进行描述和分析；

（4）没有分析区位状况优劣或其对估价对象价值或价格的影响；

（5）添加了一些不需要的内容。

【案例 9-14】

估价对象区位状况描述与分析（单套住宅）

1. 位置

（1）坐落：××市××西路北侧。

（2）方位：位于××西路与××路交叉路口西，东至××路，南至××西路，西至××工厂，北至××工厂，位于城市南部。

（3）与重要场所的距离：距××市中心距离约 8km。

（4）临路状况：东临××路、南临××西路。

2. 交通条件

（1）道路通达状况：估价对象所在区域有××西路等主次干道，道路通达度较优。

（2）出入可利用工具：估价对象所在区域出入可利用公交车、自备车辆。

（3）交通管制情况：估价对象所在区无交通管制。

3. 周围环境状况

（1）自然环境：估价对象位于××西路北侧，自然环境一般。

（2）人文环境：估价对象所在区域为工业区，人文环境较劣。

（3）自然景观：估价对象周围为工业区，自然景观一般。

4. 外部配套设施状况

估价对象所在区域已达到通路、通供水、通排水、通电、通信、通燃气的"六通"水平，能满足基本生产和生活需要。

5. 行政因素

（1）城市规划限制：估价对象所在区域未来土地利用以工业用地为主。

（2）政府特殊政策与产业管制：政府对发展第二产业有一定限制。

案例问题评析：

（1）估价对象区位状况描述总体过于简单，内容描述不够详细；

（2）位置状况描述一是缺少朝向、楼层内容；二是与重要场所的距离仅分析与城市中心距离，缺少与商业中心、政府部门、学校、医院、公园等重要场所距离的描述；三是临路状况应该重点分析临街，如几面临街；

（3）交通条件状况描述一是缺少停车方便程度内容；二是出入可利用工具描述内容过于简单、不详细，缺少公共交通类型和数量（如地铁、公交车）、与公交站点的距离等；

（4）周围环境状况描述过于简单、不详细；此外，以估价对象所在区域为工业区，即判断人文环境较劣过于武断；

（5）外部配套设施状况缺公共服务设施内容；

（6）行政因素不应该放入，而应该在市场背景中体现；

（7）最后没有分析区位状况优劣或其对估价对象价值或价格影响。

（二）估价对象实物状况描述与分析常见问题评析

估价对象实物状况的描述与分析，一般分为土地实物状况和建筑物实物状况两部分。对土地实物状况应有针对性的较详细描述与分析，其内容包括土地面积、形状、地形、地势、地质、土壤、开发程度等；建筑物实物状况应有针对性较详细描述与分析，其内容包括建筑规模、建筑结构、设施设备、装饰装修、层高和室内净高、空间布局、建筑功能、工程质量、外观、建成时间，新旧程度、物业使用维护状况及完损状况。

估价对象实物状况的描述与分析常见问题有：

（1）描述内容不全面，存在内容缺项；

（2）描述、分析内容不够较详细、针对性不强；

（3）添加了一些不需要的内容。

【案例 9-15】

估价对象实物状况描述与分析

1. 建筑物实物状况

估价对象所在建筑物为局部 2 层房屋，建筑面积 12 501.89m²，估价对象位于建筑物的 1～2 层，框架结构，办公部分一层净高 3.8m，二层净高 2.9m；生产部分主厂房平均净高 10m，附属房净高 6m；砖砌墙体，混凝土柱、梁，现浇楼面，现浇屋面。部分地砖地面，部分水磨石地面，白钢转页门，卷帘门，套装门，塑钢窗。水、电、卫、消防设施齐全。房屋建造年份 2011 年，综合成新率 90%。

2. 土地（待估宗地）实物状况

待估宗地位于××区××路××号，登记用途为工业用地，土地使用权面积为 52 106.8m²，土地使用权类型为出让，符合城市规划要求。土地使用权终止日期：2059 年 5 月 1 日。待估宗地地势较平坦，场地平整，地基状况一般，地质条件对土地利用基本无影响。待估宗地临交通型次干道，形状近似矩形，较规则。

宗地四至为：东至××路，南至××路，西至××工厂，北至××工厂；宗地红线外达到通路、通供水、通排水、通电、通信、通燃气，宗地红线内达到通路、通供水、通排水、通电、通信及场地平整即"外六通内五通一平"开发水平。

案例问题评析：

（1）建筑物实物状况描述内容不全面、详细。一是缺少估价对象所在建筑物总楼层（含地上、地下）、高度、厂房跨度内容；二是设施设备仅简单描述了水、电、卫、消防。缺少通风、供暖、电梯、电气、空调等设施设备内容；三是缺少建筑物空间布局、平面布置、建筑功能、外观等内容。

（2）土地实物状况描述内容不全面、详细。一是逻辑结构比较混乱、不清晰；二是部分内容"登记用途为工业用地，土地使用权类型为出让，符合城市规划要求"应为权益状况描述分析内容；三是缺少土壤状况描述。

（三）估价对象权益状况描述与分析常见问题评析

估价对象权益状况应有针对性的较详细描述与分析，其内容包括用途、规划条件、所有权、土地使用权、共有情况、用益物权设立情况、担保物权设立情况、租赁或占用情况、拖欠税费情况、查封等形式限制权利情况、权属清晰情况等。对在建工程权益状况描述还应包括：建设用地规划许可证，建设工程规划许可证，建筑工程施工许可证等的取得情况。

估价对象权益状况的描述与分析常见问题有：

（1）描述内容不全面，存在内容缺项；

（2）描述、分析内容不够详细、针对性不强；

（3）没有分析权益状况对估价对象价值或价格的影响；

（4）添加了一些不需要的内容。

【案例 9-16】

估价对象权益状况描述与分析

1. 房屋所有权状况

（1）房屋所有权人：××有限公司。

（2）房屋坐落：××市××西路××号。

（3）房屋所有权证：××房权证××字第××××××号。

（4）登记时间：2013 年 1 月 28 日。

（5）所在层数/房屋总层数：1～2/5。

（6）建筑面积：29 591.56m²。

（7）规划用途：厂房。

（8）结构：框架。

（9）他项权设立情况：估价对象在价值时点未设立他项权。

2. 国有土地使用权状况

（1）国有土地使用证编号：××国用（2013）第××××号。

（2）土地使用权人：×××有限公司。

（3）坐落：××市××西路××号。

（4）宗地四至：待估宗地东至××路，南至××西路，西至××路，北至××工厂。

（5）土地用途：工业。

（6）使用权类型：出让。

（7）土地使用权面积：85 136.8m²。

（8）终止日期：2057 年 9 月 1 日。

（9）规划条件：土地规划对土地利用有一定的限制。

3. 他项权设立情况

估价对象在价值时点未设立他项权。

4. 用益物权设立情况

估价对象在价值时点未设立用益物权。

5. 租赁或占用情况

估价对象在价值时点没有被租赁或占用。

6. 担保权设立情况

估价对象在价值时点未设立担保权。

7. 拖欠税款情况

估价对象在价值时点无拖欠税款情况。

8. 查封等形式权利限制情况

估价对象在价值时点无查封等形式权利限制情况。

案例问题评析：

（1）估价对象权益状况的描述与分析内容繁杂、前后重复、添加了一些不需要的内容；

（2）房屋所有权状况一是缺少共有情况、房屋使用状况（规划用途与实际用途）内容；二是部分内容"所在层数/房屋总层数、建筑面积、结构"等应该在实物状况中体现；三是"他项权设立情况"与后面重复；

（3）土地权益状况一是缺少土地所有权状况内容；二是部分内容"坐落、宗地四至、土地使用权面积"等应该在实物状况中体现；

（4）没有归纳总结权益状况及是否会对估价对象价值或价格产生影响进行分析。

二、市场背景描述与分析常见问题评析

市场背景描述与分析内容应包括：当地经济社会发展状况、当地房地产市场总体状况、同类房地产市场状况。同类房地产市场状况包括对过去、现在和可预见未来进行分析。

市场背景描述与分析常见问题有：

（1）市场背景描述与分析流于形式、内容直接拷贝、模板化严重；

（2）描述与分析不全面，存在内容缺项；

（3）同类房地产市场状况分析不够较详细，一般主要针对现在市场状况，缺少过去和可预见未来等分析内容；

（4）同类房地产市场状况分析针对性不强，缺少价格、租金等数据，不能为估价测算及估价参数取值提供支持；

（5）缺少房地产市场状况分析结论。

【案例 9-17】

市场背景描述与分析（写字楼）

一、××市经济社会发展环境

1. 宏观经济环境

2017 年，我国 GDP 达到 827 122 亿元，首次超过 80 万亿元。GDP 同比增长 6.9%，比上年加快 0.2 个百分点，实现了 2010 年以来经济增长首次提速。2017 年全年，我国固定资产投资增速与消费增速与上年相比都有所下降，只有出口增速是由上年的负增长转为正增长。出口对经济增长的拉动作用也由 2016 年负 0.5 个百分点转为 2017 年前三季度的正拉动 0.3 个百分点。

2. 固定资产投资缓中趋稳

全年固定资产投资（不含农户）596 501 亿元，比上年名义增长 8.1%（扣除价格因素实际增长 8.8%），增速比前三季度回落 0.1 个百分点。其中，国有控股投资 213 096 亿元，增长 18.7%；民间投资 365 219 亿元，增长 3.2%，比前三季度加

快 0.7 个百分点，占全部投资的比重为 61.2%。新开工项目计划总投资 493 295 亿元，增长 20.9%。

3. 出口降幅收窄，进口由负转正

全年进出口总额 243 344 亿元，比上年下降 0.9%，降幅比上年收窄 6.1 个百分点。其中，出口 138 409 亿元，下降 2.0%；进口 104 936 亿元，增长 0.6%。一般贸易进出口占进出口总值的比重为 55%，比上年提高 1 个百分点。进出口相抵，顺差 33 473 亿元。分季度看，一、二、三季度出口分别同比下降 7.9%、0.8% 和 0.3%，四季度增长 0.3%。12 月份，进出口总额 25 871 亿元，同比增长 4.9%。其中，出口 14 313 亿元，增长 0.6%；进口 11 559 亿元，增长 10.8%。

4. 货币信贷平稳增长，新增贷款同比多增

12 月末，广义货币（M2）余额 155.01 万亿元，比上年末增长 11.3%，狭义货币（M1）余额 48.66 万亿元，增长 21.4%，流通中货币（M0）余额 6.83 万亿元，增长 8.1%。12 月末，人民币贷款余额 106.6 万亿元，人民币存款余额 150.59 万亿元。全年新增人民币贷款 12.65 万亿元，比上年多增 9 257 亿元，新增人民币存款 14.88 万亿元，比上年少增 924 亿元。全年社会融资规模增量为 17.8 万亿元。

5. 金融政策

中国人民银行决定，自 2015 年 10 月 24 日起，下调金融机构人民币贷款和存款基准利率，以进一步降低社会融资成本。其中，金融机构一年期贷款基准利率下调 0.25 个百分点至 4.35%；一年期存款基准利率下调 0.25 个百分点至 1.5%；同时，对商业银行和农村合作金融机构等不再设置存款利率浮动上限，并抓紧完善利率的市场化形成和调控机制，加强央行对利率体系的调控和监督指导，提高货币政策传导效率。

二、××市房产市场状况

2017 年，××市区内新建商品住宅成交量 14 441 套，同比 2016 年的 21 113 套，减少 6 672 套，同比下跌 31.6%；成交均价 6 056.79 元/m²，比 2016 年同比上涨 21.1%。

2017 年××市加大了住宅用地的供应，共成交住宅和商住用地 11 宗，累计成交金额超 50 亿元。首宗"只租不售"地块成功拍出，9 月 27 日××公司以 8 500 万元拍得这宗地块，溢价率为 1.19%。2017 年××市房地产投资平稳增长，1～2 月，全市完成投资 21.6 亿元，同比增长 22.4%。市城区完成投资 11.3 亿元，同比增长 14.6%。商品房供应稳步增加，一季度，新增商品房预售面积 159.54 万m²，同比增长 57%。

三、××市写字楼市场状况

××市写字楼市场发展受宏观经济及政策影响,城市逐渐向外发展,传统非核心商务区涌现出大量单体写字楼、超高层以及综合体办公楼物业。××市写字楼市场发展趋势:①写字楼的商品化程度提高,随着市场对写字楼产品的理解加深,收取租金的经营模式开始受到市场的追捧,尤其是在顶级和甲级写字楼的开发上表现突出。②高端办公楼配置升级,高端写字楼更加重视城市交通、硬件设施、物业服务等要求。在经历激烈动荡的高速发展时间之后,成熟的开发商已不看重华而不实的外装内饰,而更加注重办公楼高效的办公商务环境和健康舒适的室内空间。③小户型写字楼将成为投资新宠,中国经济的快速增长促使中小型企业大量涌现。这些企业需要更多办公空间,对办公楼物业管理、配套等要求并不高。面积在100~400m² 的办公空间即可满足这部分企业的办公需求。④更注重商务配套设施,在写字楼内部,餐厅、会议室、会所等配套越来越重要,除此之外,在写字楼外部,各种与商务有关的餐厅、咖啡厅、娱乐设施的配套也很重要。

案例问题评析:

(1)市场背景描述与分析的内容结构不合理,基本流于形式。主要体现为经济发展概况内容太多,而房地产市场状况以及同类房地产市场状况内容单薄。

(2)经济发展概况仅对全国状况进行分析,完全未涉及当地经济发展概况。

(3)房地产市场状况主要针对住宅,缺乏针对性。

(4)同类写字楼市场状况分析内容缺失,一是没有对当地写字楼市场过去、现在状况进行分析;二是仅对写字楼未来产品趋势进行分析,完全没有涉及当地写字楼供给、需求、买卖价格、租金水平及变化趋势等进行分析。不能为比较法、收益法估价测算及估价参数取值提供任何支持。

(5)缺少房地产市场状况分析结论。

三、估价对象最高最佳利用分析常见问题评析

最高最佳利用分析内容应包括:合法性、技术可能性、财务可行性、最高最佳利用方式。

最高最佳利用分析常见问题:

(1)没有说明估价前提或估价前提不明确;

(2)分析缺乏针对性,套话较多。

【案例 9-18】

最高最佳利用分析

房地产应当在合法原则前提下以估价对象的最高最佳利用为前提进行估价。最高最佳利用是指估价对象在法律上允许、技术上可能、财务上可行并使其价值最大的合理、可能的利用。

（1）法律上允许。即不受现时使用状况的限制，而依照法律规章、规划发展的方向，按照其可能的最优用途估价。

（2）技术上可行。即不能把技术上无法做到的利用当作最高最佳使用。

（3）财务上可行。即评估价格是各种可能的利用方式中，以经济上有限的投入而能获得最大收益的利用方式的估价结果。

（4）价值最大化。即在合法前提下的估价对象价值的最大化。估价对象法定用途为工业，现状实际用途亦为工业用房，在合法及周边规划条件下，按照现状之工业用途选取相关估价基础数据进行估价有利于其实现价值最大化。

案例问题评析：

（1）没有说明估价前提；

（2）法律上允许、技术上可能、财务上可行等仅简单阐述内涵，没有针对估价对象进行具体分析。

四、估价方法适用性分析常见问题评析

估价方法适用性分析应逐一分析比较法、收益法、成本法、假设开发法等估价方法对估价对象的适用性。估价方法的适用性包括估价方法的理论适用性与估价对象在价值时点的客观条件。对理论上不适用而不选用的，应简述不选用的理由；对理论上适用但客观条件不具备而不选用的，应充分陈述不选用的理由；对选用的估价方法，应简述选用的理由并说明其估价技术路线。

估价方法适用性分析常见问题有：

（1）理论上适用的估价方法未选用且未说明理由或理由不充分，如住宅估价仅选用比较法；

（2）理论上不适用的估价方法未简述理由；

（3）选用的估价方法未简述选用的理由；

（4）选用的估价方法缺少估价技术路线表述或表述不清晰；

（5）与估价结果报告中估价方法选用不一致。

【案例 9-19】

估价方法适用性分析

房地产估价方法主要有比较法、收益法、成本法、假设开发法等。不同的估价方法从不同的角度反映了估价对象房地产在一定权利状态及一定时间点的价格水平，只是各种方法的适用条件、方法特点、资料要求有所不同，需要根据估价对象的估价目的、实际情况等选择合适的估价方法。我们对估价对象的文件资料进行了必要的审核及分析，并进行了认真的实地查勘和调查了解，认为：

（1）由于估价对象是工业用途的房屋，理论上可以采用比较法，但估价对象所处区域类似规模、用途房地产的成交实例很少，故本次评估在客观条件上不具备采用比较法的条件，故本次评估不选用比较法。

（2）由于估价对象是已完工的工业房屋，故本次评估不适宜采用假设开发法。

（3）由于估价对象是工业房屋，由房屋产生的净利润很难从企业的整体利润中剥离出来。故本次评估不适宜采用收益法。

（4）由于区域内类似房产建设项目的成本资料通过调查能够取得，可以采用成本法对估价对象房产价值进行测算。

成本法求取估价对象在价值时点的重置价格或重建价格，再乘以建筑物的成新率得到估价对象在价值时点的价值。

$$房地产价格＝土地重新购建价格＋建筑物重新购建价格×成新率$$

其中：建筑物重新购建价格＝建设成本＋管理费用＋销售费用＋投资利息＋销售税费＋开发利润

案例问题评析：

（1）仅对比较法、收益法、成本法、假设开发法的适用性进行说明；

（2）收益法不适用的理由仅从"工业房屋产生的净利润很难从企业的整体利润中剥离出来"不充分，收益法可以利用客观租金进行估价，如估价对象周边有类似工业厂房出租，完全可以采用收益法；

（3）成本法技术路线过于简单不清晰，未说明采用房地合估还是房地分估路径，土地重新购建价格构成未说明；

（4）未说明估价对象是工业房地产还是单独房屋，估价方法适用性分析针对性差。

五、估价测算过程常见问题评析

估价测算过程主要是利用具体估价方法，按照各估价方法的具体要求进行测算，下面主要针对常用的比较法、收益法、假设开发法和成本法测算常见问题进行评析。

（一）比较法测算过程常见问题评析

比较法测算步骤包括：①搜集交易实例；②选取可比实例；③建立比较基础；④进行交易情况修正；⑤进行市场状况调整；⑥进行房地产状况调整；⑦计算比较价值。

比较法测算过程常见问题主要有：

（1）缺少可比实例来源、名称、位置的说明，没有可比实例外观照片；可比实例价格内涵说明不清，如付款方式、融资条件、交易税费负担情况等；可比实例基本状况描述不完整、不清晰；

（2）建立比较基础中，标准化处理内容不完整，存在处理方式和结果错误；

（3）市场状况调整中，调整方法不明确，调整方向、幅度依据不充分和不合理；

（4）房地产状况调整中，比较因素缺项、针对性不强；比较因素说明不清晰、简单粗糙；比较因素调整方法不明确、调整方向与因素状况描述不一致；比较因素调整幅度不合理；

（5）计算过程中缺计算公式，各可比实例价格修正或调整幅度超出规范规定，最终比较价值确定方式理由不充分，比较价值权重确定不合理。

【案例 9-20】

比较法测算过程（商业房地产）

一、收集交易实例

我们了解了估价对象同一供求区域内同类型的房地产，通过多种途径针对性地搜集了若干交易实例进行分析和筛选。

二、选取可比实例

根据估价对象状况和估价目的，我们从搜集的交易实例中选取三个与估价对象位置相近、成交日期与价值时点接近的可比实例，详见可比实例基本情况表（表 9-2）。

可比实例基本情况表　　　　　　　　　　表 9-2

项目		实例		
		可比实例 A	可比实例 B	可比实例 C
名称		××广场××号商铺	××广场××号商铺	××广场××号商铺
建筑面积（m²）		161.97	168.57	209.8
成交单价（元/m²）		11 612.22	11 726.65	10 455.75
价格内涵	财产范围	不含其他财产和债权债务	不含其他财产和债权债务	不含其他财产和债权债务
	付款方式	按揭贷款	按揭贷款	按揭贷款
	计价单位	建筑面积计价	建筑面积计价	建筑面积计价
交易时间		2017 年 10 月 19 日	2017 年 10 月 25 日	2017 年 11 月 6 日

三、建立比较基础

选取了可比实例之后，对可比实例的成交价格进行标准化处理。经分析，三个可比实例均不需要调整。

四、编制比较因素条件说明表

根据估价对象与可比实例实际情况，编制影响房地产价格的比较因素，主要包括交易情况修正因素、市场状况调整因素、房地产状况（含区位状况、实物状况、权益状况）调整因素等，详见比较因素条件说明表（表 9-3）。

比较因素条件说明表　　　　　　　　　　表 9-3

比较因素			估价对象	可比实例 A	可比实例 B	可比实例 C
名称			××广场××号商铺	××广场××号商铺	××广场××号商铺	××广场××号商铺
建筑面积（m²）			112.6	161.97	168.57	209.8
价值时点/成交日期			2017 年 12 月 9 日	2017 年 10 月 19 日	2017 年 10 月 25 日	2017 年 11 月 6 日
成交价格（元/m²）			待估	11 612.22	11 726.65	10 455.75
交易情况		交易方式	—	市场成交	市场成交	市场成交
		交易目的	抵押	买卖	买卖	买卖
房地产状况	区位状况	商业繁华度	高	高	高	高
		人流量	大	大	大	大
		道路状况	4 条	4 条	4 条	4 条
		交通便利程度	优	优	优	优

续表

比较因素		估价对象	可比实例 A	可比实例 B	可比实例 C
房地产状况	实物状况 公交线路	附近有 3 条公交线路	附近有 3 条公交线路	附近有 3 条公交线路	附近有 3 条公交线路
	交通管制	无交通管制	无交通管制	无交通管制	无交通管制
	面宽/进深	适中	适中	适中	适中
	临街条件	优	优	优	优
	所在层/楼层	1/3	1/3	1/3	1/3
	建筑规模（面积）	较适中	较适中	较适中	较适中
	建筑结构	钢混	钢混	钢混	钢混
	设施设备	较齐全	较齐全	较齐全	较齐全
	装饰装修	毛坯	毛坯	毛坯	毛坯
	层高（m）	3.5	3.5	3.5	3.5
	空间布局	较合理	较合理	较合理	较合理
	建筑功能	较齐备	较齐备	较齐备	较齐备
	新旧程度	新	新	新	新
	权益状况 规划条件	无影响	无影响	无影响	无影响
	权利限制状况	无	无	无	无
	权属清晰状况	清晰	清晰	清晰	清晰

五、编制比较因素条件指数表

1. 交易情况

经过调查，可比实例 A、B、C 均为市场成交，所以对交易情况不作修正，条件指数均为100。

2. 市场状况

可比实例 A、B、C 的成交日期和估价对象的价值时点接近，在 2017 年 10 月至 2017 年 12 月期间，当地商业房地产市场价格波动小，市场状况平稳，所以对市场状况不作调整，条件指数均为 100。

3. 区位状况

（1）商业繁华集聚度：分为位于高、较高、一般、较低、低五个等级，以估价对象为基准（100），相差一个等级，指数调整±2%。

（2）人流量：分为位于大、较大、一般、较少、少五个等级，以估价对象为基准（100），相差一个等级，指数调整±5%。

（3）道路状况：以估价对象附近主（次）干道数量为基准（100），每增加或减少1条交通主（次）干道，指数调整±1%，最大修正幅度限为±3%。

（4）交通便利程度：分为位于优、较优、一般、较劣、劣五个等级，以估价对象为基准（100），相差一个等级，指数调整±2%。

（5）公交线路：以估价对象附近公交线路为基准（100%），每增加或减少2条公交线路，指数调整±1%，最大修正幅度为±3%。

（6）交通管制：分为无特殊交通管制、单行线、禁行三个等级，以估价对象交通管制为基准（100），相差一个等级，指数调整±2%。

（7）面宽/进深：分为适中、较适中、不适中三个等级，以估价对象面宽/进深为基准（100），相差一个等级，指数调整±4%。

（8）临街条件：分为位于优、较优、一般、较劣、劣五个等级，以估价对象为基准（100），相差一个等级，指数调整±4%。

（9）所在层/楼层：以估价对象所在层/楼层为基准（100%），根据本公司掌握的当地商业房地产楼盘市场情况综合确定楼层调整指数，如果估价对象为底层商铺，则取值为100。

4. 实体状况

（1）建筑规模（面积）：分为适中、较适中、一般、较不适中、不适中五个等级，以估价对象建筑规模（面积）为基准（100），相差一个等级，指数调整±5%。

（2）建筑结构：分砖木、砖混、钢混结构三个等级，以估价对象建筑结构为基准（100），相差一个等级，指数调整±1%。

（3）设施设备：分为齐全、较齐全、不齐全三个等级，以估价对象设施设备为基准（100），相差一个等级，指数调整±2%。

（4）装饰装修：一般商业用房，根据经营业态自行装修为主，简单区分为装修、毛坯房两个等级，以估价对象装饰装修状况为基准（100），相差一个等级，指数调整±1%。

（5）层高：分为层高3.0m以下、层高3.0～4.5m、层高4.5m以上三个等级，以估价对象层高为基准（100），相差一个等级，指数调整±2%。

（6）空间布局：分为合理、较合理、不合理三个等级，以估价对象空间布局为基准（100），相差一个等级，指数调整±2%。

（7）建筑功能：分为齐备、较齐备、不齐备三个等级，以估价对象建筑功能为基准（100），相差一个等级，指数调整±2%。

（8）新旧程度：分为新、较新、一般、较旧、旧五个等级，以估价对象新旧程度为基准（100），相差一个等级，指数调整±1%。

5. 权益状况

（1）规划条件：估价对象与可比实例规划条件一致，故此项不作调整。

（2）权利限制状况：估价对象与可比实例均无权利限制，权属清晰，故此项不作调整。

六、确定比较因素条件指数表

根据比较因素条件说明表中估价对象与可比实例的因素情况，以及因素对房地产价格的影响程度，编制比较因素条件指数表（表9-4）。

比较因素条件指数表　　　　　　　表9-4

比较因素			估价对象	可比实例A	可比实例B	可比实例C
交易情况修正			—	100	100	100
市场状况调整			—	100	100	100
房地产状况调整	区位状况	商业繁华度	100	100	100	100
		人流量	100	100	100	100
		道路状况	100	100	100	100
		交通便利程度	100	100	100	100
		公交线路	100	100	100	100
		交通管制	100	100	100	100
		面宽/进深	100	100	100	100
		临街条件	100	100	100	100
		所在层/楼层	100	100	100	100
	实物状况	建筑规模（面积）	100	100	100	100
		建筑结构	100	100	100	100
		设施设备	100	100	100	100
		装饰装修	100	100	100	100
		层高	100	100	100	100
		空间布局	100	100	100	100
		建筑功能	100	100	100	100
		新旧程度	100	100	100	100
	权益状况	规划条件	100	100	100	100
		权利限制状况	100	100	100	100
		权属清晰状况	100	100	100	100

七、比较因素修正（调整）

在因素条件指数表的基础上，将估价对象的因素条件指数与可比实例的因素条件进行比较，得到各比较因素修正系数，详见比较因素系数修正（调整）表（表 9-5）。

比较因素系数修正（调整）表　　　　　　表 9-5

比较因素			可比实例 A	可比实例 B	可比实例 C
成交价格标准化处理结果（元/m²）			11 612.22	11 726.65	10 455.75
交易情况修正系数			100/100	100/100	100/100
市场状况调整系数			100/100	100/100	100/100
房地产状况调整系数	区位状况	商业集聚度	100/100	100/100	100/100
		人流量	100/100	100/100	100/100
		道路状况	100/100	100/100	100/100
		交通便利程度	100/100	100/100	100/100
		公交线路	100/100	100/100	100/100
		交通管制	100/100	100/100	100/100
		停车方便程度	100/100	100/100	100/100
		面宽/进深	100/100	100/100	100/100
		临街条件	100/100	100/100	100/100
		所在层/楼层	100/100	100/100	100/100
	实物状况	建筑规模（面积）	100/100	100/100	100/100
		建筑结构	100/100	100/100	100/100
		设施设备	100/100	100/100	100/100
		装饰装修	100/100	100/100	100/100
		层高	100/100	100/100	100/100
		空间布局	100/100	100/100	100/100
		建筑功能	100/100	100/100	100/100
		新旧程度	100/100	100/100	100/100
	权益状况	规划条件	100/100	100/100	100/100
		权利限制状况	100/100	100/100	100/100
		权属清晰状况	100/100	100/100	100/100

八、计算比较价值（表9-6）

比较价值计算表　　　　　　　　　　　　表 9-6

项目	可比实例 A	可比实例 B	可比实例 C
交易单价（元/m²）	11 612.22	11 726.65	10 455.75
交易情况修正系数	100/100	100/100	100/100
市场状况调整系数	100/100	100/100	100/100
房地产状况调整系数	100/100	100/100	100/100
比较价值（元/m²）	11 612.22	11 726.65	10 455.75

可比实例与估价对象位于同一供求区域，且用途相同，规模相当，位置接近，其相似程度较高，综合修正调整后的价格相差不大，故取三者的简单算术平均值作为估价对象商业房地产的比较价值单价。

估价对象比较价值单价 = (11 612.22 + 11 726.65 + 10 455.75)/3

= 11 264.87（元/m²）

案例问题评析：

（1）交易实例来源没有具体说明，可比实例缺位置图和外观照片。

（2）价格内涵缺融资条件、税费负担。

（3）比较基础标准化处理过于简单，没有针对每项进行逐一分析处理。

（4）交易情况缺少是否存在特殊交易说明。

（5）区位状况缺停车方便程度因素，此外对影响商铺价格很大的因素如临街条件等过于简单，后面也未进行相应调整；此外，面宽/进深应属于实物状况因素。

（6）实物状况中，估价对象建筑规模与可比实例存在较大差异，特别是可比实例 C，因此均为"较适中"不合理；建筑结构不同不能作为可比实例，用不同建筑结构进行打分调整错误。此外其他因素描述都过于简单粗糙。

（7）权益状况缺少剩余土地使用期限。

（8）指数调整幅度依据不充分，部分不合理。如商业繁华集聚度指数调整±2%，与交通便利程度、交通管制指数调整一样；建筑规模未进行调整，此外建筑层高、空间布局等指数调整幅度也不合理；各比较因素指数打分是以因素变化造成房地产价格变化幅度情况分析确定，不是对比较因素进行简单分等赋值打分，报告对此未充分说明。

（9）比较因素系数调整所有因素完全一样，均为 100，没有任何调整，导致三个可比实例的比较价值与成交价格完全一样，存在严重问题。

（10）比较价值计算缺少计算公式，最终比较价值确定采用算术平均法理由不充分且不合理。

（二）收益法测算过程常见问题评析

收益法测算步骤主要为：①选择具体估价方法；②确定收益期或持有期；③测算未来收益；④确定报酬率或资本化率、收益乘数；⑤计算收益价值。

由于实际中收益法主要采用全剩余寿命模式，因此本书主要针对全剩余寿命模式收益法测算常见问题进行分析，常见问题主要有：

（1）缺少模式选择的说明或理由不充分；

（2）收益期确定没有说明依据或依据不充分；

（3）租金水平确定依据不充分，缺少测算过程；

（4）租金内涵不清晰，租赁面积与租金内涵中的面积不一致，可出租面积比率确定依据不充分；

（5）缺少租约限制分析，空置率（出租率）或租金损失确定依据不充分；

（6）其他收入项目不清晰，无测算过程；

（7）运营费用（运营费用率）确定无依据或依据不充分，运营费用（运营费用率）测算无过程；

（8）收益期净收益(经营收入、运营费用)变化趋势分析无依据或依据不充分；

（9）报酬率或资本化率确定无过程、依据不充分；

（10）无计算公式或无计算过程。

【案例 9-21】

收益法测算过程（商业房地产）

一、年有效毛收入

1. 采用比较法测算估价对象的年毛租金收入

根据估价人员对估价对象所在区域的市场调查，同类型物业的市场租金案例较多，宜采用比较法对其房地产租金水平进行估价。

比较法测算租金水平为：100［元/(m^2·月)]（具体测算过程略）

估价对象年毛租金收入 = 100 × 12 = 1 200（元/m^2）

2. 年有效毛收入

1）空置和收租损失。

空置和收租损失通常是按照潜在毛租金收入的一定比例来估算。由于估价对象位于中心地段，商业氛围较好，空置率较低，故出租时一般会要求承租人缴纳三个月的房租作为押金，因此可以在一定程度上降低收租损失发生率。根据估价人员对类似物业的调查和分析，本次估价取租金损失率为 5%，空置和收租损失为：

空置和收租损失 $= 1\,200 \times 5\% = 60$（元/m²）

2）其他收入。

估价对象为商业用房，除押金利息收入外，无其他项目的收入。押金为三个月租金，利率取中国人民银行一年期定期存款利率 1.5%，利息税为 0，估价对象的有效毛收入为考虑了租金损失后的租金收入，按客观年租金 1 200 元/m² 计算，则其他收入为：

其他收入 $= 100 \times 3 \times (1 - 5\%) \times 1.5\% = 4.28$（元）

3）年有效毛收入。

年有效毛收入 = 潜在毛租金收入 − 空置和收租损失 + 其他收入

$$= 1\,200 - 60 + 4.28 = 1\,144.28 \text{（元/m²）}$$

二、年运营费用

1. 房产税：按年有效毛收入的 12% 计算

房产税 $= 1\,144.28 \times 12\% = 137.31$（元/m²）

2. 增值税及附加

增值税及附加 $= 1\,144.28 \div (1 + 5\%) \times 5\% \times (1 + 12\%) = 61.03$（元/m²）

3. 物业维修费用

维修费用一般按估价对象房屋重置成本的 1.5%～2% 计算，此次按 2% 计算，重置成本确定为 1 200 元/m²，则维修费用为：

维修费用 $= 1\,200 \times 2\% = 24$（元/m²）

4. 保险费

一般按房屋重置成本的 1.5‰～2‰ 计算，此次取 2‰。

保险费 $= 1\,200 \times 2‰ = 2.4$（元/m²）

5. 管理费

根据注册房地产估价师调查估价对象所在区域的类似房地产出租中的管理费用情况，及结合估价对象实际情况，确定本次评估估价对象管理费按年有效毛收入的 1% 收取，即：

管理费 = 估价对象年有效毛收入 $\times 1\% = 1\,144.28 \times 1\% = 11.44$（元/m²）

6. 年客观运营费用

年客观运营费用 = 房产税 + 增值税及附加 + 物业维修费用 +

保险费 + 管理费

$$= 236.18 \text{（元/m²）}$$

三、年净收益

年净收益A = 年有效毛收入 − 年客观运营成本

$$= 1\,144.28 - 236.18 = 908.1\,(\text{元/m}^2)$$

四、变化趋势分析

由于该区域租赁市场一直比较稳定，供求关系基本平衡，且国家出台一系列调控方针政策，力求房价稳定，且已收到明显成效。因此估价师判定其净收益应保持稳定。

五、报酬率

报酬率的计算方法主要有市场提取法、累加法、投资报酬率排序内插法。

1. 市场提取法

估价人员采用市场提取法，选取同类房地产的交易实例，通过试算求出估价对象的报酬率为4.8%。

2. 累加法

累加法的细化公式为：

报酬率 = 安全利率 + 投资风险补偿率 + 管理负担补偿率 + 缺乏流动性补偿率 − 投资带来的优惠率

通过分析测算（具体过程略）累加法确定报酬率为 5.7%。

由于市场提取法测算的报酬率受房屋装修情况影响较大，装修给租金带来的增加额无法准确剥离，市场经济增长放缓，市场租售比失衡，租金不能准确反映房屋市场价值，所以本次仅采用累加法计算的报酬率作为最终的报酬率。

六、收益期限

估价对象于 2008 年建成使用，至价值时点已使用约 8 年，估价对象是钢混结构，房屋的经济耐用年限为 60 年，则剩余使用年限约为 52 年。土地使用年限至价值时点剩余 39 年，根据国家有关法律法规，按照孰短原则，确定房地产收益年限为 39 年。

七、选用公式和计算过程

结合上述分析，选用"收益期为有限年且每年净收益固定不变"的公式。

$$V = \frac{A}{Y}\left[1 - \frac{1}{(1+Y)^n}\right]$$

式中　V——收益价值（元或元/m^2）；

　　　A——未来第 1 年净收益（元或元/m^2）；

　　　Y——报酬率（%）；

　　　n——收益期（年）。

则：收益价值单价 $= 908.1/5.7\% \times \left[1 - \dfrac{1}{(1 + 5.7\%)^{39}}\right]$

$$= 14\,098\,（元/m^2）（取整）$$

案例问题评析：

（1）没有说明采用何种模式测算；

（2）没有分析估价对象是否存在租约限制及如何处理；

（3）没有分析租赁面积或可出租面积比率；

（4）空置和收租损失确定依据不充分，没有基于同类物业实际空置率水平确定收租损失，且认为"出租时一般会要求承租人缴纳三个月的房租作为押金，因此可以在一定程度上降低收租损失发生率"表述有误；

（5）其他收入单位为"元"错误；

（6）增值税及附加没有列明具体税种及税率，计算错误；

（7）物业维修费用、保险费测算中，按房屋重置成本的2%、2‰确定依据不够充分，且房屋重置成本确定依据不充分，偏低；是否缴纳维修基金未说明；

（8）变化趋势分析以"国家出台一系列调控方针政策，力求房价稳定"等为依据判定估价对象年收益不变理由不充分，且租金变化趋势与净收益变化趋势混淆；

（9）收益年限确定中未说明土地使用年期届满后如何处理地上建筑物；

（10）报酬率测算中，采用市场法缺测算过程，最终以累加法结果确定报酬率的理由不够充分；

（11）未考虑或说明收益期结束建筑物价值的处理方式。

（三）成本法测算过程常见问题评析

成本法测算步骤为：①选择具体估价路径；②测算重置成本或重建成本；③测算折旧；④计算成本价值。

成本法常见问题有：

（1）没有说明估价路径及其选择理由；

（2）采用房地分估时，错误将土地取得成本作为土地重置成本；

（3）前期费用构成不完整或不合理，费率确定依据不充分，费用测算无过程；

（4）建安工程费取值无依据或依据不充分，与估价对象状况（类型、规模、结构、档次等）不一致，无测算过程；

（5）公共配套设施建设费构成不完整或不合理，费率确定依据不充分，费用测算无过程；

（6）销售费用构成不完整或未测算，费率确定依据不充分，费用测算无过程；

（7）开发利润率内涵不清楚，利润率取值理由不充分，与估价对象类型、开发周期长短不适应，计算基数不正确；

（8）建筑物折旧测算时，建筑物维护使用状况描述不全面，成新率确定依据不充分，物质折旧、功能折旧和外部折旧描述不全面，折旧测算无过程；

（9）无计算公式或无计算过程。

【案例 9-22】

成本法测算过程（工业房地产）

一、选择具体估价路径

根据估价对象状况和土地市场状况，本次估价选择房地分估路径。

基本公式：

估价对象房地产价值 = 土地取得成本 + 建筑物重新购建价格 − 建筑物折旧

= 土地取得成本 + 建筑物重新购建价格 × 综合成新率

二、估价对象土地重置成本

1. 土地取得成本评估

采用市场比较法测算土地取得成本，所选三个可比实例的开发程度均为红线内外"六通一平"。经过测算（具体测算过程略），土地取得成本为：312 元/m²。

2. 土地契税

根据《××市契税征收规定》等有关税法和文件规定，按照成交价的3%缴纳土地交易契税。根据《中华人民共和国印花税暂行条例》（1988 年 8 月 6 日中华人民共和国国务院 11 号令），国有建设用地使用权出让、土地使用权转让，印花税税率为 0.5‰，即 0.05%。

土地契税 = 312 元/m² × (3% + 0.05%) = 10（元/m²）

3. 土地重置成本

土地重置成本 = 土地取得成本 + 土地契税

= 312 + 10

= 322（元/m²）

三、估价对象建筑物重新购建价格及建筑物现值评估

建筑物重新购建价格为建筑物的必要支出及应得利润，包括建筑物建设成本、管理费用、销售费用、投资利息、销售税费和开发利润等。

1. 建设成本

（1）勘察设计和前期工程费：是指如市场调研、可行性研究、工程造价咨询

以及实施前期发生的临时用房等房地产开发项目前期工作的必要支出，一般取建筑安装工程费的 3%～5%。本次估价结合估价对象的规模、建筑结构等因素，本次估价取 3%。

前期费用 = 建筑安装工程费 × 3%

$$= 1\,472 \times 3\% = 44.16（元/m^2）$$

（2）建筑安装工程费：根据《关于公布 2020 年度××市建筑安装工程造价的通知》，确定估价对象建筑安装工程费如表 9-7 所示。

估价对象建筑安装工程费　　　　　　　　　　　表 9-7

幢号	项目用途	结构等级	层高（m）	建筑安装工程费（元/m²）
1	行政办公	钢混二等	3	1 472
2	工业	钢混三等	4	1 472
3	工业	钢混三等	4.5	1 472
4	工业	钢混三等	4	1 472
5	工业	钢混三等	4	1 472
6	仓库	钢混二等	5	1 472

（3）基础设施建设费：基础设施建设费是指厂区范围内的道路、给水、排水、电力、通信、燃气、供热等设施的建设费用，根据调查，确定基础设施建设费为建筑安装工程费的 1%。

基础设施建设费 = $1\,472 \times 1\% = 147.2（元/m^2）$

（4）公共配套设施建设费：根据《关于集中公益性用房建设统筹资金的通知》（××建综〔1999〕75 号）规定，该费用的征收主要是住宅和营业性用房，本次估价为工业厂房该费用为零。

（5）开发期间税费：根据××市的相关规定，开发期间的税费为建筑安装工程费的 1.75%。

开发期间税费 = $1\,472 \times 1.75\% = 25.76（元/m^2）$

（6）建设成本

建设成本 = 勘察设计和前期工程费 + 建筑安装工程费 + 基础设施建设费 +

公共配套设施建设费 + 开发期间税费

$$= 44.16 + 1\,472 + 147.2 + 25.76$$

$$= 1\,689.12（元/m^2）$$

2. 管理费用

根据××市有关部门规定，结合本地经济发展水平以及估价人员实地查勘估价对象状况，本次以建设成本的3%计算。

管理费用 = 1 689.12 × 3% = 50.67（元/m²）

3. 销售费用

本次估价结合对象规模等状况，本次以开发完成后价值的3%计算。

销售费用 = V × 3%

4. 投资利息

本次评估设定工程周期按1年计算，建设成本、管理费用及销售费用期间均匀投入。在价值时点，利率按银行一年期人民币贷款基准利率4.35%计算。

$$投资利息 = (建设成本 + 管理费用 + 销售费用) × [(1 + 4.35\%)^{0.5} - 1]$$
$$= (1\ 689.12 + 50.67 + V × 3\%) × 0.022$$

5. 销售税费

销售税费主要包括增值税及附加和印花税。

根据财政部、国家税务总局发布的《关于全面推开营业税改征增值税试点的通知》（财税〔2016〕36号）中的相关规定，按照5%的征收率计算应纳税额，故增值税按不含税收入的5%计算，县、镇城市建设维护税率为增值税的5%，教育费附加及地方教育费合计税率为增值税的 10%，合计为 1 ÷ (1 + 5%) × 5% × (1 + 5% + 5%) = 5.24%，印花税为不动产售价的0.05%。合计为不动产售价的5.29%。

$$销售税费 = 开发完成后价值 × 5.29\%$$
$$= V × 5.29\%$$

6. 开发利润

本次估价调查了所在区域类似工业房地产开发利润率平均水平，同时考虑估价对象建设规模等情况，并结合估价目的，本次估价成本利润率取8%。

$$开发利润 = (建设成本 + 管理费用 + 销售费用) × 8\%$$
$$= (1\ 689.12 + 50.67 + V × 5.29\%) × 8\%$$

7. 建筑物重新购建价格

建筑物重新购建价格 = 建设成本 + 管理费用 + 销售费用 + 投资利息 + 销售税费 + 开发利润

8. 建筑物现值

建筑物现值 = 建筑物重新购建价格 − 建筑物折旧

（1）建筑物折旧：根据实地查勘和分析测算，确定估价对象房屋的综合成新率为 70%（具体测算过程略）。

$$建筑物折旧 = 建筑物重新购建价格 \times (100\% - 70\%)$$

$$= 建筑物重新购建价格 \times 30\%$$

（2）估价对象建筑物现值确定：建筑物现值 = 建筑物重新购建价格 - 建筑物折旧

估价对象建筑物现值 = 15 670 万元

四、成本法房地产价格确定

$$房地产总价格 = 土地取得成本 + 建筑物重新购建价格 - 建筑物折旧$$

$$= 土地取得成本 + 建筑物现值$$

$$= 6 494 万元 + 15 670 万元$$

$$= 22 164 万元$$

案例问题评析：

（1）采用房地分估路径测算，公式表述错误，土地取得成本应为土地重置成本；

（2）土地重置成本测算错误，仅计算了土地取得成本和土地契税；

（3）估价对象具体用途和状况不一样，但建筑安装工程费完全一样不合理；

（4）基础设施建设费计算错误；

（5）开发期间税费依据不充分；

（6）销售费用分析不具体，依据不足；

（7）利率确定错误；

（8）开发利润计算基数错误；

（9）建筑物重新购建价格、建筑物现值缺少具体计算过程。

（四）假设开发法测算过程常见问题评析

假设开发法测算步骤为：①选择具体估价方法；②选择估价前提；③选择最佳开发经营方式；④测算后续开发经营期；⑤测算后续开发的必要支出；⑥测算开发完成后的价值；⑦确定折现率或测算后续开发的应得利润。

假设开发法常见问题有：

（1）没有说明具体估价方法及路径；

（2）没有说明估价前提（业主自行开发、自愿转让开发或被迫转让开发）；

（3）开发经营方式如建设内容与规模、可销售或经营内容与规模等说明缺乏或不具体；

（4）后续开发经营期时间取值依据不充分；

（5）开发完成后价值测算无过程或过程不完整，当前市场状况变化趋势分析依据不充分；

（6）税费构成不完整或不正确，税费测算无过程或过程不完整；

（7）建安工程费取值无来源依据，建安工程费测算无过程或过程不完整，建安工程费取值与估价对象状况（类型、规模、结构、档次等）不符；

（8）折现率内涵不清楚或取值理由不充分；

（9）无计算公式或无计算过程。

【案例 9-23】

假设开发法测算过程（商服用地）

1. 待估宗地开发利用方式确定

1）规划条件说明

根据《国有建设用地使用权出让合同》，并参考《2017 年××市城市规划技术标准与准则的相关规定》，委估宗地规划报建的主要经济技术指标为（表 9-8）：

××居住区技术经济指标表　　　　　　　　　表 9-8

内容		地块
规划用途		商服用地（兼住宅）
总用地面积		34 043.47
其中	普通商品住宅用地	27 234.78
	商服用地	6 808.69
净建设用地面积		34 043.47
计算容积率建筑面积		85 108.67
总建筑面积（取整数）		107 266
其中	地上建筑面积	85 108.67
	地下建筑面积	22 157.00
商业		17 022
住宅		65 534
配套用房		2 553
地下汽车库个数		426
非机动车库个数		851

续表

内容	地块
地下设备用房等	434
建筑密度	25%
绿地率	40%
建筑限高（m）	45
容积率	2.50

2）项目建设期、销售期、开发期的设定

根据××市同类型用地总体规划及近年市场供求状况，及评估人员对委估宗地区域内各同类型项目销售状况进行调查分析，综合房地产开发项目中各个因素，设定项目实际总开发期为3年；假设开发成本和售价在开发周期内保持平稳；假设工程投资在开发期内均匀连续投入。

2. 建造完成后的房地产价值

估价对象整个居住区内可售部分包括：商业、住宅、地下车位。运用比较法进行测算，确定估价对象建成后各部分的销售单价（具体测算过程略）。

住宅：4 800 元/m²；首层商业 12 000 元/m²；二层商业 6 600 元/m²；车位 10 万/个。

$$建造完成后的房地产价值 = (4\,800 \times 65\,534 + 12\,000 \times 8\,511 + 6\,600 \times$$
$$8\,511 + 10 \times 426)/85\,109$$
$$= 5\,556.08$$

3. 开发成本

1）勘察设计及前期工程费

估价师经过市场调查和分析，确定勘察设计及前期工程费为建安工程费的5.82%（具体测算过程略），则：

$$勘察设计及前期工程费 = 2\,688 \times 5.82\% = 156.44（元/m^2）$$

2）建安成本

根据《××省建筑工程计价办法》相关规定，参照××市工程造价信息及待估宗地所在区域已开发的类似房地产项目投入的建安工程费用，确定估价对象建安成本为 2 688 元/m²。

3）宗地内基础设施建设费

参照委估宗地所在区域已开发的类似大型商住房地产项目投入的基础设施建设费平均水平计算，确定基础设施建设费为 79.2 元/m²（具体测算过程略）。

4）公共配套设施建设费

依据委托估价人提供的资料设定的《××××居住区技术经济指标表》，估价对象无独立的公共配套设施，因此公共配套设施建设费为 0 元。

5）其他工程费

其他工程费主要包括工程监理费、工程检测费、竣工验收费，经测算（具体测算过程略），其他工程费为 120.69 元/m²。

6）管理费用

结合当地同类型房地产项目开发管理费用平均水平及估价对象实际状况，管理费用取建安工程费的 3%，则：

管理费用 = 2 688 × 3% = 80.64（元/m²）

7）销售费用

通过对周边同类型开发楼盘代理费用和市场推广费调查，销售代理费一般占销售收入的 0.5%～3%，市场推广费一般占销售收入的 0.5%～3%，根据估价对象位置、档次定位，以及房地产销售市场的行情、销售代理费按销售收入的 1% 计收，市场推广费按销售收入的 1% 计收，则：

销售费用 = 销售收入 ×（1% + 1%）= 5 556.08 × 2% = 111.12 （元/m²）

8）投资利息

投资利息计算利率标准按价值时点中国人民银行公布执行的三年期市场报价利率（LPR）4.75%，其中待开发土地价值计息期为整个开发期，开发成本、企业管理费及销售费用于开发期均匀投入，则：

$$投资利息 = 土地价值\left[(1 + 4.75\%)^3 - 1\right] + (开发成本 + 管理费 + 销售费用) \times$$
$$\left[(1 + 4.75\%)^{1.5} - 1\right]$$
$$= 土地价值 \times 0.149\,3 + (156.44 + 2\,688 + 79.2 + 120.69 +$$
$$80.64 + 111.12) \times 0.072\,1$$
$$= 0.149\,3\ 土地价值 + 233.32$$

9）销售税金

销售税费包括增值税及附加和印花税。根据当地目前税务和房地产管理部门的有关规定，销售税金为：486.37 元/m²（具体测算过程略）。

10）利润

根据市地方税务局关于房地产开发企业所得税征管标准、上市房地产企业公布统计年报等统计数据信息，确定估价对象销售利润率均为 15%。则：

利润 = 5 556.08 × 15% = 833.41（元/m²）

4. 估价对象估价结果确定

土地市场价值 = 不动产总价 − 取得税费 − 开发成本 − 管理费用 − 销售费用 − 投资利息 − 销售税费 − 利润

地块楼面单价：904.51（元/m²）

案例问题评析：

（1）没有说明具体估价方法及路径；

（2）没有说明估价前提；

（3）开发经营方案内容不够完整，如缺少建筑布局、建筑高度、公共配套设施面积等；

（4）后续开发经营期为3年，包括了建设期和销售期，取值依据不充分；

（5）缺少土地购置税费；

（6）商业物业开发完成价值测算中，商业面积取整不合理；

（7）建安成本依据不够充分且没有测算过程；

（8）公共配套设施建设费认定为零的理由不合理；

（9）没有测算开发期间税费；

（10）管理费用按照建安工程费的3%确定依据不足；

（11）贷款利率的确定未考虑市场报价利率因素；

（12）开发周期3年，销售利润率取值15%依据不足且不够合理；

（13）估价对象估价结果确定缺少测算过程。

六、估价结果确定常见问题评析

估价结果确定就是要说明不同估价方法的测算结果和最终估价结果，并运用适当的文字较详细说明最终的估价结果确定的方法和理由。

估价结果确定常见问题有：

（1）估价结果的评估价值表述不完整；

（2）估价结果确定的方法和理由不合理或表述不清晰。

【案例9-24】

估价结果确定

本次估价运用了比较法和收益法测算了估价对象房地产市场价值，用比较法测算的房地产单价为16 892元/m²，用收益法测算的房地产总价为12 490元/m²。根据估价师对当地房地产市场的分析和对估价对象周边市场的了解，本次评估结

果取两种评估方法测算结果的简单算术平均值作为估价对象的最终评估结果,即:

房地产单价 = (16 892 + 12 490) ÷ 2 = 14 691(元)

房地产总价 = 14 691 × 145.81 = 214(万元)(取整)

案例问题评析:

(1)估价结果确定理由不充分,没有针对估价对象、市场状况分别说明哪种方法测算的结果更反映估价对象的客观合理价值,并以此选择确定方法;结果确定的方法不合理,因为两种方法所得估价结果存在25%左右的差异,应采用加权平均法。

(2)房地产单价缺少单位。

复 习 思 考 题

1. 房地产估价报告封面常出现哪些问题?

2. 致估价委托人函应包括哪些内容?常见问题有哪些?

3. 估价报告目录应包括哪些内容?常见问题有哪些?

4. 估价师声明应包括哪些内容?常见问题有哪些?

5. 估价假设和限制条件应包括哪些内容?常见问题有哪些?

6. 估价目的应说明哪些内容?常见问题有哪些?

7. 估价结果报告中估价对象描述应包括哪些内容?常见问题有哪些?

8. 价值时点和价值类型应包括哪些内容?常见问题有哪些?

9. 估价原则和估价依据应包括哪些内容?常见问题有哪些?

10. 估价结果确定应包括哪些内容?常见问题有哪些?

11. 抵押估价中的变现能力分析和风险提示应包括哪些内容?常见问题有哪些?

12. 估价对象区位状况描述和分析应包括哪些内容?常见问题有哪些?

13. 估价对象实物状况描述和分析应包括哪些内容?常见问题有哪些?

14. 估价对象权益状况描述和分析应包括哪些内容?常见问题有哪些?

15. 市场背景描述和分析应包括哪些内容?常见问题有哪些?

16. 估价对象最高最佳利用分析应包括哪些内容?常见问题有哪些?

17. 估价方法适用性分析应包括哪些内容?常见问题有哪些?

18. 比较法测算常见问题有哪些?

19. 收益法测算常见问题有哪些?

20. 成本法测算常见问题有哪些?

21. 假设开发法测算常见问题有哪些?

后　　记

《房地产估价基础与实务　下编：房地产估价操作实务（2024）》一书的编写，是在 2022 年版《房地产估价基础与实务　下编：房地产估价操作实务》基础上进行了修改，首先，对部分案例进行了替换，如第七章第二节的房地产征收估价案例、第三节的房地产拍卖、变卖估价案例；其次，对原书部分内容的文字和案例进行了修改和完善。

本书所有估价案例均来自估价机构完成的实际估价报告，编者基于本书篇幅所限在原估价报告基础上进行了删减和修改完善，希望通过本书让读者熟悉不同估价目的、不同类型的房地产如何估价，房地产估价报告如何撰写、房地产估价报告常见问题等。由于实际工作中，房地产估价报告一般由估价师组成的估价工作组独立完成，不同区域、不同估价机构和不同估价师对实际中的估价相关问题的看法和处理方式存在一定差异，因此本书所列案例难免会存在一些争议性看法和观点，也不可否认还可能存在一些瑕疵。读者可以参考学习，但不宜做标准和报告模板。由于编写时间比较仓促，且有些修改是在截稿之前因为压缩篇幅而匆忙所为，因此本书中难免存在一些错误，恳请广大读者反馈发现的错漏和各种意见，以便今后不断完善。另外还需要说明的是，编者未对这些估价机构和估价师提供的估价报告是否拥有完全著作权进行审核。

本书在多次修改中得到了东北财经大学王全民教授、武汉理工大学黄学军教授、苏州科技大学吴守志教授、河南省房地产估价师与经纪人协会丁金礼会长、原解放军房地产管理局马朝阳副局长、北京中企华土地房地产资产评估有限公司刘洪帅董事长兼总经理、中国房地产估价师与房地产经纪人学会研究中心程敏敏主任等的帮助，他们对本书提出了很好的修改意见，并进行了实质性修改；本次版本修改又得到了丁金礼会长、程敏敏主任、刘武董事长、陈琳教授等的帮助，他们对本书又提出了很好的修改意见，并进行了实质性修改，为此编者对他们的辛勤劳动表示由衷感谢。

编者向以下提供估价报告的估价机构表示衷心的感谢（排名不分先后）：
广东卓越土地房地产评估咨询有限公司
广东国众联行资产评估土地房地产估价规划咨询有限公司
广东世纪人房地产土地资产评估与规划测绘有限公司

深圳市格衡土地房地产资产评估咨询有限公司

广东南粤房地产土地资产评估与规划测绘有限公司

广东均正房地产土地资产评估咨询有限公司

中致土地房地产土地评估有限公司

广东财兴资产评估土地房地产估价有限公司

上海方圆土地房地产资产估价有限公司

四川维益房地产土地资产评估咨询有限责任公司

广东中企华正诚资产房地产土地评估造价咨询有限公司

深圳市世联土地房地产估价有限公司

永业行土地房地产资产评估有限公司

宁波市甬昇房地产估价有限公司

江苏德道天诚土地房地产评估造价咨询有限公司

北京市中恒业房地产评估有限责任公司

天津中量房地产土地资产评估有限责任公司

深圳市同致诚资产评估土地房地产估价顾问有限公司

江苏先河房地产资产评估测绘造价咨询有限公司

广州市亿信资产评估与房地产土地估价有限公司

北京圣元房地产估价咨询有限公司

成都精至诚房地产估价有限责任公司

武汉国佳房地产评估咨询有限公司

大连久泰房地产土地估价有限公司

浙江恒基房地产土地资产估价有限公司

编　者

2024 年 7 月

一、房地产估价师职业资格考试说明

为了帮助广大应考人员了解和熟悉注册房地产估价师职业资格考试内容和要求，现对考试有关问题说明如下：

（一）考试目的

为了适应我国社会主义市场经济的需要，提高房地产估价专业人员的素质，充分发挥其在房地产市场、土地市场以及经济社会发展中的作用，评价具有中国特色的房地产估价、土地估价人才，以社会主义市场经济理论为指导，从我国房地产估价师应具备的基本专业能力出发，并着眼于国际估价行业衔接。

（二）考试性质

房地产估价师职业资格制度是一项适应市场经济发展需要的职业准入制度。房地产估价师考试是国家设定的职业资格考试。凡通过全国统一考试成绩合格者，颁发由住房和城乡建设部统一印制，住房和城乡建设部、自然资源部共同用印，在全国范围内有效的《中华人民共和国房地产估价师职业资格证书》，经注册后，颁发住房和城乡建设部用印的《中华人民共和国房地产估价师注册证书》，可以以房地产估价师的名义从事房地产估价活动。获得房地产估价师职业资格，表明已具备承担经济专业技术中级职务的水平和能力。职业资格在全国范围内有效，单位可根据工作需要，按国家有关规定聘任经济师职务。

（三）考试科目

全国房地产估价师职业资格考试共分为四个科目：《房地产制度法规政策》、《房地产估价原理与方法》、《房地产估价基础与实务》、《土地估价基础与实务》。四个科目全部合格即可取得房地产估价师职业资格。

（四）考试时间

房地产估价师职业资格考试时间一般设定在每年 11 月，考试时间分 4 个半天进行。详细安排如下表所示。

各科目考试名称与考试时长

序号	科目名称	考试时长	
1	房地产制度法规政策	2.5 小时	9:00-11:30
2	房地产估价原理与方法	2.5 小时	14:00-16:30
3	房地产估价基础与实务	2.5 小时	9:00-11:30
4	土地估价基础与实务	2.5 小时	14:00-16:30

（五）考试报名条件

具备下列考试报名条件的公民，可以申请参加房地产估价师考试：

1. 拥护中国共产党领导和社会主义制度；
2. 遵守中华人民共和国宪法、法律、法规，具有良好的业务素质和道德品行；
3. 具有高等院校专科以上学历。

二、考试题型、评分标准与合格条件

（一）考试题型

《房地产制度法规政策》科目题型

《房地产制度法规政策》科目卷面满分 100 分，题型包含单项选择题、多项选择题、综合分析题三种。

1. 单项选择题（每题的多个备选答案中只有 1 个正确答案）；

2. 多项选择题（每题的多个备选答案中有 2 个或 2 个以上正确答案）；

3. 综合分析题（每大题由若干个小题组成，其中的小题既有单选题，也有多选题）。

《房地产估价原理与方法》科目题型

《房地产估价原理与方法》科目卷面满分 100 分，题型包含单项选择题、多项选择题、综合分析题三种。

1. 单项选择题（每题的多个备选答案中只有 1 个正确答案）；

2. 多项选择题（每题的多个备选答案中有 2 个或 2 个以上正确答案）；

3. 综合分析题（每大题由若干个小题组成，其中的小题既有单选题，也有多选题）。

《房地产估价基础与实务》科目题型

《房地产估价基础与实务》科目卷面满分 100 分，题型包含不定项选择题、综合分析题、问答题、指错题、计算题五种。

1. 不定项选择题（每题的多个备选答案中有 1 个或 1 个以上正确答案）；

2. 综合分析题（每大题由若干个小题组成，其中的小题既有单选题，也有多选题）；

3. 问答题（根据所给的材料内容，简明扼要回答相应问题）；

4. 指错题（指出所给的估价报告中存在的错误）；

5. 计算题（根据所给的材料内容，分步列出算式、计算过程）。

《土地估价基础与实务》科目题型

《土地估价基础与实务》科目卷面满分100分，题型包含不定项选择题、综合分析题、问答题、指错题、计算题五种。

1. 不定项选择题（每题的多个备选答案中有1个或1个以上正确答案）；

2. 综合分析题（不定项选择，每大题由若干个小题组成，其中每个小题的多个备选答案中有1个或1个以上正确答案）；

3. 问答题（不定项选择，每大题由若干个小题组成，其中每个小题的多个备选答案中有1个或1个以上正确答案）；

4. 指错题（多项选择，每题的多个备选答案中有2个或2个以上正确答案）；

5. 计算题（根据所给的材料内容，分步列出算式、计算过程）。

（二）评分标准（仅供参考）

《房地产制度法规政策》《房地产估价原理与方法》
考试题型及答题得分要求

1. 单项选择题：（共60题，每题0.5分。每题的备选答案中只有1个选项最符合题意。）

2. 多项选择题：（共40题，每题1分。每题的备选答案中有2个或2个以上的选项符合题意。全部选对的，得1分；错选或多选的，不得分；少选且选择正确的，得0.5分）

3. 综合分析题：（共20题，每题1.5分。每题的备选答案中有1个或1个以上的选项符合题意。全部选对的，得1.5分；错选或多选的，不得分；少选且选择正确的，选对1个得0.5分）

《房地产估价基础与实务》考试题型及答题得分要求

1. 不定项选择题：（共15题，每题1分。每题的备选答案中有1个或1个以上的选项符合题意。全部选对的，得1分；错选或多选的，不得分；少选且选择正确的，得0.5分）

2. 综合分析题：（共10题，每题1.5分。每题的备选答案中有1个或1个以上的选项符合题意。全部选对的，得1.5分；错选或多选的，不得分；少选且选择正确的，选对1个得0.5分）

3. 问答题：（共2题，每题10分）

4. 指错题：（下列房地产估价报告存在多处错误，请指明其中的 10 处。每指明 1 处错误得 3 分，共 30 分。）

5. 计算题：（共 2 题，每题 10 分，要求列出算式、计算过程；需按公式计算的，要写出公式；只有计算结果而无计算过程的，不得分。计算结果保留小数点后 2 位。）

《土地估价基础与实务》考试题型及答题得分要求

1. 不定项选择题：（共 15 题，每题 1 分。每题的备选答案中有 1 个或 1 个以上的选项符合题意。全部选对的，得 1 分；错选或多选的，不得分；少选且选择正确的，得 0.5 分。）

2. 综合分析题：（共 10 题，每题 1.5 分。每题的备选答案中有 1 个或 1 个以上的选项符合题意。全部选对的，得 1.5 分；错选或多选的，不得分；少选且选择正确的，选对 1 个得 0.5 分。）

3. 问答题：（共 10 题，每题 2 分。每题的备选答案中有 1 个或 1 个以上的选项符合题意。全部选对的，得 2 分；错选或多选的，不得分；少选且选择正确的，选对 1 个得 0.5 分。）

4. 指错题：（共 10 题，每题 3 分。每题的多个备选答案中有 2 个或 2 个以上正确答案。全部选对的，得 3 分；错选或多选的，不得分；少选且选择正确的，选对 1 个得 0.5 分。）

5. 计算题：（共 1 题，20 分，要求列出算式、计算过程；需按公式计算的，要写出公式；只有计算结果而无计算过程的，不得分。计算结果保留小数点后 2 位。）

（三）合格标准

一般情况下，每科目达到该科目总分值的 60% 即可通过该科目考试。

成绩实行 4 年为一个周期的滚动管理办法，在连续的 4 个考试年度内通过全部 4 个考试科目，方可取得中华人民共和国房地产估价师职业资格证书。

三、精选部分真题

（一）《房地产制度法规政策》

【核心考点】房地产估价机构监管

【例题】《资产评估法》规定，应当委托房地产估价机构进行法定评估而未委托的，由有关部门责令改正，拒不改正的，处（ ）万元罚款。

A.1~5

B.5~10

C.10~20

D.10~50

【答案】D

【解析】根据《资产评估法》的规定，应当委托房地产估价机构进行法定评估而未委托的，由有关部门责令改正；拒不改正的，处10万元以上50万元以下罚款；情节严重的，对直接负责的主管人员和其他直接责任人员依法给予处分；造成损失的，依法承担赔偿责任；构成犯罪的，依法追究刑事责任。

【核心考点】税收的概念和特征

【例题】税收区别于其他财政收入的特征为（ ）。

A. 强制性

B. 无偿性

C. 固定性

D. 安全性

【答案】C

【解析】税收是国家参与社会剩余产品分配的一种规范形式，其本质是国家凭借政治权力，按照法律规定程序和标准，无偿地取得财政收入的一种手段。税收的本质决定了它具有强制性、无偿性和固定性的特征。

（1）强制性。根据法律的规定，国家以社会管理者的身份，对所有的纳税义务人（以下简称纳税人）强制性征税。纳税人不得以任何理由抗拒国家税收。

（2）无偿性。国家取得税收，对具体纳税人既不需要直接偿还，也不支付任何形式的直接报酬。所谓税收，就是向纳税人无偿索取。无偿性是税收的关键特征。

（3）固定性，也称确定性。国家征税必须通过法律形式，事先规定纳税人、课税对象和课税额度。这是税收区别于其他财政收入形式的重要特征。

【核心考点】土地用途管制的内容

【例题】土地使用者需要改变土地使用权出让合同约定的土地用途的，必须取得出让方和市、县（　　）的同意，签订土地使用权出让合同变更协议或者重新签订土地使用权出让合同，相应调整土地使用权出让金。

A.人民政府城市规划行政主管部门

B.人民政府自然资源行政主管部门

C.人民政府

D.人民政府发展改革部门

【答案】A

【解析】对于国有出让建设用地的用途变更，《城市房地产管理法》第十八条规定，土地使用者需要改变土地使用权出让合同约定的土地用途的，必须取得出让方和市、县人民政府城市规划行政主管部门的同意，签订土地使用权出让合同变更协议或者重新签订土地使用权出让合同，相应调整土地使用权出让金。

（二）《房地产估价原理与方法》

【核心考点】统一计价方式

【例题】某套住宅建筑面积为 100 ㎡，可使用面积为 80 ㎡，分摊的共有面积系数为 10%，套内建筑面积下的价格为 12600 元 / ㎡，该套住宅建筑面积下的价格为（　　）元 / ㎡。

A.12600

B.11455

C.11340

D.11200

【答案】B

【解析】建筑面积＝套内建筑面积＋分摊的共有建筑面积

套内建筑面积＝建筑面积－分摊的共有建筑面积 =100－套内建筑面积 ×10% ＝ 90.91（㎡）

建筑面积的单价＝套内建筑面积的价格×套内建筑面积/建筑面积＝12600×90.91/100＝11455（元/㎡）。

【核心考点】易受限制

【例题】政府对房地产的限制通过行使（ ）特殊的权力来实现。

A. 强制权

B. 充公权

C. 管辖权

D. 监督权

【答案】B

【解析】政府对房地产的限制通过行使下列4种特殊的权力来实现，（1）管制权；（2）征税权；（3）征收权；（4）充公权。

【核心考点】后续必要支出

【例题】关于假设开发法静态分析法的说法，错误的是（ ）。

A. 开发完成后的房地产价值为价值时点房地产市场状况下的价值

B. 开发完成后的房地产价值是未来开发完成后的房地产价值

C. 后续开发的必要支出为其未来发生时房地产市场下的价值

D. 需测算后续开发的应得利润

【答案】C

【解析】后续开发建设的必要支出简称后续必要支出，是预测在取得估价对象时，将估价对象开发建设或重新开发建设成某种类型的房地产，所需付出的各项成本、费用和税金。

后续必要支出是把估价对象"变成"未来完成的房地产所需付出的估价对象取得税费以及后续的建设成本、管理费用、销售费用、投资利息、销售税费，这些都是在计算开发价值时应减去的，统称"扣除项目"。

（三）《房地产估价基础与实务》

某建设用地使用权于2020年4月15日以出让方式取得，土地面积为200000㎡，规划容积率为2.0，其中配建20%的限价房，限定价格为4800元/㎡，其余80%为商品房。该项目建筑安装工程费用为1500元/㎡，前期工程费、管理费分别为建筑安装工程费用的 10% 和 6%；至 2021 年 10 月 15 日完成了主体结构，预计建成尚需 1.5 年，还需投入 40% 的建设费用，费用均匀投入。目前产权人因资金问题拟转让该在建工程，该转让行为将会使工程停滞 0.5 年后再开始续建。当地房地产交易中，买方需缴纳的税费为购买价的 3%，同类商品房的售价为 7000 元／㎡，销售费用和销售税费分别为售价的 3% 和 6%，销售费用在建成前半年开始均匀投入，假设项目在建成时可全部售出。

请根据上述资料测算该在建工程 2021 年 10 月 15 日的市场价值。（折现率为 10%）

【解析】

规划建筑面积 =200000 × 2=400000 ㎡ =40 万㎡

商品房建筑面积 =40 × 0.8=32 万㎡

限价房建筑面积 =40 × 0.2=8 万㎡

$P=F/(1+r)^n$

未来开发价值现值

$$= \frac{7000 \times 32 + 4800 \times 8}{(1+10\%)^2} = 216859.50 \text{ 万元}$$

续建费用现值：

（1）建安工程费、前期费和管理费用现值

$$= \frac{1500 \times (1+10\%+6\%) \times 40 \times 40\%}{(1+10\%)^{1.25}} = 24713.17 \text{ 万元}$$

（2）销售费用现值

$$= \frac{(7000 \times 32 + 4800 \times 8) \times 3\%}{(1+10\%)^{1.75}} = 6662.66 \text{ 万元}$$

（3）销售税费现值

$$= \frac{(7000 \times 32 + 4800 \times 8) \times 6\%}{(1+10\%)^2} = 13011.57 \text{ 万元}$$

设在建工程市场价值为 X，则：

X=216859.50–24713.66–6662.66–13011.57–3%X

则 X=167448.65 万元

（四）《土地估价基础与实务》

【例题】已废止适用和错误的依据（　　）。

A.《国有建设用地使用权出让地价评估技术规范》的通知（国土资源厅发〔2018〕4号）

B.《全国工业用地出让最高价标准》

C.《中华人民共和国土地管理法》2004年8月

D.《中华人民共和国物权法》2007年3月

E.《民法通则》1987年1月

【答案】BCDE

【解析】本题考点是估价相关依据法规的有效期，已废止的不得列入B.《全国工业用地出让最高价标准》错误，应为《全国工业用地出让最低价标准》。C.《中华人民共和国土地管理法》已于2020年1月再次修订。D、E. 2020年5月28日，十三届全国人大三次会议表决通过了《中华人民共和国民法典》，自2021年1月1日起施行。同时，《婚姻法》、《继承法》、《民法通则》、《收养法》、《担保法》、《合同法》、《物权法》、《侵权责任法》和《民法总则》同时废止。

【例题】方法取舍明显错误（　　）。

A. 收集类似交易实例容易，选择市场法

B. 在建工程，适宜运用成本逼近法

C. 基准地价11年未更新，不选用基准地价修正法

D. 不动产中地价的测算，可选用剩余法

E. 办公楼具有收益性，没有选择收益法

【答案】BE

【解析】考核估价方法取舍应用。B. 错误，建成区，缺少近期征收补偿相关案例，不适宜运用成本逼近法。E. 办公楼具有收益性，应选择收益法。

【例题】对于计算下列描述正确的（　　）。

A. 利息取值合理

B. 基础设施费计算错误

C. 计算总地价不准确，应扣除取得土地时支付的相关税费等

D. 管理费基数合理

E. 投资利润计算基数前后矛盾

【答案】CE

【解析】方法具体计算错误。C.计算总地价不准确：应扣除取得土地时支付的相关税费等。E.投资利润计算基数前后矛盾：是以不动产总价还是投资的一定比例计算，前后应保持一致

四、备考指南

（一）《房地产制度法规政策》

1. 科目特点

以理论记忆为主，内容涵盖房地产相关法律、税收政策、登记制度等。考试题型为客观题，包含单选、多选、综合分析题，要求对政策细节精准掌握。

2. 学习重点

核心法规：《土地管理法》《城市房地产管理法》《民法典》《不动产登记暂行条例》等。

税收制度：房产税、土地增值税、契税等税费的计算规则及适用场景。

政策更新：关注近年新修订及发布的房地产调控政策（如限购政策细则、租赁市场规范文件）。

3. 复习策略

系统梳理：用思维导图整合各章节法规框架，对比相似制度差异（如"征收补偿制度"与"闲置土地处理制度"）。

真题强化：通过大量选择题训练记忆准确性，重点关注综合分析题中的案例应用。

时效补充：关注住房和城乡建设部/自然资源部官网，及时更新 2024—2025 年新规（如共有产权住房政策）。

（二）《房地产估价原理与方法》

1. 科目特点

理论与计算并重，覆盖四大核心方法（比较法、收益法、成本法、假设开发法）。考试题型为客观题，包含单选、多选、综合分析题，需理解公式推导及适用条件。

2.学习重点

方法原理：掌握各方法公式（如收益法中的净收益测算、报酬率确定）、适用场景及局限性。

交叉应用：综合题常要求使用多方法验证同一物业价值（如商铺评估需同时采用收益法和比较法）。

3.复习策略

基础阶段：逐章推导公式（如成本法中的建筑物折旧计算）。

实战阶段：每日练2-3道典型计算题（如假设开发法中的动态现金流折现）。

错题本工具：归类易错点（如收益法误用客观收益而非实际收益）。

关联学习：与和本科目相关的《房地产估价基础与实务》同步复习，强化方法在案例中的应用。

（三）《房地产估价基础与实务》

1.科目特点

融合房屋建筑、开发经营、市场分析等实务知识，题型包含不定项选择题、综合分析题、问答题、指错题、计算题5种。侧重考察报告撰写能力及技术错误排查能力。

2.学习重点

报告规范：掌握估价报告的核心要素（如价值定义、限制条件）、常见错误（如假设不成立、参数矛盾）。

实务操作：开发项目可行性分析（如IRR计算）、房地产市场周期判断。

3.复习策略

案例精读：精读10份以上典型估价报告（如抵押评估、拆迁补偿），标注逻辑漏洞及合规要点。

模拟实战：限时完成指错题（练习找出缺失附件、估价方法误用等），结合《房地产估价原理与方法》强化计算模块。

（四）《土地估价基础与实务》

1. 科目特点

聚焦土地估价专项，涵盖宗地评估、地价监测、分等定级等。题型包含不定项选择题、综合分析题、问答题、指错题、计算题5种，需掌握土地特有的评估规则。

2. 学习重点

技术体系：掌握公示地价评估流程、基准地价修正法、农用地分等定级因素。

政策衔接：建设用地使用权年限、土地增值税清算规则。

3. 复习策略：专项训练

计算题：重点练习宗地修正系数计算（如区位修正、容积率修正）。

案例分析：结合区域规划政策，模拟工业用地／耕地转用评估场景。

图表辅助：用表格对比不同用地类型（商业／工业／住宅）的估价参数差异。

2025 年有规划、有节奏地学习会更有利于快速掌握，消化吸收。听视频课程学习远比埋头自学速度更快，效果更好。大家一定要记得兑换正版《考试用书》封面上的增值服务包，听配套赠送的课程进行学习。也可以扫下方二维码添加老师，领取思维导图等资料。